अग्नि की उड़ान

ज्ञान का दीप जलाए रखूँगा

'हे भारतीय युवक
ज्ञानी–विज्ञानी
मानवता के प्रेमी
संकीर्ण तुच्छ लक्ष्य
की लालसा पाप है।
मेरे सपने बड़े
मैं मेहनत करूँगा
मेरा देश महान् हो
धनवान् हो, गुणवान् हो
यह प्रेरणा का भाव अमूल्य है,
कहीं भी धरती पर,
उससे ऊपर या नीचे
दीप जलाए रखूँगा
जिससे मेरा देश महान् हो।'

*(22 मार्च, 2002 को डॉ. कलाम द्वारा
अंग्रेजी में लिखी कविता का हिंदी अनुवाद)*

अग्नि की उड़ान

(आत्मकथा)

ए.पी.जे. अब्दुल कलाम

लेखन सहयोग

अरुण तिवारी

प्रभात प्रकाशन

प्रकाशक
प्रभात प्रकाशन प्रा. लि.
4/19 आसफ अली रोड, नई दिल्ली-110002
फोन : 23289777 • हेल्पलाइन नं. : 7827007777
इ-मेल : prabhatbooks@gmail.com ❖ वेब ठिकाना : www.prabhatbooks.com

संस्करण
2023

अनुवादक
आर्येंद्र उपाध्याय

मूल्य
तीन सौ पचास रुपए

मुद्रक
आर-टेक ऑफसेट प्रिंटर्स, दिल्ली

———— ★ ————

AGNI KI UDAAN
an autobiography of **Dr. A.P.J. Abdul Kalam** with Arun Tiwari
Published by Prabhat Prakashan, 4/19 Asaf Ali Road, New Delhi-2
by arrangement with Universities Press (India) Limited, Hyderabad

ISBN 978-93-5186-449-3
₹ 350.00

स्मृति में मेरे सृजक की

माँ

समंदर की लहरें,
सुनहरी रेत,
श्रद्धानत तीर्थयात्री,
रामेश्वरम् द्वीप की वह छोटी-पूरी दुनिया।
सबमें तू निहित,
सब तुझमें समाहित।

तेरी बाँहों में पला मैं,
मेरी कायनात रही तू।
जब छिड़ा विश्वयुद्ध, छोटा सा मैं
जीवन बना था चुनौती, जिंदगी अमानत
मीलों चलते थे हम
पहुँचते किरणों से पहले।
कभी जाते मंदिर लेने स्वामी से ज्ञान,
कभी मौलाना के पास लेने अरबी का सबक,
स्टेशन को जाती रेत भरी सड़क,
बाँटे थे अखबार मैंने
चलते-पलते साये में तेरे।

दिन में स्कूल,
शाम में पढ़ाई,
मेहनत, मशक्कत, दिक्कतें, कठिनाई,
तेरी पाक शख्सीयत ने बना दीं मधुर यादें।
जब तू झुकती नमाज में उठाए हाथ

अल्लाह का नूर गिरता तेरी झोली में
जो बरसता मुझपर
और मेरे जैसे कितने नसीबवालों पर
दिया तूने हमेशा दया का दान।

याद है अभी जैसे कल ही,
दस बरस का मैं
सोया तेरी गोद में,
बाकी बच्चों की ईर्ष्या का बना पात्र—
पूरनमासी की रात
भरती जिसमें तेरा प्यार।
आधी रात में, अधमुँदी आँखों से तकता तुझे,
थामता आँसू पलकों पर
घुटनों के बल
बाँहों में घेरे तुझे खड़ा था मैं।
तूने जाना था मेरा दर्द,
अपने बच्चे की पीड़ा।
तेरी उँगलियों ने
निथारा था दर्द मेरे बालों से,
और भरी थी मुझमें
अपने विश्वास की शक्ति—
निर्भय हो जीने की,
जीतने की।
जिया मैं
मेरी माँ!
और जीता मैं।
कयामत के दिन
मिलेगा तुझसे फिर तेरा कलाम,
माँ तुझे सलाम।

भूमिका

डॉ. ए.पी.जे. अब्दुल कलाम के सान्निध्य में मुझे एक दशक से भी अधिक समय तक काम करने का अवसर मिला है। हो सकता है, उनके जीवनी लेखक के रूप में मेरे पास पर्याप्त योग्यता न हो, परंतु निश्चित रूप से मेरी ऐसा बनने की इच्छा भी नहीं थी। एक दिन बातचीत करते हुए मैंने उनसे पूछा कि भारत के नौजवानों के लिए वे क्या कोई संदेश देना चाहेंगे ? युवाओं के लिए उनका जो संदेश था, उसने मुझे मोह लिया। बाद में मैंने उनसे उनकी यादों के बारे में पूछने का साहस जुटाया, ताकि मैं उन्हें कलमबद्ध कर सकूँ।

हमने देर रात एवं सूर्योदय से पहले तक कई लंबी-लंबी बैठकें कीं। उनकी अठारह घंटे रोजाना की दिनचर्या से किसी भी तरह यह समय निकाला। उनके विचारों की गहराई और व्यापकता ने मुझे सम्मोहित कर लिया था। उनमें गजब का तेज था और उन्होंने विचारों की दुनिया से असीम आनंद पाया था। उनकी बातचीत को समझना हमेशा आसान नहीं होता था; पर उनसे बातचीत हमेशा ताजगी एवं प्रेरणा प्रदान करनेवाली होती थी।

जब मैं इस पुस्तक को लिखने बैठा तो मुझे लगा कि जितनी क्षमता मेरे भीतर है, इस काम को करने के लिए उससे कहीं ज्यादा योग्यता चाहिए। लेकिन इस काम की महत्ता को महसूस करते हुए और इसे एक सम्मान के रूप में लेते हुए मैंने इसे पूरा करने का साहस एवं हिम्मत जुटाई।

यह पुस्तक देश के उन आम लोगों के लिए लिखी गई है, जिनके प्रति डॉ. कलाम का अत्यधिक लगाव है और जिनमें से एक वह स्वयं को मानते हैं। विनम्र और सीधे-सादे लोगों से उनका सदैव सहज संबंध रहा है, जो स्वयं उनकी सादगी एवं आध्यात्मिकता का परिचायक है।

खुद मेरे लिए यह पुस्तक लिखना एक तीर्थयात्रा करने जैसा रहा है। डॉ. कलाम के आशीर्वाद से ही मुझपर यह रहस्य प्रकट हुआ कि जीवन का वास्तविक आनंद सिर्फ एक ही तरीके से प्राप्त किया जा सकता है और वह है—अपने भीतर छिपे ज्ञान के शाश्वत स्रोत से संवाद स्थापित करके, जो हर इनसान के भीतर होता है। हो सकता है, आपमें से कई डॉ. कलाम से व्यक्तिगत रूप से न मिले हों, लेकिन मुझे उम्मीद है कि इस पुस्तक के माध्यम से आप उनके सान्निध्य का आनंद प्राप्त करेंगे और वे आपके आत्मीय मित्र बन जाएँगे।

डॉ. कलाम की बताई कई घटनाओं में से कुछ को ही मैं इस पुस्तक में शामिल कर पाया हूँ। दरअसल यह पुस्तक डॉ. कलाम के जीवन की सिर्फ एक छोटी सी रूपरेखा ही प्रस्तुत कर पाई है। यह बिलकुल संभव है कि कई महत्त्वपूर्ण घटनाएँ छूट गई हों और डॉ. कलाम की परियोजनाओं से जुड़े प्रमुख व्यक्तियों के महत्त्वपूर्ण योगदान का जिक्र नहीं आ पाया हो। चूँकि डॉ. कलाम की तुलना में मेरे काम का समय बहुत ही कम रहा है और एक-चौथाई सदी मुझे उनसे अलग करती है, इसलिए कई महत्त्वपूर्ण चीजें संभव है कि इसमें रह गई हों अथवा तथ्यपरक न रहकर तुड़-मुड़ गई हों। इस तरह की अनजानी भूलों और कमियों के लिए सिर्फ मैं ही जिम्मेदार हूँ और गुणीजनों की क्षमा का प्राथी हूँ।

—अरुण तिवारी

आभार

मैं उन सभी लोगों के प्रति आभार व्यक्त करता हूँ जो इस पुस्तक को लिखने में मेरे साथ जुड़े रहे, विशेष रूप से श्री वाई.एस. राजन, श्री ए. शिवाधानु पिल्लै, श्री आर.एन. अग्रवाल, श्री प्रह्लाद, श्री के.वी.एस.एस. प्रसाद राव और डॉ. एस.के. सलवान, जिन्होंने दरियादिली से अपना समय एवं जानकारियाँ मुझे दीं।

इस पुस्तक की आलोचनात्मक समीक्षाओं के लिए प्रो. के.ए.वी. पंडलाई और श्री आर. स्वामीनाथन का मैं आभारी हूँ। डॉ. बी. सोमाराजू की हमेशा दी गई वास्तविक, अपितु अकथनीय मदद के लिए मैं उन्हें धन्यवाद देता हूँ। अपनी पत्नी डॉ. अंजना तिवारी को भी धन्यवाद देता हूँ, जिनका मुझे इस काम में हमेशा पूरा सहयोग मिला।

मैं उन सभी के प्रति आभार प्रदर्शित करता हूँ, जिन्होंने समय-समय पर मुझे ज्ञान से समृद्ध किया और यह पुस्तक कल्पना से कहीं ज्यादा अच्छे रूप में सामने आई। विशेषकर श्री प्रभु का रामेश्वरम् में किया गया छायांकन संभवतः इस पुस्तक का सबसे महत्त्वपूर्ण तत्त्व है। सभी को साधुवाद।

और अंत में अपने बेटों—असीम एवं अमोल के प्रति मेरा हार्दिक आभार। इन दोनों ने सदैव अपने स्नेह और सम्मान से मुझे लिखते रहने के लिए प्रेरित किया। इनमें मैंने हमेशा उन मानव-मूल्यों की छवि देखी है, जिन्हें डॉ. कलाम ने पहचाना, परखा, अपनाया और इस पुस्तक के माध्यम से सुझाना चाहा है।

—अरुण तिवारी

मेरी बात

यह पुस्तक ऐसे समय में प्रकाशित हुई है जब देश की संप्रभुता को बनाए रखने और उसकी सुरक्षा को और मजबूत बनाने के लिए चल रहे तकनीकी प्रयासों को लेकर दुनिया में कई राष्ट्र सवाल उठा रहे हैं। ऐतिहासिक रूप से मानव जाति हमेशा से ही किसी-न-किसी मुद्दे को लेकर आपस में लड़ती रही है। प्रागैतिहासिक काल में युद्ध खाने एवं रहने की जरूरतों के लिए लड़े जाते थे। समय गुजरने के साथ ये युद्ध धर्म तथा विचारधाराओं के आधार पर लड़े जाने लगे और अब युद्ध आर्थिक एवं तकनीकी प्रभुत्व हासिल करने के लिए होने लग गए हैं। नतीजतन, आर्थिक एवं तकनीकी प्रभुत्व राजनीतिक शक्ति और विश्व नियंत्रण का पर्याय बन गया है।

पिछले कुछ दशकों में कुछ देश बहुत ही तेजी से प्रौद्योगिकी की दृष्टि से काफी मजबूत होकर उभरे हैं और अपने हितों की पूर्ति के लिए बाकी दुनिया का नियंत्रण लगभग इनके हाथ में चला गया है। इसके चलते ये कुछ एक बड़े देश नए विश्व के स्वयंभू नेता बन गए हैं। ऐसी स्थिति में एक अरब की आबादीवाले भारत जैसे विशाल देश को क्या करना चाहिए? प्रौद्योगिकी प्रभुता पाने के सिवाय वास्तव में हमारे पास कोई दूसरा विकल्प नहीं है। लेकिन क्या प्रौद्योगिकी के क्षेत्र में भारत अग्रणी हो सकता है? मेरा जवाब एक निश्चित 'हाँ' है। और अपने जीवन की कुछ घटनाओं से मैं अपने इस जवाब की वैधता साबित करने का इस पुस्तक में प्रयत्न करूँगा।

जब इस पुस्तक के लिए मैंने पहली बार अपनी यादों को सहेजना शुरू किया तो मुझे यह समझ नहीं आ रहा था कि मेरी कौन-कौन सी यादें-

घटनाएँ सही रूप में प्रासंगिक होंगी। मेरा बचपन मुझे बहुत ही प्रिय है; लेकिन क्या इसमें किसीकी रुचि होगी ? क्या एक छोटे से कस्बे के लड़के के दु:ख-तकलीफों और उसकी उपलब्धियों के बारे में पढ़ना पाठकों के लायक रहेगा ? स्कूली जीवन की संकटपूर्ण परिस्थितियाँ, स्कूल फीस जमा करने के लिए मेरे द्वारा किए गए काम और आर्थिक संकटों के चलते कॉलेज में किस तरह मैंने शाकाहारी बनने का निश्चय किया—आदि बातें आम आदमी के लिए रुचि का विषय क्योंकर होनी चाहिए ? पर अंततः मैंने यह माना कि ये सब प्रासंगिक हैं; क्योंकि ये बातें कुछ-कुछ आधुनिक भारत के एक आम आदमी की कहानी कहती हैं।

फिर मैंने उन व्यक्तियों के बारे में लिखने का निश्चय किया, जिन्होंने मेरे जीवन पर गहरा प्रभाव डाला। इस पुस्तक के माध्यम से मैं अपने माता-पिता, परिवार तथा शिक्षकों एवं गुरुओं के प्रति श्रद्धा सुमन अर्पित करता हूँ और उन हुतात्माओं का आदरमय स्मरण करता हूँ, जिनका मुझे अपने छात्र एवं पेशेवर जीवन में सान्निध्य मिला। यह मेरे युवा साथियों के अपार उत्साह और कोशिशों के प्रति भी सम्मान है, जिन्होंने सामूहिक रूप से मेरे सपनों को सँजोया और साकार किया है। प्रो. विक्रम साराभाई, प्रो. सतीश धवन और डॉ. ब्रह्मप्रकाश जैसे वैज्ञानिकों का भी मैं ऋणी हूँ, जिन्होंने हमेशा ज्ञान एवं प्रेरणा से मुझे सराबोर किए रखा। मेरे जीवन और भारतीय विज्ञान की कहानी में इन हस्तियों की बड़ी ही महत्त्वपूर्ण भूमिका रही।

15 अक्तूबर, 1991 को मैंने अपने जीवन के साठ वर्ष पूरे किए। सेवानिवृत्ति के बाद मैंने अपना समय समाजसेवा के लिए देने का फैसला किया था। पर विधि का कुछ ऐसा विधान रहा कि दो चीजें एक साथ हुईं—पहली तो यह कि मैं अगले तीन साल के लिए और सरकारी सेवा में बने रहने के लिए राजी हो गया तथा दूसरी यह कि मेरे युवा सहयोगी अरुण तिवारी ने मुझसे अपने संस्मरण देने का अनुरोध किया, ताकि वे इन्हें लिखकर सुरक्षित कर सकें। वे सन् 1982 से मेरी प्रयोगशाला में काम कर रहे थे। फरवरी 1987 के पहले तक मैं उन्हें ठीक तरह से जानता तक नहीं था। फरवरी 1987 में जब वे हैदराबाद के निजाम चिकित्सा विज्ञान संस्थान

के सघन हृदय चिकित्सा कक्ष में भरती थे तब मैं उन्हें देखने गया था। वे उस समय करीब बत्तीस साल के थे और जीवन के लिए संघर्ष कर रहे थे। मैंने उनसे पूछा, 'मैं तुम्हारे लिए क्या कुछ कर सकता हूँ?' 'मुझे अपना आशीर्वाद दीजिए कि बस इतना भर जीवन पाऊँ कि आपके अनेक कामों में से कम-से-कम एक को तो मैं पूरा कर सकूँ।' अरुण तिवारी ने कहा।

इस नौजवान की कर्म के प्रति समर्पित सोच और जिजीविषा देखकर मैंने उसके जल्दी ठीक हो जाने के लिए सारी रात ईश्वर से दुआ की। ईश्वर ने मेरी प्रार्थना सुनी और अरुण एक महीने में स्वस्थ हो काम पर लौट आए। तीन साल के थोड़े से वक्त में ही 'आकाश' मिसाइल के लिए उन्होंने अद्‌भुत काम किया। इसके बाद उन्होंने मेरे जीवन की कहानी लिखने का काम हाथ में लिया। फिर सालों तक उन्होंने धैर्यपूर्वक मेरे सुनाए अंशों, घटनाओं को लिपिबद्ध किया। वे मेरे निजी पुस्तक संग्रह के नियमित पाठक बन गए। मेरी कविताओं में से कुछ प्रासंगिक अंश भी चुने और इस पुस्तक में उनको शामिल किया। उन्होंने मुझे कहीं भीतर तक उद्वेलित कर दिया।

यह कहानी सिर्फ मेरी विजय और दु:खों की ही नहीं है बल्कि आधुनिक भारत के उन विज्ञान प्रतिष्ठानों की सफलताओं एवं असफलताओं की भी कहानी है, जो तकनीकी मोरचे पर अपने को स्थापित करने के लिए संघर्ष कर रहे हैं। यह राष्ट्रीय आकांक्षा तथा सामूहिक प्रयासों और, जैसाकि मैं देखता हूँ, वैज्ञानिक आत्मनिर्भरता एवं प्रौद्योगिकी दक्षता हासिल करने के लिए भारत के प्रयासों की भी कहानी है।

ईश्वर की सृष्टि में प्रत्येक कण का अपना अस्तित्व होता है। प्रत्येक को कुछ-न-कुछ करने के लिए ही परवरदिगार ने बनाया है। उन्हींमें मैं भी हूँ। उसकी मदद से मैंने जो कुछ भी हासिल किया है, वह उसकी इच्छा की अभिव्यक्ति ही तो है। कुछ विलक्षण गुरुओं और साथियों के माध्यम से ईश्वर ने मुझपर यह कृपा की और जब मैं इन सर्वश्रेष्ठ व्यक्तियों के प्रति अपनी श्रद्धा एवं सम्मान व्यक्त करता हूँ तो मैं उसकी महिमा का ही गुणगान कर रहा होता हूँ। ये सब रॉकेट और मिसाइलें उसीके काम हैं, जो 'कलाम' नाम के एक छोटे से व्यक्ति के माध्यम से खुदा ने कराए हैं। इसलिए भारत के कई

कोटि जनों को कभी भी छोटा या असहाय महसूस नहीं करना चाहिए। हम सब अपने भीतर दैवीय शक्ति लेकर जनमे हैं। हम सबके भीतर ईश्वर का तेज छिपा है। हमारी कोशिश इस तेज-पुंज को पंख देने की रहनी चाहिए, जिससे यह चारों ओर अच्छाइयाँ एवं प्रकाश फैला सके।

आपको ईश्वर का आशीर्वाद मिले, ऐसी मेरी कामना है।

—डॉ. ए.पी.जे. अब्दुल कलाम

अनुक्रम

I

सर्वेक्षण

(1931—1963)

ये पृथ्वी ये आकाश
ये जल ये आकार
सब उसके हैं, बनाए उसने
तीनों लोक समाए उसमें
फिर भी रहता है वह
एक छोटे से तालाब तल में।

—अथर्ववेद
ग्रंथ 4, श्लोक 16

: एक :

मेरा जन्म मद्रास राज्य (अब तमिलनाडु) के रामेश्वरम् कस्बे में एक मध्यम वर्गीय तमिल परिवार में हुआ था। मेरे पिता जैनुलाबदीन की कोई बहुत अच्छी औपचारिक शिक्षा नहीं हुई थी और न ही वे कोई बहुत धनी व्यक्ति थे। इसके बावजूद वे बुद्धिमान थे और उनमें उदारता की सच्ची भावना थी। मेरी माँ, आशियम्मा, उनकी आदर्श जीवनसंगिनी थीं। मुझे याद नहीं है कि वे रोजाना कितने लोगों को खाना खिलाती थीं; लेकिन मैं यह पक्के तौर पर कह सकता हूँ कि हमारे सामूहिक परिवार में जितने लोग थे, उससे कहीं ज्यादा लोग हमारे यहाँ भोजन करते थे।

मेरे माता-पिता को हमारे समाज में एक आदर्श दंपती के रूप में देखा जाता था। मेरी माँ के खानदान का बड़ा सम्मान था और उनके एक वंशज को अंग्रेजों ने 'बहादुर' की पदवी भी दे डाली थी।

मैं कई बच्चों में से एक था, लंबे-चौड़े व सुंदर माता-पिता का छोटी कद-काठी का साधारण सा दिखनेवाला बच्चा। हम लोग अपने पुश्तैनी घर में रहते थे। यह घर उन्नीसवीं शताब्दी के मध्य में बना था। रामेश्वरम् की मसजिदवाली गली में बना यह घर चूने-पत्थर व ईंट से बना पक्का और बड़ा था। मेरे पिता आडंबरहीन व्यक्ति थे और सभी अनावश्यक एवं ऐशो-आरामवाली चीजों से दूर रहते थे। पर घर में सभी आवश्यक चीजें समुचित मात्रा में सुलभता से उपलब्ध थीं। वास्तव में, मैं कहूँगा कि मेरा बचपन बहुत ही निश्चिंतता और सादेपन में बीता—भौतिक एवं भावनात्मक दोनों ही तरह से।

मैं प्राय: अपनी माँ के साथ ही रसोई में नीचे बैठकर खाना खाया करता था। वे मेरे सामने केले का पत्ता बिछातीं और फिर उसपर चावल एवं सुगंधित,

स्वादिष्ट साँभर देतीं; साथ में घर का बना अचार और नारियल की ताजा चटनी भी होती।

प्रतिष्ठित शिव मंदिर, जिसके कारण रामेश्वरम् प्रसिद्ध तीर्थस्थल है, का हमारे घर से दस मिनट का पैदल रास्ता था। जिस इलाके में हम रहते थे, वह मुसलिम बहुल था। लेकिन वहाँ कुछ हिंदू परिवार भी थे, जो अपने मुसलमान पड़ोसियों के साथ मिल-जुलकर रहते थे। हमारे इलाके में एक बहुत ही पुरानी मसजिद थी, जहाँ शाम को नमाज के लिए मेरे पिताजी मुझे अपने साथ ले जाते थे। अरबी में जो नमाज अता की जाती थी, उसके बारे में मुझे कुछ पता तो नहीं था, लेकिन यह पक्का विश्वास था कि ये बातें ईश्वर तक जरूर पहुँच जाती हैं। नमाज के बाद जब मेरे पिता मसजिद से बाहर आते तो विभिन्न धर्मों के लोग मसजिद के बाहर बैठे उनकी प्रतीक्षा कर रहे होते। उनमें कई लोग पानी के कटोरे मेरे पिताजी के सामने रखते; पिताजी अपनी अँगुलियाँ उस पानी में डुबोते जाते और कुछ पढ़ते जाते। इसके बाद वह पानी बीमार लोगों के लिए घरों में ले जाया जाता। मुझे भी याद है कि लोग ठीक होने के बाद शुक्रिया अदा करने हमारे घर आते। पिताजी हमेशा मुसकराते और शुभचिंतक एवं दयावान अल्लाह को शुक्रिया कहने को कहते।

रामेश्वरम् मंदिर के सबसे बड़े पुजारी पक्षी लक्ष्मण शास्त्री मेरे पिताजी के अभिन्न मित्र थे। अपने शुरुआती बचपन की यादों में इन दो लोगों के बारे में मुझे सबसे अच्छी तरह याद है, दोनों अपनी पारंपरिक वेशभूषा में होते और आध्यात्मिक मामलों पर चर्चाएँ करते रहते।

रामेश्वरम् मंदिर के सबसे बड़े पुजारी पक्षी लक्ष्मण शास्त्री मेरे पिताजी के अभिन्न मित्र थे। अपने शुरुआती बचपन की यादों में इन दो लोगों के बारे में मुझे सबसे अच्छी तरह याद है, दोनों अपनी पारंपरिक वेशभूषा में होते और आध्यात्मिक मामलों पर चर्चाएँ करते रहते। जब मैं प्रश्न पूछने लायक बड़ा हुआ तो मैंने पिताजी से नमाज की प्रासंगिकता के बारे में पूछा। पिताजी ने मुझे बताया कि नमाज में रहस्यमय कुछ भी नहीं है। नमाज से लोगों के बीच भाईचारे की भावना संभव हो पाती है। वे कहते—'जब तुम नमाज पढ़ते हो तो

तुम अपने शरीर से इतर ब्रह्मांड का एक हिस्सा बन जाते हो; जिसमें दौलत, आयु, जाति या धर्म-पंथ का कोई भेदभाव नहीं होता।'

मेरे पिताजी अध्यात्म की जटिल अवधारणाओं को भी तमिल में बहुत ही सरल ढंग से समझा देते थे। एक बार उन्होंने मुझसे कहा, 'खुद उनके वक्त में, खुद उनके स्थान पर, जो वे वास्तव में हैं और जिस अवस्था में पहुँचे हैं—अच्छी या बुरी, हर इनसान भी उसी तरह दैवी शक्ति रूपी ब्रह्मांड में उसके एक विशेष हिस्से के रूप में होता है तो हम संकटों, दु:खों या समस्याओं से क्यों घबराएँ? जब संकट या दु:ख आएँ तो उनका कारण जानने की कोशिश करो। विपत्ति हमेशा आत्मविश्लेषण के अवसर प्रदान करती है।'

'आप उन लोगों को यह बात क्यों नहीं बताते जो आपके पास मदद और सलाह माँगने के लिए आते हैं?' मैंने पिताजी से पूछा। उन्होंने अपने हाथ मेरे कंधों पर रखे और मेरी आँखों में देखा। कुछ क्षण वे चुप रहे, जैसे वे मेरी समझ की क्षमता जाँच रहे हों। फिर धीमे और गहरे स्वर में उन्होंने उत्तर दिया। पिताजी के इस जवाब ने मेरे भीतर नई ऊर्जा और अपरिमित उत्साह भर दिया—

जब कभी इनसान अपने को अकेला पाता है तो उसे एक साथी की तलाश होती है, जो स्वाभाविक ही है। जब इनसान संकट में होता है तो उसे किसीकी मदद की जरूरत होती है। जब वह अपने को किसी गतिरोध में फँसा पाता है तो उसे चाहिए होता है ऐसा साथी जो बाहर निकलने का रास्ता दिखा सके। बार-बार तड़पानेवाली हर तीव्र इच्छा एक प्यास की तरह होती है।

'जब कभी इनसान अपने को अकेला पाता है तो उसे एक साथी की तलाश होती है, जो स्वाभाविक ही है। जब इनसान संकट में होता है तो उसे किसीकी मदद की जरूरत होती है। जब वह अपने को किसी गतिरोध में फँसा पाता है तो उसे चाहिए होता है ऐसा साथी जो बाहर निकलने का रास्ता दिखा सके। बार-बार तड़पानेवाली हर तीव्र इच्छा एक प्यास की तरह होती है। मगर हर प्यास को बुझानेवाला कोई-न-कोई मिल ही जाता है। जो लोग अपने संकट की घड़ियों में मेरे पास आते हैं, मैं उनके लिए अपनी प्रार्थनाओं के जरिए ईश्वरीय शक्तियों से संबंध स्थापित करने का माध्यम बन जाता हूँ। हालाँकि हर जगह,

हर बार यह सही नहीं होता और न ही कभी ऐसा होना चाहिए।'

मुझे याद है, पिताजी की दिनचर्या पौ फटने के पहले ही सुबह चार बजे नमाज पढ़ने के साथ शुरू हो जाती थी। नमाज के बाद वे हमारे नारियल के बाग जाया करते। बाग घर से करीब चार मील दूर था। करीब दर्जन भर नारियल कंधे पर लिये पिताजी घर लौटते और उसके बाद ही उनका नाश्ता होता। पिताजी की यह दिनचर्या जीवन के छठे दशक के आखिर तक बनी रही।

मैंने अपनी विज्ञान एवं प्रौद्योगिकी की सारी जिंदगी में पिताजी की बातों का अनुसरण करने की कोशिश की है। मैंने उन बुनियादी सत्यों को समझने का भरसक प्रयास किया है, जिन्हें पिताजी ने मेरे सामने रखा और मुझे इस संतुष्टि का आभास हुआ कि ऐसी कोई दैवी शक्ति जरूर है जो हमें भ्रम, दुःखों, विषाद और असफलता से छुटकारा दिलाती है तथा सही रास्ता दिखाती है।

मैंने अपनी विज्ञान एवं प्रौद्योगिकी की सारी जिंदगी में पिताजी की बातों का अनुसरण करने की कोशिश की है। मैंने उन बुनियादी सत्यों को समझने का भरसक प्रयास किया है, जिन्हें पिताजी ने मेरे सामने रखा और मुझे इस संतुष्टि का आभास हुआ कि ऐसी कोई दैवी शक्ति जरूर है जो हमें भ्रम, दुःखों, विषाद और असफलता से छुटकारा दिलाती है तथा सही रास्ता दिखाती है।

जब पिताजी ने लकड़ी की नौकाएँ बनाने का काम शुरू किया, उस समय मैं छह साल का था। ये नौकाएँ तीर्थयात्रियों को रामेश्वरम् से धनुषकोडि (सेथुक्काराई भी कहा जाता है) तक लाने-ले जाने के काम आती थीं। एक स्थानीय ठेकेदार अहमद जलालुद्दीन के साथ पिताजी समुद्र तट के पास नौकाएँ बनाने लगे। बाद में अहमद जलालुद्दीन की मेरी बड़ी बहन जोहरा के साथ शादी हो गई थी। नौकाओं को आकार लेते देखते वक्त मैं काफी अच्छे तरीके से गौर करता था। पिताजी का कारोबार काफी अच्छा चल रहा था। एक दिन सौ मील प्रति घंटे की रफ्तार से हवा चली और समुद्र में तूफान आ गया। तूफान में सेथुक्काराई के कुछ लोग और हमारी नावें बह गईं। उसीमें पामबान पुल भी टूट गया और यात्रियों से भरी ट्रेन दुर्घटनाग्रस्त हो गई। तब तक मैंने सिर्फ समुद्र की खूबसूरती को ही देखा

था। उसकी अपार एवं अनियंत्रित ऊर्जा ने मुझे हतप्रभ कर दिया।

जब तक नाव की यह कहानी बेवक्त डूबी, उम्र में काफी फर्क होने के बावजूद अहमद जलालुद्दीन मेरे अंतरंग मित्र बन गए। वह मुझसे करीब पंद्रह साल बड़े थे और मुझे 'आजाद' कहकर पुकारा करते थे। हम दोनों रोजाना शाम को दूर तक साथ घूमने जाया करते। हम मसजिदवाली गली से निकलते और समुद्र के रेतीले तट पर चल पड़ते। मैं और जलालुद्दीन प्रायः आध्यात्मिक विषयों पर बातें करते। एक प्रमुख तीर्थस्थल होने की वजह से रामेश्वरम् का यह वातावरण हमारी आध्यात्मिक चर्चाओं में और भी प्रेरक सिद्ध होता। रास्ते में हमारा पहला पड़ाव शिव मंदिर हुआ करता था। इस मंदिर की हम उतनी ही श्रद्धा से परिक्रमा करते जितनी श्रद्धा से देश के किसी हिस्से से आया कोई भी तीर्थयात्री करता। और इस परिक्रमा के बाद हम अपने शरीर को बहुत ही ऊर्जावान महसूस करते।

जलालुद्दीन ईश्वर के बारे में ऐसी बातें किया करते जैसे ईश्वर के साथ उनकी कामकाजी भागीदारी हो। वह ईश्वर के समक्ष अपने सारे संदेह इस प्रकार रखते जैसे वह उनका निराकरण पूरी तरह कर देगा। मैं जलालुद्दीन की ओर एकटक देखता रहता और फिर देखता मंदिर के चारों ओर जमा श्रद्धालुओं-तीर्थयात्रियों की उस भीड़ को भी, जो समुद्र में डुबकियाँ लगा रही होती और फिर पूरी धार्मिक रीतियों से पूजा-पाठ करती तथा उसी अज्ञात के प्रति अपने आदर भाव से प्रार्थना करती जिसे हम निराकार सर्वशक्तिमान मानते थे। मुझे इसमें कभी संदेह नहीं रहा कि मंदिर में की गई प्रार्थना जहाँ, जिस तरह पहुँचती है ठीक उसी तरह हमारी मसजिद में पढ़ी गई नमाज भी वहीं जाकर पहुँचती है। मुझे आश्चर्य सिर्फ तब होता जब जलालुद्दीन ईश्वर से विशेष तरह का जुड़ाव

जब तक नाव की यह कहानी बेवक्त डूबी, उम्र में काफी फर्क होने के बावजूद अहमद जलालुद्दीन मेरे अंतरंग मित्र बन गए। वह मुझसे करीब पंद्रह साल बड़े थे और मुझे 'आजाद' कहकर पुकारा करते थे। हम दोनों रोजाना शाम को दूर तक साथ घूमने जाया करते। हम मसजिदवाली गली से निकलते और समुद्र के रेतीले तट पर चल पड़ते।

कायम कर लेने की बात कहते। पारिवारिक परिस्थितियों के कारण जलालुद्दीन की स्कूली शिक्षा कोई बहुत ज्यादा नहीं हुई थी। यही एक कारण रहा, जिसकी वजह से जलालुद्दीन मुझे पढ़ाई के प्रति हमेशा उत्साहित करते रहते थे और मेरी सफलताओं से प्रसन्न होते थे। पढ़ाई से वंचित रह जाने की हलकी सी भी पीड़ा की झलक मुझे जलालुद्दीन में कभी देखने को नहीं मिली। जिंदगी में उन्हें जो कुछ भी मिला वह उसके प्रति हमेशा कृतज्ञ रहे।

प्रसंगवश मुझे यहाँ यह भी उल्लेख कर देना चाहिए कि पूरे इलाके में सिर्फ जलालुद्दीन ही थे, जो अंग्रेजी में लिख सकते थे। जिसे भी जरूरत होती, चाहे वह अर्जी हो या और कुछ, जलालुद्दीन उसे अंग्रेजी में लिख देते। मेरे परिचितों में, चाहे मेरे परिवार में हो या आस-पड़ोस में, जलालुद्दीन के बराबर शिक्षा का स्तर किसीका भी नहीं था—और न ही किसीको उनके बराबर बाहरी दुनिया के बारे में पता था। जलालुद्दीन मुझे हमेशा शिक्षित व्यक्तियों, वैज्ञानिक खोजों, समकालीन साहित्य और चिकित्सा विज्ञान की उपलब्धियों के बारे में बताते रहते थे। वही थे जिन्होंने मुझे सीमित दायरे से बाहर निकालकर नई दुनिया का बोध कराया।

प्रसंगवश मुझे यहाँ यह भी उल्लेख कर देना चाहिए कि पूरे इलाके में सिर्फ जलालुद्दीन ही थे, जो अंग्रेजी में लिख सकते थे। जिसे भी जरूरत होती, चाहे वह अर्जी हो या और कुछ, जलालुद्दीन उसे अंग्रेजी में लिख देते। मेरे परिचितों में, चाहे मेरे परिवार में हो या आस-पड़ोस में, जलालुद्दीन के बराबर शिक्षा का स्तर किसीका भी नहीं था—और न ही किसीको उनके बराबर बाहरी दुनिया के बारे में पता था।

मेरे बाल्यकाल में पुस्तकें एक दुर्लभ वस्तु की तरह हुआ करती थीं। हमारे यहाँ स्थानीय स्तर पर एक पूर्व क्रांतिकारी या कहिए, उग्र राष्ट्रवादी एस.टी.आर. मानिकम का निजी पुस्तकालय था। उन्होंने मुझे हमेशा पढ़ने के लिए उत्साहित किया। मैं अकसर उनके घर से पढ़ने के लिए किताबें ले आया करता था।

दूसरे जिस व्यक्ति का मेरे बाल जीवन पर गहरा असर पड़ा, वह मेरे चचेरे

भाई शम्सुद्दीन थे। वह रामेश्वरम् में अखबारों के एकमात्र वितरक थे। अखबार रामेश्वरम् स्टेशन पर सुबह की ट्रेन से पहुँचते थे, जो पामबन से आती थी। इस अखबार एजेंसी को अकेले शम्सुद्दीन ही चलाते थे। रामेश्वरम् में अखबारों की जुमला एक हजार प्रतियाँ बिकती थीं। इन अखबारों में स्वतंत्रता आंदोलन से संबंधित ताजा खबरें, ज्योतिष से जुड़े संदर्भ और मद्रास (अब चेन्नई) के सर्राफा बाजार के भाव प्रमुखता से होते थे। महानगरीय दृष्टिकोण रखनेवाले कुछ थोड़े से पाठक हिटलर, महात्मा गांधी और जिन्ना के बारे में चर्चाएँ करते; जबकि ज्यादातर पाठकों में चर्चा का विषय सवर्ण हिंदुओं के रूढ़िवाद के खिलाफ पेरियार ई.वी. रामास्वामी द्वारा चलाया जा रहा आंदोलन होता। 'दिनमणि' अखबार की माँग सबसे ज्यादा होती थी। चूँकि अखबार में जो कुछ भी छपा होता, वह मेरी समझ से परे होता, इसलिए शम्सुद्दीन द्वारा ग्राहकों को अखबार बाँटने से पहले मैं सिर्फ अखबार में छपी तसवीरों पर नजर डालकर ही संतोष कर लेता था।

सन् 1939 में जब द्वितीय विश्वयुद्ध छिड़ा तब मैं आठ वर्ष का था। तभी बाजार में इमली के बीजों की अचानक तेज माँग उठी, जिसका कारण मुझे कभी समझ में नहीं आया। मैं इन बीजों को इकट्ठा करता और मसजिदवाली गली में एक परचून की दुकान पर बेच देता। इससे मुझे एक आना रोज मिल जाता था।

सन् 1939 में जब द्वितीय विश्वयुद्ध छिड़ा तब मैं आठ वर्ष का था। तभी बाजार में इमली के बीजों की अचानक तेज माँग उठी, जिसका कारण मुझे कभी समझ में नहीं आया। मैं इन बीजों को इकट्ठा करता और मसजिदवाली गली में एक परचून की दुकान पर बेच देता। इससे मुझे एक आना रोज मिल जाता था। विश्वयुद्ध की खबरें जलालुद्दीन मुझे बताते रहते थे, जिन्हें बाद में मैं 'दिनमणि' अखबार के शीर्षकों में ढूँढ़ने की कोशिश करता। विश्वयुद्ध का हमारे यहाँ जरा भी असर नहीं था। लेकिन जल्दी ही भारत पर भी मित्र देशों की सेनाओं में शामिल होने का दबाव डाला गया और देश में एक तरह का आपातकाल घोषित कर दिया गया। उसका पहला नतीजा इस रूप में सामने आया कि रामेश्वरम् स्टेशन पर गाड़ी का ठहरना बंद कर दिया

गया। ऐसी स्थिति में अखबारों के बंडल रामेश्वरम् और धनुषकोडि के बीच रामेश्वरम् रोड पर चलती ट्रेन से गिरा दिए जाते थे। तब शम्सुद्दीन को ऐसे मददगार की तलाश हुई जो अखबारों के बंडल झेलने और गिरे हुए बंडलों को उठाने में उनका हाथ बँटा सके। स्वाभाविक है, मैं ही मददगार बना। इस तरह शम्सुद्दीन से मुझे अपनी पहली तनख्वाह मिली। आधी शताब्दी गुजर जाने के बाद आज भी मैं अपने द्वारा कमाई पहली तनख्वाह पर गर्व करता हूँ।

हर बच्चा एक विशेष आर्थिक, सामाजिक और भावनात्मक परिवेश में कुछ वंशागत गुणों के साथ जन्म लेता है, फिर संस्कारों के अनुरूप उसे ढाला जाता है। मुझे अपने पिताजी से विरासत के रूप में ईमानदारी और आत्मानुशासन मिला तथा माँ से ईश्वर में विश्वास और करुणा का भाव। यही गुण मेरे तीनों भाई-बहनों को भी विरासत में मिले। लेकिन मैंने जलालुद्दीन और शम्सुद्दीन के साथ अपना जो समय गुजारा, उसका मेरे बचपन में एक अद्वितीय योगदान रहा और इसीके रहते मेरे जीवन में सारे बदलाव आए। स्कूली शिक्षा नहीं होने के बाद भी जलालुद्दीन एवं शम्सुद्दीन इतनी सहज बुद्धि के थे और मेरे अकथनीय संदेशों का यों झट से जवाब दे देते थे कि बचपन में मैं बिना किसी हिचकिचाहट के अपनी सृजनात्मकता को उनके बीच रख सका।

हर बच्चा एक विशेष आर्थिक, सामाजिक और भावनात्मक परिवेश में कुछ वंशागत गुणों के साथ जन्म लेता है, फिर संस्कारों के अनुरूप उसे ढाला जाता है। मुझे अपने पिताजी से विरासत के रूप में ईमानदारी और आत्मानुशासन मिला तथा माँ से ईश्वर में विश्वास और करुणा का भाव।

बचपन में मेरे तीन पक्के दोस्त थे—रामानंद शास्त्री, अरविंदन और शिवप्रकाशन। ये तीनों ही ब्राह्मण परिवारों से थे। रामानंद शास्त्री तो रामेश्वरम् मंदिर के सबसे बड़े पुजारी पक्षी लक्ष्मण शास्त्री का बेटा था। अलग-अलग धर्म, पालन-पोषण, पढ़ाई-लिखाई को लेकर हममें से किसी भी बच्चे ने कभी भी आपस में कोई भेदभाव महसूस नहीं किया। आगे चलकर रामानंद शास्त्री तो अपने पिता के स्थान पर रामेश्वरम् मंदिर का पुजारी बना, अरविंदन ने तीर्थयात्रियों को घुमाने के लिए टेंपो चलाने का कारोबार कर लिया और

शिवप्रकाशन दक्षिण रेलवे में खान-पान का ठेकेदार हो गया।

प्रतिवर्ष होनेवाले श्री सीता-राम विवाह समारोह के दौरान हमारा परिवार विवाहस्थल तक भगवान् श्रीराम की मूर्तियाँ ले जाने के लिए विशेष प्रकार की नावों का बंदोबस्त किया करता था। यह विवाहस्थल तालाब के बीचोबीच स्थित था और इसे 'रामतीर्थ' कहते थे। यह हमारे घर के पास ही था। मेरी माँ और दादी घर के बच्चों को सोते समय 'रामायण' के किस्से और पैगंबर मुहम्मद से जुड़ी घटनाएँ सुनाती थीं।

जब मैं रामेश्वरम् के प्राइमरी स्कूल में पाँचवीं कक्षा में था तब एक दिन एक नए शिक्षक हमारी कक्षा में आए। मैं टोपी पहना करता था, जो मेरे मुसलमान होने का प्रतीक था। कक्षा में मैं हमेशा आगे की पंक्ति में जनेऊ पहने रामानंद शास्त्री के साथ बैठा करता था। नए शिक्षक को एक हिंदू लड़के का मुसलमान लड़के के साथ बैठना अच्छा नहीं लगा। उन्होंने मुझे उठाकर पीछेवाली बेंच पर चले जाने को कहा। मुझे बहुत बुरा लगा। रामानंद शास्त्री को भी यह बहुत खला। मुझे पीछे की पंक्ति में बैठाए जाते देख वह काफी उदास नजर आ रहा था। उसके चेहरे पर जो रुआँसी के भाव थे, उनकी मुझपर गहरी छाप पड़ी।

जब मैं रामेश्वरम् के प्राइमरी स्कूल में पाँचवीं कक्षा में था तब एक दिन एक नए शिक्षक हमारी कक्षा में आए। मैं टोपी पहना करता था, जो मेरे मुसलमान होने का प्रतीक था। कक्षा में मैं हमेशा आगे की पंक्ति में जनेऊ पहने रामानंद शास्त्री के साथ बैठा करता था।

स्कूल की छुट्टी होने पर हम घर गए और सारी घटना अपने घरवालों को बताई। यह सुनकर लक्ष्मण शास्त्री ने उस शिक्षक को बुलाया और कहा कि उसे निर्दोष बच्चों के दिमाग में इस तरह सामाजिक असमानता एवं सांप्रदायिकता का विष नहीं घोलना चाहिए। हम सब भी उस वक्त वहाँ मौजूद थे। लक्ष्मण शास्त्री ने उस शिक्षक से साफ-साफ कह दिया कि या तो वह क्षमा माँगे या फिर स्कूल छोड़कर यहाँ से चला जाए। उस शिक्षक ने अपने किए व्यवहार पर न सिर्फ दुःख व्यक्त किया बल्कि लक्ष्मण शास्त्री के कड़े रुख एवं धर्मनिरपेक्षता में उनके विश्वास से उस नौजवान शिक्षक में अंततः बदलाव आ गया।

पूरे रामेश्वरम् में विभिन्न जातियों का जो छोटा सा समाज था, वह कई स्तरों में था। इस पृथक्करण के मामले में ये जातियाँ बहुत ही कठोर थीं। मेरे विज्ञान के शिक्षक शिव सुब्रह्मण्य अय्यर कट्टर सनातनी ब्राह्मण थे और उनकी पत्नी घोर रूढ़िवादी थीं। लेकिन वे कुछ-कुछ रूढ़िवाद के खिलाफ हो चले थे। उन्होंने इन सामाजिक रूढ़ियों को तोड़ने के लिए अपनी तरफ से काफी कोशिशें कीं, ताकि विभिन्न वर्गों के लोग आपस में एक-दूसरे के साथ मिल सकें और जातीय असमानता खत्म हो। वे मेरे साथ काफी समय बिताते थे और कहा करते—'कलाम, मैं तुम्हें ऐसा बनाना चाहता हूँ कि तुम बड़े शहरों के लोगों के बीच एक उच्च शिक्षित व्यक्ति के रूप में पहचाने जाओगे।'

एक दिन उन्होंने मुझे खाने पर अपने घर बुलाया। उनकी पत्नी इस बात से बहुत ही परेशान एवं भयभीत थीं कि उनकी पवित्र और धर्मनिष्ठ रसोई में एक मुसलमान युवक को भोजन पर आमंत्रित किया गया है। उन्होंने अपनी रसोई के भीतर मुझे खाना खिलाने से साफ इनकार कर दिया। शिव सुब्रह्मण्य अय्यर अपनी पत्नी के इस रुख से जरा भी विचलित नहीं हुए और न ही उन्हें क्रोध आया। बल्कि उन्होंने खुद अपने हाथ से मुझे खाना परोसा और फिर बाहर आकर मेरे पास ही अपना खाना लेकर बैठ गए। उनकी पत्नी यह सब रसोई के दरवाजे के पीछे खड़ी देखती रहीं। मुझे आश्चर्य हो रहा था कि क्या वे मेरे चावल खाने के तरीके, पानी पीने के ढंग और खाना खा चुकने के बाद उस स्थान को साफ करने के तरीके में कोई फर्क देख रही थीं। जब मैं उनके घर से खाना खाने के बाद लौटने लगा तो अय्यर महोदय ने मुझे फिर अगले हफ्ते रात के खाने पर आने को कहा। मेरी हिचकिचाहट को देखते हुए

एक दिन उन्होंने मुझे खाने पर अपने घर बुलाया। उनकी पत्नी इस बात से बहुत ही परेशान एवं भयभीत थीं कि उनकी पवित्र और धर्मनिष्ठ रसोई में एक मुसलमान युवक को भोजन पर आमंत्रित किया गया है। उन्होंने अपनी रसोई के भीतर मुझे खाना खिलाने से साफ इनकार कर दिया। शिव सुब्रह्मण्य अय्यर अपनी पत्नी के इस रुख से जरा भी विचलित नहीं हुए और न ही उन्हें क्रोध आया।

वे बोले, 'इसमें परेशान होने की जरूरत नहीं है। एक बार जब तुम व्यवस्था बदल डालने का फैसला कर लेते हो तो ऐसी समस्याएँ सामने आती ही हैं।'

अगले हफ्ते जब मैं शिव सुब्रह्मण्य अय्यर के घर रात्रिभोज पर गया तो उनकी पत्नी ही मुझे रसोई में ले गईं और खुद अपने हाथों से मुझे खाना परोसा।

द्वितीय विश्वयुद्ध खत्म हो चुका था और भारत की आजादी भी बहुत दूर नहीं थी। गांधीजी ने ऐलान किया—'भारतीय स्वयं अपने भारत का निर्माण करेंगे।' पूरे देश में अप्रत्याशित उम्मीदें थीं। मैंने अपने पिताजी से रामेश्वरम् छोड़कर जिला मुख्यालय रामनाथपुरम् जाकर पढ़ाई करने की अनुमति माँगी।

उन्होंने सोचते हुए कहा, 'अबुल! तुम्हें आगे बढ़ने के लिए जाना होगा। तुम्हें अपनी लालसाएँ पूरी करने और आगे बढ़ने के लिए उस जगह चले जाना चाहिए जहाँ तुम्हारी जरूरतें पूरी हो सकती हैं। हमारा प्यार तुम्हें बाँधेगा नहीं और न ही हमारी जरूरतें तुम्हें रोकेंगी।' मेरी हिचकिचाती हुई माँ को उन्होंने खलील जिब्रान का हवाला देते हुए कहा, 'तुम्हारे बच्चे तुम्हारे नहीं हैं। वे तो खुद के लिए जीवन की लालसाओं के बेटे-बेटियाँ हैं। वे तुम्हारे जरिए आते हैं, लेकिन तुमसे नहीं आते। तुम उन्हें अपना प्यार दे सकते हो, लेकिन अपने विचार नहीं। उनके खुद के अपने विचार होते हैं।'

इस जगह तुम्हारा शरीर तो रह सकता है, लेकिन तुम्हारा मन नहीं। तुम्हारे मन को तो कल के उस घर में रहने जाना है जहाँ हममें से कोई भी रामेश्वरम् से वहाँ नहीं जा सकता और न ही सपनों में देख सकता है। मेरे बच्चे, ईश्वर तुम्हें खुश रखें।

पिताजी हम चारों भाइयों को मसजिद ले गए और पवित्र 'कुरान' से 'अल फातिहा' पढ़कर प्रार्थना की। फिर पिताजी मुझे रामेश्वरम् स्टेशन पर छोड़ने आए और कहा, 'इस जगह तुम्हारा शरीर तो रह सकता है, लेकिन तुम्हारा मन नहीं। तुम्हारे मन को तो कल के उस घर में रहने जाना है जहाँ हममें से कोई भी रामेश्वरम् से वहाँ नहीं जा सकता और न ही सपनों में देख सकता है। मेरे बच्चे, ईश्वर तुम्हें खुश रखें।'

शम्सुद्दीन और अहमद जलालुद्दीन मुझे रामनाथपुरम् के श्वाट्र्ज हाई स्कूल में दाखिल कराने और वहाँ मेरे रहने का बंदोबस्त करने के लिए मेरे

साथ आए थे। किसी भी तरह मुझे यहाँ अच्छा नहीं लग रहा था।

रामनाथपुरम् कस्बा समृद्ध होते हुए भी बनावटीपन में जीता समाज था। इसकी आबादी करीब पचास हजार थी। लेकिन रामेश्वरम् जैसी सुसंगति और सद्‌भाव यहाँ नहीं था। मुझे घर की बड़ी याद आती और मैं रामेश्वरम् जाने का हर मौका तलाशता रहता। रामनाथपुरम् में पढ़ाई के अच्छे अवसर के बाद भी मैं अपनी माँ की बनाई दक्षिण भारतीय मिठाई 'पोली' की याद नहीं भुला पाता। मेरी माँ 'पोली' की बारह तरह से मिठाइयाँ बना लेती थीं और हर किस्म की मिठाई की अपनी अलग सुगंध एवं स्वाद होता था।

घर की बहुत याद आने के बावजूद मैं नए माहौल में रहकर पिताजी के सपने को साकार करने के प्रति कटिबद्ध था; क्योंकि मेरी सफलता से पिताजी की बहुत बड़ी उम्मीदें जुड़ी थीं। पिताजी मुझे कलक्टर बना देखना चाहते थे और मुझे लगता था कि पिताजी के सपने को साकार करना मेरा फर्ज है।

घर की बहुत याद आने के बावजूद मैं नए माहौल में रहकर पिताजी के सपने को साकार करने के प्रति कटिबद्ध था; क्योंकि मेरी सफलता से पिताजी की बहुत बड़ी उम्मीदें जुड़ी थीं। पिताजी मुझे कलक्टर बना देखना चाहते थे और मुझे लगता था कि पिताजी के सपने को साकार करना मेरा फर्ज है। हालाँकि परिवार, सुरक्षा और रामेश्वरम् की सारी सुख-सुविधाएँ मुझसे छूट गई थीं।

जलालुद्दीन मुझसे हमेशा सकारात्मक सोच की शक्ति की बात किया करते थे और जब भी मुझे घर की याद आती या मैं उदास होता तो मैं प्राय: उनकी कही बातों को मन में याद कर लेता। उनके कहे अनुसार मैंने अपने मन के विचारों एवं मस्तिष्क को स्थिर रखने तथा लक्ष्य को पाने के लिए कठोर परिश्रम किया। मैं रामेश्वरम् नहीं लौटा बल्कि अपने घर से और दूर चलता चला गया।

□

: दो :

रामनाथपुरम् के श्वार्ट्ज हाई स्कूल में मन लग जाने के बाद मेरे भीतर का पंद्रह साल का किशोर बाहर निकल पड़ा। मेरे एक शिक्षक अयादुरै सोलोमन उन उत्सुक छात्रों के लिए एक आदर्श मार्गदर्शक थे जिनके समक्ष उस समय संभावनाओं और विकल्पों की अनिश्चितता थी। वह बहुत ही स्नेही, खुले दिमागवाले व्यक्ति थे और छात्रों का उत्साह बढ़ाते रहते थे। इससे छात्र बहुत ही सुखद महसूस करते थे। सोलोमन कहा करते थे कि एक कुशल शिक्षक से कमजोर छात्र जो सीख पाता है, उसकी तुलना में एक होशियार छात्र कमजोर शिक्षक से कहीं ज्यादा सीख सकता है।

रामनाथपुरम् में रहते हुए अयादुरै सोलोमन से मेरे संबंध एक गुरु-शिष्य के नाते से अलग हटकर काफी प्रगाढ़ हो गए थे। उनके साथ रहते हुए मैंने यह जाना कि व्यक्ति खुद अपने जीवन की घटनाओं पर काफी असर डाल सकता है। अयादुरै सोलोमन कहा करते थे—'जीवन में सफल होने और नतीजों को हासिल करने के लिए तुम्हें तीन प्रमुख शक्तिशाली ताकतों को समझना चाहिए—इच्छा, आस्था और उम्मीदें।' श्री सोलोमन मेरे लिए बहुत ही श्रद्धेय बन गए थे। उन्होंने ही मुझे सिखाया कि मैं जो कुछ भी चाहता हूँ, पहले उसके लिए मुझे तीव्र कामना करनी होगी, फिर निश्चित रूप से मैं उसे पा सकूँगा। मैं खुद अपनी जिंदगी का ही उदाहरण लेता हूँ। बचपन से ही मैं आकाश एवं पक्षियों के उड़ने के रहस्यों के प्रति काफी आकर्षित था। मैं सारस को समुद्र के ऊपर मँडराते और दूसरे पक्षियों को ऊँची उड़ानें भरते देखा करता था। हालाँकि मैं एक बहुत ही साधारण स्थान का लड़का था; लेकिन मैंने निश्चय किया कि एक दिन मैं भी आकाश में ऐसी ही उड़ानें भरूँगा और वास्तव में कालांतर में

उड़ान भरनेवाला मैं रामेश्वरम् का पहला बालक निकला।

अयादुरै सोलोमन सचमुच एक महान् शिक्षक थे; क्योंकि वह सभी छात्रों को उनके भीतर छिपी शक्ति एवं योग्यता का आभास कराते थे। सोलोमन ने मेरे स्वाभिमान को जगाकर एक ऊँचाई दी थी और मुझे—एक ऐसे माता-पिता के बेटे जिन्हें शिक्षा का अवसर नहीं मिल पाया था—यह आश्वस्त कराया कि मैं भी अपनी उन आकांक्षाओं को पूरा कर सकता हूँ जिनकी मैं इच्छा रखता हूँ। वे कहा करते थे—'निष्ठा एवं विश्वास से तुम अपनी नियति बदल सकते हो।'

बात उस समय की है जब मैं चौथी 'फॉर्म' में था। सारी कक्षाएँ स्कूल के अहाते में अलग-अलग झुंडों के रूप में लगा करती थीं। एक दिन मेरे गणित के शिक्षक रामकृष्ण अय्यर एक दूसरी कक्षा को पढ़ा रहे थे। अनजाने में ही मैं उस कक्षा से होकर निकल गया। तुरंत ही एक प्राचीन परंपरावाले तानाशाह गुरु की तरह रामकृष्ण अय्यर ने मुझे गरदन से पकड़ा और भरी कक्षा के सामने मुझे बेंत लगाए। कई महीनों बाद जब गणित में मेरे पूरे नंबर आए तब रामकृष्ण अय्यर ने स्कूल की सुबह की प्रार्थना में सबके सामने यह घटना सुनाई—'मैं जिसकी बेंत से पिटाई करता हूँ वह एक महान् व्यक्ति बनता है। मेरे शब्द याद रखिए, यह छात्र विद्यालय और अपने शिक्षकों का गौरव बनने जा रहा है।' उनके द्वारा की गई यह प्रशंसा क्या एक भविष्यवाणी थी?

बात उस समय की है जब मैं चौथी 'फॉर्म' में था। सारी कक्षाएँ स्कूल के अहाते में अलग-अलग झुंडों के रूप में लगा करती थीं। एक दिन मेरे गणित के शिक्षक रामकृष्ण अय्यर एक दूसरी कक्षा को पढ़ा रहे थे। अनजाने में ही मैं उस कक्षा से होकर निकल गया।

श्वाट्र्ज हाई स्कूल से शिक्षा पूरी करने के बाद मैं सफलता हासिल करने के प्रति आत्मविश्वास से सराबोर छात्र था। मैंने एक क्षण भी सोचे बिना और आगे पढ़ाई करने का फैसला कर लिया। उन दिनों हमें व्यावसायिक शिक्षा की संभावनाओं के बारे में कोई जानकारी तो थी नहीं। उच्च शिक्षा का सीधा सा अर्थ कॉलेज जाना समझा जाता था। सबसे नजदीक कॉलेज तिरुचिरापल्ली में था। उन दिनों इसे 'तिरिचनोपोली' कहा जाता था और संक्षेप में 'त्रिची'।

सन् 1950 में इंटरमीडिएट की पढ़ाई के लिए मैंने त्रिची के सेंट जोसेफ कॉलेज में दाखिला ले लिया। परीक्षाओं में डिवीजन लाने की दृष्टि से तो मैं कोई होशियार छात्र था नहीं, लेकिन रामेश्वरम् के अपने उन दो 'उस्तादों'— जलालुद्दीन व शम्सुद्दीन—का मैं शुक्रिया अदा करता हूँ, जिनसे मैंने जो व्यावहारिक ज्ञान हासिल किया उसने मुझे कभी नीचा नहीं देखने दिया।

जब कभी भी मैं त्रिची से रामेश्वरम् लौटता तो मेरे बड़े भाई मुस्तफा कलाम, जो रेलवे स्टेशन रोड पर एक परचून की दुकान चलाते थे, मुझसे थोड़ी-बहुत मदद करवा लेते थे और कुछ-कुछ घंटों के लिए दुकान को मेरे जिम्मे छोड़ जाते थे। मैं तेल, प्याज, चावल और दूसरा हर सामान बेच लेता था। मैंने पाया कि सिगरेट और बीड़ी सबसे ज्यादा बिकनेवाली वस्तुएँ थीं। मुझे ताज्जुब हुआ करता कि गरीब लोग अपनी कड़ी मेहनत की कमाई को किस तरह धुएँ में उड़ा देते हैं। जब मैं मुस्तफा के यहाँ से खाली हो जाता तो अपने छोटे भाई कासिम मुहम्मद की दुकान चला जाता। वहाँ मैं शंखों एवं सीपियों से बने अनूठे सामान बेचा करता था।

मैं सौभाग्यशाली था कि सेंट जोसेफ कॉलेज में मुझे फादर टी.एन. सेक्युरिया जैसे शिक्षक मिले। वे हमें अंग्रेजी पढ़ाते थे और साथ ही हमारे होस्टल वार्डन भी थे। तीन मंजिले होस्टल में हम करीब सौ छात्र रहते थे। फादर सेक्युरिया रोजाना रात को हाथ में 'बाइबिल' लिये हुए हर लड़के से मिलने आते थे।

मैं सौभाग्यशाली था कि सेंट जोसेफ कॉलेज में मुझे फादर टी.एन. सेक्युरिया जैसे शिक्षक मिले। वे हमें अंग्रेजी पढ़ाते थे और साथ ही हमारे होस्टल वार्डन भी थे। तीन मंजिले होस्टल में हम करीब सौ छात्र रहते थे। फादर सेक्युरिया रोजाना रात को हाथ में 'बाइबिल' लिये हुए हर लड़के से मिलने आते थे। उनकी ऊर्जा और धैर्य आश्चर्यजनक था। वे हमेशा दूसरों का खयाल रखनेवाले व्यक्ति थे और हर छात्र की पल-पल की जरूरतों को पूरा करते थे। उनके निर्देश पर ही दीपावली के अवसर पर हमारे होस्टल का इंचार्ज (ब्रदर) और मेस के लोग सभी छात्रों के कमरे में जा-जाकर पवित्र स्नान के लिए उन्हें तिल का तेल देते।

मैं सेंट जोसेफ कॉलेज में चार साल रहा। होस्टल में मेरे साथ कमरे में

दो लड़के और थे। एक श्रीरंगम के रूढ़िवादी आयंगर परिवार से था और दूसरा केरल का सीरियाई ईसाई था। हम तीनों हमेशा साथ रहते थे और बहुत ही अच्छा समय कटता था। जब मैं कॉलेज के तीसरे साल में था तब मुझे होस्टल में शाकाहारी मेस का सचिव बना दिया गया। एक रविवार को हमने कॉलेज के प्रमुख फादर कलाथिल को दोपहर के भोज पर आमंत्रित किया। भोज में शामिल व्यंजनों में वे चीजें भी शामिल थीं जो पारंपरिक रूप से हमारे परिवारों में बनाई जाती थीं। इसका नतीजा न सिर्फ अप्रत्याशित रहा बल्कि फादर कलाथिल ने हमारी कोशिशों की भूरि-भूरि प्रशंसा की। हमने उनके साथ बहुत ही आनंद के क्षण गुजारे। उन्होंने हमारे साथ बच्चे की तरह निष्कपट एवं आत्मीयता से बातें कीं। हम सबके लिए यह यादगार घटना थी।

सेंट जोसेफ के मेरे शिक्षक कांची परमाचार्य के सच्चे अनुयायी थे, जो 'देने में ही जीवन का सच्चा आनंद है' मत के प्रणेता थे। मेरे गणित के शिक्षकों, प्रो. थोथाथ्री आयंगर और प्रो. सूर्यनारायण शास्त्री, के कॉलेज परिसर में साथ-साथ टहलने की जीवंत स्मृति मेरे लिए हमेशा प्रेरणा का स्रोत बनी रही।

सेंट जोसेफ के मेरे शिक्षक कांची परमाचार्य के सच्चे अनुयायी थे, जो 'देने में ही जीवन का सच्चा आनंद है' मत के प्रणेता थे। मेरे गणित के शिक्षकों, प्रो. थोथाथ्री आयंगर और प्रो. सूर्यनारायण शास्त्री, के कॉलेज परिसर में साथ-साथ टहलने की जीवंत स्मृति मेरे लिए हमेशा प्रेरणा का स्रोत बनी रही।

जब मैं सेंट जोसेफ कॉलेज के अंतिम वर्ष में था तभी मुझे अंग्रेजी साहित्य पढ़ने का चस्का लगा। मैंने टॉल्सटॉय, स्कॉट और हार्डी को पढ़ना शुरू किया। उसके बाद दर्शन की ओर झुकाव हुआ तथा उसपर काम भी किया। यह वह समय था जब भौतिकशास्त्र में मेरी गहरी रुचि हो गई थी।

सेंट जोसेफ के मेरे भौतिकी के शिक्षकों प्रो. चिन्ना दुरै और प्रो. कृष्णमूर्ति ने परमाणवीय भौतिकी के अध्यायों में मुझे पदार्थों के अर्द्धजीवन काल की अवधारणा और उनके रेडियोएक्टिव क्षय के बारे में ज्ञान कराया। रामेश्वरम् में मेरे विज्ञान के शिक्षक शिव सुब्रह्मण्य अय्यर ने मुझे कभी यह

नहीं बताया था कि परमाणु अस्थिर होते हैं और एक निश्चित समय के बाद ये दूसरे परमाणु में परिवर्तित हो जाते हैं। यह सब मैं पहली बार ही जान रहा था। लेकिन जब उन्होंने मुझे हर पल कड़ा परिश्रम करने की बात कही, क्योंकि सभी यौगिक पदार्थों का क्षय अपरिहार्य है, तो मुझे लगा, क्या वे एक ही तथ्य के बारे में बात नहीं कर रहे थे। मुझे आश्चर्य हुआ कि कुछ लोग विज्ञान को इस तरह से क्यों देखते हैं, जो व्यक्ति को ईश्वर से दूर ले जाए। जैसाकि मैंने इसमें देखा कि हृदय के माध्यम से ही हमेशा विज्ञान तक पहुँचा जा सकता है। मेरे लिए विज्ञान हमेशा आध्यात्मिक रूप से समृद्ध होने और आत्मज्ञान का रास्ता रहा।

मैं ब्रह्मांड विज्ञान के बारे में खूब उत्सुकता से किताबें पढ़ा करता हूँ तथा खगोलीय पिंडों के बारे में अधिक-से-अधिक जानने में मुझे बहुत आनंद आता है। कई मित्र मुझसे अंतरिक्ष उड़ानों से संबंधित प्रश्न पूछ लेते हैं और कई बार चर्चा ज्योतिष में चली जाती है।

मैं ब्रह्मांड विज्ञान के बारे में खूब उत्सुकता से किताबें पढ़ा करता हूँ तथा खगोलीय पिंडों के बारे में अधिक-से-अधिक जानने में मुझे बहुत आनंद आता है। कई मित्र मुझसे अंतरिक्ष उड़ानों से संबंधित प्रश्न पूछ लेते हैं और कई बार चर्चा ज्योतिष में चली जाती है। ईमानदारी से मैं वाकई अभी तक इस बात का कारण नहीं समझ पाया हूँ कि क्यों लोग ऐसा मानते हैं कि हमारे सौर परिवार के दूरस्थ ग्रहों का जीवन की रोजमर्रा की घटनाओं पर प्रभाव पड़ता है। एक कला के रूप में मैं ज्योतिष के खिलाफ नहीं हूँ। लेकिन अगर विज्ञान की आड़ में इसे गलत तरीके से स्वीकार किया जाता है तो मैं इसे नहीं मानता। मुझे नहीं पता कि ग्रहों, नक्षत्रों, तारामंडलों और यहाँ तक कि उपग्रहों के बारे में इन मिथकों ने कैसे जन्म लिया। ब्रह्मांडीय पिंडों की अत्यधिक शुद्ध गति की जटिल गणनाओं में हेर-फेर करके यदि व्यक्तिपरक नतीजे निकाले जाएँ तो ये मुझे अतार्किक लगते हैं। जैसा मैं देखता हूँ कि पृथ्वी ही सबसे शक्तिशाली एवं ऊर्जावान ग्रह है। जॉन मिल्टन ने इसे 'पैराडाइज लॉस्ट' पुस्तक-VIII में बड़ी ही खूबसूरती से व्यक्त किया है—

'होने दो सूर्य को
दुनिया का केंद्र
और सितारों की धुरी।
मेरी यह धरती
कितनी गरिमामय
धीमे-धीमे घूमे
तीन अलग धुरियों पर।'

इस ग्रह पर आप जहाँ भी जाते हैं वहाँ गति और जीवन है, वैसे ही निर्जीव वस्तुओं जैसे चट्टानों, धातुओं, लकड़ी, चिकनी मिट्टी में भी आंतरिक गतिशीलता विद्यमान है। हर नाभिक के चारों ओर इलेक्ट्रॉन चक्कर काट रहे हैं। नाभिक इन इलेक्ट्रॉनों को अपने चारों ओर बाँधे रखता है। इसीकी प्रतिक्रिया में इलेक्ट्रॉन उसके चारों ओर घूमते रहते हैं और यही इस गति का स्रोत है। इलेक्ट्रॉनों को बाँधे रखनेवाले यही विद्युत् बल इन्हें ज्यादा-से-ज्यादा करीब लाने की भी कोशिश करते हैं। इलेक्ट्रॉन एक निश्चित ऊर्जावाले उस पृथक् कण के रूप में है जो नाभिक से बँधा हुआ है। इलेक्ट्रॉनों पर नाभिक की पकड़ जितनी मजबूत होगी, कक्षा में इलेक्ट्रॉनों की गति भी उतनी ही तीव्र होगी। वास्तव में यह गति एक हजार किलोमीटर प्रति सेकंड तक की होती है। उस अत्यधिक वेग के कारण परमाणु एक ठोस गोले की भाँति नजर आता है; जैसे तेज गति से घूमता पंखा एक थाली की तरह दिखता है। परमाणुओं को और संपीडित करना या कहें, एक-दूसरे के और करीब लाना बहुत ही मुश्किल है—और यही किसी पदार्थ का भौतिक स्वरूप होता है। इस प्रकार हर ठोस वस्तु के भीतर काफी खाली स्थान होता है और हर स्थिर वस्तु के भीतर बड़ी हलचल होती रहती है। यह ठीक उसी तरह है जैसे हमारे जीवन

इस ग्रह पर आप जहाँ भी जाते हैं वहाँ गति और जीवन है, वैसे ही निर्जीव वस्तुओं जैसे चट्टानों, धातुओं, लकड़ी, चिकनी मिट्टी में भी आंतरिक गतिशीलता विद्यमान है। हर नाभिक के चारों ओर इलेक्ट्रॉन चक्कर काट रहे हैं। नाभिक इन इलेक्ट्रॉनों को अपने चारों ओर बाँधे रखता है।

के प्रत्येक क्षण में पृथ्वी पर भगवान् शिव का शाश्वत नृत्य हो रहा होता है।

सेंट जोसेफ कॉलेज में जब मैंने बी.एस-सी. में दाखिला लिया था तब मैं उच्च शिक्षा के किसी और विकल्प के बारे में बिलकुल अनभिज्ञ था। न ही भविष्य के अवसरों के बारे में मेरे पास वे सूचनाएँ थीं जो एक विज्ञान के विद्यार्थी के पास होनी चाहिए। बी.एस-सी. के बाद ही मुझे यह महसूस हो गया था कि भौतिकी मेरा विषय नहीं है। मुझे अपना सपना पूरा करने के लिए इंजीनियरिंग में जाना था। इंजीनियरिंग में तो मैं इंटरमीडिएट की पढ़ाई पूरी करके भी जा सकता था। दुर्घटना से देर भली—मैंने खुद को ही समझाया और मद्रास इंस्टीट्यूट ऑफ टेक्नोलॉजी (एम.आई.टी.) में दाखिले के लिए चक्कर लगाने शुरू किए। उस समय दक्षिण भारत में तकनीकी शिक्षा के लिए मशहूर यह एक विशिष्ट संस्थान था।

संस्थान के चयनित उम्मीदवारों की सूची में मेरा नाम तो आ गया, लेकिन इस प्रसिद्ध संस्थान में दाखिला लेना काफी खर्चीला था। इसके लिए करीब एक हजार रुपए की जरूरत थी और मेरे पिताजी के पास इतना पैसा कभी हुआ ही नहीं।

संस्थान के चयनित उम्मीदवारों की सूची में मेरा नाम तो आ गया, लेकिन इस प्रसिद्ध संस्थान में दाखिला लेना काफी खर्चीला था। इसके लिए करीब एक हजार रुपए की जरूरत थी और मेरे पिताजी के पास इतना पैसा कभी हुआ ही नहीं। ऐसे वक्त में मुझे पढ़ाने के लिए मेरी बहन जोहरा आगे आईं और मेरी फीस के लिए उन्होंने अपने हाथों के कड़े तथा हार गिरवी रख दिए। मुझे शिक्षित देखने का उनमें जो दृढ़ संकल्प था और मेरी योग्यताओं एवं क्षमताओं को लेकर उनका जो भरोसा था, वह मुझे गहराई तक छू गया। मैंने अपनी कमाई से ही उनके गिरवी जेवरों को छुड़ाने की ठानी। उस समय मेरे सामने पैसा कमाने का सिर्फ यही रास्ता था कि मैं कड़ी मेहनत करूँ और छात्रवृत्ति हासिल करूँ। मैं पूरी मेहनत एवं लगन से पढ़ाई में जुट गया।

एम.आई.टी. में मुझे सबसे ज्यादा उन दो विमानों ने आकर्षित किया जो वहाँ उड़ान संबंधी मशीनों की विभिन्न कार्यप्रणालियाँ समझाने के लिए प्रदर्शन के तौर पर रखे गए थे। इन विमानों के प्रति मुझे गहरा लगाव हो गया। दूसरे छात्रों के होस्टल लौट जाने के बाद भी मैं उनके पास बहुत देर तक बैठा रहता।

एक पक्षी की तरह स्वतंत्र रूप से आकाश में विचरण करने की मनुष्य की इच्छा की मन-ही-मन प्रशंसा करता रहता। पहला साल पूरा कर लेने के बाद जब मुझे एक विशेष विषय का चुनाव करना था तो मैंने वैमानिकी (एयरोनॉटिकल) इंजीनियरिंग की दिशा चुनी और इसे ही अपना विशेष विषय बनाया। अब मेरे दिमाग में लक्ष्य एकदम स्पष्ट था—मुझे विमान उड़ाना था। अपने भीतर आग्रहिता की कमी के बारे में जानते हुए भी मैंने यह निश्चय कर लिया था। शुरू से ही विनम्र स्वभाव होने की वजह से मुझमें यह कमी थी कि मैं आग्रही या दावा करनेवाला नहीं था। इसी दौरान मैंने अलग-अलग तरह के लोगों से संवाद कायम करने की कोशिशें कीं। इस दौरान मुझे कई बाधाएँ आईं, निराशा हुई और मन में भटकाव आया; लेकिन पिताजी के प्रेरणास्पद वाक्यों ने मुश्किलों के इस दौर में भी मुझे डिगने नहीं दिया। वे कहते थे—'वह, जो दूसरों को समझता है, वही सीख लेता है। लेकिन बुद्धिमान वह है जो खुद स्वयं को जान लेता है। बुद्धि के बिना सीखा गया ज्ञान किसी काम का नहीं होता।'

एम.आई.टी. में पढ़ाई के दौरान तीन शिक्षकों ने मेरी अप्रकट सोच को मूर्त रूप दिया। उन तीनों के संयुक्त योगदान से ही वह नींव पड़ी, जो आगे चलकर मेरा व्यावसायिक कार्यक्षेत्र बनी। वे तीन शिक्षक थे—प्रो. स्पांडर, प्रो. के.ए.वी. पनदलाई और प्रो. नरसिंह राव।

एम.आई.टी. में पढ़ाई के दौरान तीन शिक्षकों ने मेरी अप्रकट सोच को मूर्त रूप दिया। उन तीनों के संयुक्त योगदान से ही वह नींव पड़ी, जो आगे चलकर मेरा व्यावसायिक कार्यक्षेत्र बनी। वे तीन शिक्षक थे—प्रो. स्पांडर, प्रो. के.ए.वी. पनदलाई और प्रो. नरसिंह राव। इनमें प्रत्येक शिक्षक अलग-अलग क्षेत्रों में विलक्षण व्यक्तित्व के धनी थे। वे तीनों ही अपनी प्रतिभा एवं अथक उत्साह से छात्रों की बौद्धिक भूख शांत करने के काम में लगन से लगे रहते थे।

प्रो. स्पांडर ने मुझे तकनीकी वैमानिकी गतिकी विषय पढ़ाया। वे ऑस्ट्रिया के थे और वैमानिकी इंजीनियरिंग का उनको खासा अनुभव था। द्वितीय विश्वयुद्ध के दौरान वह नाजियों द्वारा बंदी बना लिये गए थे और उन्हे एक नजरबंद शिविर में कैद रखा गया था। स्वाभाविक था कि जर्मनों के प्रति उनमें घृणा

भर गई। संयोग से वैमानिकी विभाग के प्रमुख एक जर्मन व्यक्ति—प्रो. वॉल्टर रेपेंथिन—थे। उस समय एम.आई.टी. के डायरेक्टर डॉ. कुर्त टैंक हुआ करते थे। वे वैमानिकी इंजीनियरिंग के क्षेत्र में एक जानी-मानी हस्ती थे और जर्मनी के एक सीटवाले लड़ाकू विमान फोक वुल्फ (एफ.डब्ल्यू. 190) का डिजाइन उन्होंने ही तैयार किया था। द्वितीय विश्वयुद्ध के समय का यह असाधारण लड़ाकू विमान था। बाद में डॉ. टैंक बंगलौर स्थित हिंदुस्तान एयरोनॉटिकल लिमिटेड (एच.ए.एल.) में चले गए और वहाँ उन्होंने भारत का पहला लड़ाकू विमान एच.एफ.-24 मारुत तैयार किया।

इन संकटों एवं नाजियों के कष्टों के बावजूद प्रो. स्पांडर ने अपने व्यक्तित्व को बचाए रखा और उच्च व्यावसायिक मानदंडों को भी बनाए रखा। वे हमेशा शांत रहते थे और ऊर्जावान थे। स्वयं पर उनका पूरा नियंत्रण था। वे नई-से-नई तकनीक के बारे में पूरी जानकारी रखते थे और अपने विद्यार्थियों से भी यही उम्मीद रखते थे। वैमानिकी इंजीनियरिंग को अपना विषय चुनने से पहले मैंने उनसे विचार-विमर्श किया था। उन्होंने मुझसे कहा कि किसीको भविष्य को लेकर कभी भी चिंता नहीं करनी चाहिए; बल्कि इसके बजाय ज्यादा महत्त्वपूर्ण बात तो यह है कि पढ़ाई के लिए जो भी क्षेत्र चुना है, उस विषय में पूरी मेहनत, उत्साह और धैर्य के साथ पढ़ाई करनी चाहिए। जैसाकि प्रो. स्पांडर देखा करते थे, भारतीयों के साथ संकट शैक्षिक अवसरों की कमी या औद्योगिक बुनियादी ढाँचे का नहीं था, संकट तो अनुशासन और अपने चुनाव को युक्तिसंगत बनाने के बीच अलग करके देख पाने में नाकाम रहने का था। वैमानिकी ही क्यों, इलेक्ट्रिकल इंजीनियरिंग क्यों नहीं? मैकेनिकल इंजीनियरिंग क्यों नहीं? मैं खुद इंजीनियरिंग के सभी नए छात्रों से यह कहना चाहूँगा कि जब भी वे विशेषज्ञता हासिल करने के लिए विषय का

इन संकटों एवं नाजियों के कष्टों के बावजूद प्रो. स्पांडर ने अपने व्यक्तित्व को बचाए रखा और उच्च व्यावसायिक मानदंडों को भी बनाए रखा। वे हमेशा शांत रहते थे और ऊर्जावान थे। स्वयं पर उनका पूरा नियंत्रण था। वे नई-से-नई तकनीक के बारे में पूरी जानकारी रखते थे और अपने विद्यार्थियों से भी यही उम्मीद रखते थे।

चुनाव करें तो उसमें देखने लायक जरूरी बात यह है कि उस विषय में उनकी भीतर से रुचि और अंत:प्रेरणा भी है कि नहीं।

प्रो. के.ए.वी. पनदलाई ने मुझे एयरो-स्ट्रक्चर डिजाइन एंड एनालिसिस विषय पढ़ाया था। वे एक बहुत ही खुशमिजाज, दोस्ताना और उत्साही शिक्षक थे और हर साल अपने अध्यापन के तरीके में एक नयापन लेकर आते थे। ये प्रो. पनदलाई ही थे, जिन्होंने स्ट्रक्चरल इंजीनियरिंग के छिपे हुए तथा गोपनीय पहलुओं को पूरी तरह खोलकर हमारे समक्ष रखा। आज भी मेरा मानना है कि जो भी प्रो. पनदलाई के पास पढ़ा है, वह इस बात से पूरी तरह सहमत होगा कि प्रो. पनदलाई एक महान् बुद्धिजीवी एवं अध्येता थे; लेकिन उनमें घमंड या हेकड़ी नाम की कोई चीज नहीं थी। उनके छात्र कक्षा में उनसे तमाम बिंदुओं पर असहमति व्यक्त करने के लिए स्वतंत्र थे।

प्रो. के.ए.वी. पनदलाई ने मुझे एयरो-स्ट्रक्चर डिजाइन एंड एनालिसिस विषय पढ़ाया था। वे एक बहुत ही खुशमिजाज, दोस्ताना और उत्साही शिक्षक थे और हर साल अपने अध्यापन के तरीके में एक नयापन लेकर आते थे। ये प्रो. पनदलाई ही थे, जिन्होंने स्ट्रक्चरल इंजीनियरिंग के छिपे हुए तथा गोपनीय पहलुओं को पूरी तरह खोलकर हमारे समक्ष रखा।

प्रो. नरसिंह राव एक गणितज्ञ थे और हमें सैद्धांतिक वैमानिकी गतिकी पढ़ाते थे। तरल गतिकी पढ़ाने का उनका तरीका मुझे अब तक याद है। उनकी क्लास में पढ़ने के बाद मैंने गणितीय भौतिकी को दूसरा विषय बनाने का मन बनाया। अकसर मुझसे कहा जाता था कि वैमानिकी डिजाइनों की समीक्षा के लिए मेरे नेफे में एक शल्य चिकित्सा औजार (सर्जिकल नाइफ) रहता है। अगर प्रो. राव की कृपा नहीं होती और वैमानिकी गतिकी के समीकरणों का हल निकालने के लिए वे मुझे प्रेरित नहीं करते तो मेरे पास यह विलक्षण औजार नहीं होता।

वैमानिकी एक बहुत ही मजेदार एवं रुचिकर विषय है, जिसमें एक उन्मुक्तता है, आजादी है। आजादी और पलायन, गति और हलचल तथा सरकने एवं प्रवाह के बीच एक बड़ा जो फर्क है, वही इस विज्ञान की गोपनीयता है।

मेरे शिक्षकों ने मुझे इन सच्चाइयों के रहस्य बताए। वैमानिकी के बारे में शिक्षकों ने मेरी उत्सुकता और बढ़ा दी। उनकी बौद्धिकता के उत्ताप, विचारों की शुद्धता तथा धैर्य ने मुझे तरल गतिकी के गंभीर अध्ययन में काफी मदद पहुँचाई। तरल गतिकी के इस अध्ययन में संपीडित मध्यम गति, प्रघाती तरंगों एवं प्रघात का विकास, बढ़ती गति पर प्रवाहित द्रव का पृथक्करण, प्रघात रोकना और प्रघात उत्पन्न करना जैसे विषय शामिल थे।

धीरे-धीरे मेरे मस्तिष्क में ढेर सारी जानकारियाँ जमा हो गईं। हवाई जहाजों के नए-नए रूप विभिन्न तरह से सामने आने लगे—द्वितल विमान (बाई प्लेन), एक तलीय विमान (मोनो प्लेन), बिना पिछले हिस्सेवाले विमान (टेललैस प्लेन), डेल्टा विंग प्लेन। इन सबकी महत्ता मेरे लिए बढ़ती जा रही थी। मेरे तीनों शिक्षक, जो अपने-अपने विषय के दिग्गज थे, मेरा इस बारे में ज्ञान और बढ़ाने में मदद करते।

धीरे-धीरे मेरे मस्तिष्क में ढेर सारी जानकारियाँ जमा हो गईं। हवाई जहाजों के नए-नए रूप विभिन्न तरह से सामने आने लगे—द्वितल विमान (बाई प्लेन), एक तलीय विमान (मोनो प्लेन), बिना पिछले हिस्सेवाले विमान (टेललैस प्लेन), डेल्टा विंग प्लेन। इन सबकी महत्ता मेरे लिए बढ़ती जा रही थी।

मेरा तीसरा और एम.आई.टी. में अंतिम वर्ष एक संक्रमण वर्ष के रूप में था तथा मेरे आनेवाले जीवन में इसका गहरा असर पड़ना था। उन दिनों पूरे देश में राजनीतिक समझ बनवाने और औद्योगिक प्रयासों की एक नई बयार आई हुई थी। मैंने ईश्वर में अपने विश्वास की परीक्षा ली और यह जानना चाहा कि क्या यह वैज्ञानिक सोच प्रगति के तरीके में कहीं उचित साबित हो सकती है। इसके बाद जो स्वीकार्य विचार था, वह यह कि सिर्फ वैज्ञानिक विधियाँ ही ज्ञान का एकमात्र सही रास्ता हैं। मुझे आश्चर्य हुआ, यदि ऐसा है तो क्या पदार्थ ही अंततः वास्तविकता और आध्यात्मिक प्रक्रिया है, न कि पदार्थ की अभिव्यक्ति? क्या सभी नैतिक मूल्य आपस में एक-दूसरे से जुड़े हैं?

कोर्स पूरा होने के बाद मुझे नीचे आकर करीब से हमला करनेवाले लड़ाकू विमान का डिजाइन तैयार करने की परियोजना में लगा दिया गया। इस परियोजना में मेरे साथ चार और साथी थे। मैंने वायुगतिकी डिजाइन को तैयार करने और

उसकी ड्राइंग बनाने की जिम्मेदारी ली थी। जबकि मेरी टीम के साथियों को विमान के प्रणोदन, संरचना, नियंत्रण और उपकरणों के डिजाइन तैयार करने का काम सौंपा गया था। एक दिन मेरे डिजाइन शिक्षक प्रो. श्रीनिवासन ने, जो उस समय एम.आई.टी. के निदेशक भी थे, मेरे काम की समीक्षा की और इसे निराशाजनक बताते हुए इसपर अपना असंतोष व्यक्त किया। काम में देरी के लिए मैंने उनसे कई बार माफी माँगी और अपनी सफाई दी; लेकिन प्रो. श्रीनिवासन ने एक नहीं सुनी। आखिरकार काम पूरा कर लेने के लिए मैंने उनसे एक महीने का वक्त माँगा। कुछ क्षण के लिए उन्होंने मेरी ओर देखा और बोले, 'देखो, नौजवान, आज शुक्रवार है। मैं तुम्हें तीन दिन का वक्त देता हूँ। अगर सोमवार सुबह तक मुझे यह ड्राइंग नहीं मिली तो तुम्हारी छात्रवृत्ति रोक दी जाएगी।' मेरे मुँह से शब्द नहीं निकले। छात्रवृत्ति ही मेरा सबकुछ थी और अगर यह वापस ले ली जाती तो मैं एकदम असहाय हो जाता। मेरे सामने कोई दूसरा रास्ता नहीं था, सिवाय इसके कि मैं उनके निर्देश के अनुसार अपना काम पूरा कर लेता। उस रात मैंने खाना नहीं खाया और रात भर ड्राइंग बोर्ड पर काम करता रहा। अगली सुबह सिर्फ घंटे भर के लिए समय निकाला, जिसमें तैयार होकर नाश्ता किया। रविवार की सुबह मेरा काम पूरा होने के करीब ही था। तभी अचानक मुझे लगा कि मेरे कमरे में कोई है। प्रो. श्रीनिवासन दूर से खड़े मुझे देख रहे थे। वे सीधे जिमखाना से आ रहे थे और टेनिस के कपड़ों में थे तथा मेरा काम देखने के लिए ही यहाँ रुके थे। मेरा काम देखने के बाद उन्होंने मुझे अपने गले लगा लिया और तारीफ करते हुए मेरी पीठ थपथपाई। उन्होंने कहा, 'मुझे पता था कि तुम्हारे भीतर तनाव पैदा हो रहा है और काम पूरा करने के लिए मैं जो समय तुम्हें दे रहा हूँ, उसमें वह संभव नहीं होगा। मुझे जरा भी उम्मीद नहीं थी कि इतने भयंकर तनाव में भी तुम अपना काम पूरा कर लोगे।'

अगली सुबह सिर्फ घंटे भर के लिए समय निकाला, जिसमें तैयार होकर नाश्ता किया। रविवार की सुबह मेरा काम पूरा होने के करीब ही था। तभी अचानक मुझे लगा कि मेरे कमरे में कोई है। प्रो. श्रीनिवासन दूर से खड़े मुझे देख रहे थे।

परियोजना की शेष अवधि के दौरान मैंने एक निबंध प्रतियोगिता में हिस्सा

लिया। उसका आयोजन एम.आई.टी. तमिल संगम (साहित्यिक संस्था) ने किया था। तमिल मेरी मातृभाषा है और उसकी उत्पत्ति पर मुझे गर्व है। इसकी उत्पत्ति का काल रामायण काल से भी पहले अगस्त्य मुनि के समय का है और इसका साहित्य ईसा पूर्व पाँचवीं शताब्दी का है। ऐसा कहा जाता है कि इस भाषा को व्याकरणाचार्यों ने एक विशिष्ट रूप दे दिया है और अपने स्पष्ट तर्कों के लिए इसे अंतरराष्ट्रीय स्तर पर सम्मान अर्जित है। मुझे यह सुनिश्चित करते हुए बहुत ही उत्साह हो रहा था कि विज्ञान भी इस अद्‌भुत भाषा के दायरे से बाहर नहीं है। मैंने 'आइए, अपना खुद का विमान बनाएँ' (लेट अस मेक अवर ओन एयरक्राफ्ट) शीर्षक से तमिल में एक लेख लिखा। लेख सचमुच बहुत ही रुचिकर था और मैं प्रतियोगिता में जीत गया और पहला इनाम पाया। मुझे यह पुरस्कार लोकप्रिय तमिल साप्ताहिक 'आनंद विकटन' के संपादक देवन ने दिया था।

एम.आई.टी. से जो मेरी सबसे गहरी याद जुड़ी हुई है, वह प्रो. स्पांडर से संबंधित है। विदाई समारोह के दौरान हमें एक सामूहिक फोटो खिंचवाना था। स्नातक पास करनेवाले सभी छात्र तीन पंक्तियों में खड़े थे और सभी प्रोफेसर आगेवाली पंक्ति में बैठे हुए थे। प्रो. स्पांडर खड़े हुए और मुझे देखा।

एम.आई.टी. से जो मेरी सबसे गहरी याद जुड़ी हुई है, वह प्रो. स्पांडर से संबंधित है। विदाई समारोह के दौरान हमें एक सामूहिक फोटो खिंचवाना था। स्नातक पास करनेवाले सभी छात्र तीन पंक्तियों में खड़े थे और सभी प्रोफेसर आगेवाली पंक्ति में बैठे हुए थे। प्रो. स्पांडर खड़े हुए और मुझे देखा। मैं तीसरी पंक्ति में खड़ा हुआ था। 'यहाँ आओ और आगे की पंक्ति में मेरे साथ बैठो।' प्रो. स्पांडर ने कहा। उन्होंने दोबारा मुझे आगे आने को कहा, 'तुम मेरे सबसे प्रिय छात्र हो। तुम्हारी कड़ी मेहनत ही भविष्य में तुम्हारे शिक्षकों का नाम रोशन करेगी।' उनकी इस प्रशंसा से मेरे समक्ष एक कठिनाई खड़ी हो गई; लेकिन अपने काम के सम्मान की वजह से मैं प्रो. स्पांडर के पास जाकर बैठ गया। मुझे विदाई देते वक्त प्रो. स्पांडर ने कहा, 'ईश्वर तुम्हारी उम्मीदें पूरी करे, तुम्हें सहारा दे, तुम्हें रास्ता दिखाए और भविष्य की यात्रा में तुम्हारा पथ-प्रदर्शक बने।'

एम.आई.टी. से मैं एक प्रशिक्षु के रूप में हिंदुस्तान एयरोनॉटिक्स लिमिटेड (एच.ए.एल.), बंगलौर में चला गया था। वहाँ मैंने एक टीम के सदस्य के रूप में इंजनों की मरम्मत का काम किया। हवाई जहाज के इंजन पर अपने हाथों से किया गया काम ही काफी कुछ सिखानेवाला होता है। कक्षा में पढ़े गए सिद्धांत को जब व्यावहारिक अनुभव में उतारा जाता है तो यह एक प्रकार की अनूठी उत्तेजना पैदा करता है। एच.ए.एल. में मैंने दोनों तरह के इंजनों—पिस्टन इंजन एवं टरबाइन इंजन—की मरम्मत का काम किया। यहीं मेरे मस्तिष्क में 'दहन के बाद' (आफ्टर बर्निंग) के सिद्धांत पर काम करते हुए गैस गतिकी एवं विसरण प्रक्रिया से संबंधित अस्पष्ट अवधारणाओं ने अपने भेद खोले। मेरा यहाँ रेडियल इंजन तथा ड्रम ऑपरेशनों का प्रशिक्षण भी हुआ।

मैंने यहाँ सीखा कि एक क्रैंकशॉफ्ट की जाँच किस तरह से की जाती है। इसी तरह घुमाव के लिए छड़ एवं क्रैंकशॉफ्ट को जोड़ने का भी काम सीखा। मैंने सुपर इंजनों पर लगे पंखों के अंशांकन का भी काम किया। इसके अलावा मैंने दबाव प्रणाली एवं त्वरण सहगति नियंत्रण प्रणाली (एक्सेलरेशन-कम-स्पीड कंट्रोल सिस्टम) को समझा तथा टरबो इंजनों के वायु प्रवाह प्रणाली (एयर स्टार्टर सप्लाई सिस्टम) के बारे में भी जाना। पंखों से संबंधित प्रणालियाँ और प्रणोदक इंजनों के बारे में समझना तो बहुत ही रुचिकर था। एच.ए.एल. के तकनीशियन जिस कुशलता एवं बारीकी के साथ ब्लेड एंगल नियंत्रण, यानी बीटा कला का प्रदर्शन करते थे वह मुझे आज भी अच्छी तरह से याद है। न तो वे लोग बड़े विश्वविद्यालयों में पढ़े थे और न ही वे सिर्फ अपने इंजीनियर के सुझावों को आँख मूँदकर मान लेते थे। वे खुद अपने

मैंने यहाँ सीखा कि एक क्रैंकशॉफ्ट की जाँच किस तरह से की जाती है। इसी तरह घुमाव के लिए छड़ एवं क्रैंकशॉफ्ट को जोड़ने का भी काम सीखा। मैंने सुपर इंजनों पर लगे पंखों के अंशांकन का भी काम किया। इसके अलावा मैंने दबाव प्रणाली एवं त्वरण सहगति नियंत्रण प्रणाली (एक्सेलरेशन-कम-स्पीड कंट्रोल सिस्टम) को समझा तथा टरबो इंजनों के वायु प्रवाह प्रणाली (एयर स्टार्टर सप्लाई सिस्टम) के बारे में भी जाना।

हाथों से कई वर्षों से यहाँ काम कर रहे थे और इसीसे उन्हें यहाँ काम करने की एक स्वत: अंत:प्रेरणा महसूस होती थी।

जब मैं एच.ए.एल. से एक वैमानिकी इंजीनियर बनकर निकला तो मेरे सामने नौकरी के दो बड़े अवसर थे और दोनों ही मेरे वर्षों पुराने उड़ान के सपने को पूरे करनेवाले थे। एक अवसर भारतीय वायुसेना का था और दूसरा रक्षा मंत्रालय के तकनीकी विकास एवं उत्पादन निदेशालय, डी.टी.डी. एंड पी. (एयर) का। मैंने दोनों नौकरियों के लिए आवेदन किया और दोनों ही जगह से मुझे साक्षात्कार के लिए बुलावा आया। वायुसेना में भरती होने के लिए मुझे देहरादून पहुँचना था और डी.टी.डी. एंड पी. (एयर) में साक्षात्कार के लिए दिल्ली जाना था। दक्षिण भारतीय तटीय इलाके के इस लड़के ने उत्तर जाने के लिए ट्रेन पकड़ी। गंतव्य दो हजार किलोमीटर से ज्यादा दूर था। अपनी मातृभूमि की विशालता से मेरा यह पहला सरोकार था।

□

: तीन :

रेल के डिब्बे की खिड़की से मैंने देश का देहाती रूप देखा, जो पहले नहीं देखा था। धान के खेतों में सफेद धोती और पगड़ी लगाए हुए खेतों में काम कर रहे लोग तथा चमकीले रंग बिखेरती महिलाओं को देखकर ऐसा लगता था जैसे यह कोई सुंदर पेंटिंग हो। मैं खिड़की से चिपककर बैठा हुआ था। ज्यादातर जगहों पर लोग किसी-न-किसी काम में लगे दिखाई पड़े, जिसमें एक तरह की लय और शांति थी—जानवर चरा रहे पुरुष, कुओं से पानी खींचकर ले जाती महिलाएँ। कभी-कभार कोई बच्चा नजर आ जाता और ट्रेन की ओर हाथ हिलाता पीछे छूट जाता।

यह बहुत ही विस्मयकारी है कि जब कोई उत्तर की ओर बढ़ता है तो भू-भाग में कैसा परिवर्तन होता जाता है। गंगा नदी के इस समृद्ध एवं उपजाऊ मैदानी इलाके तथा इसकी कई सहायक नदियों ने अनेक हमले, हलचल और परिवर्तन देखे हैं। ईसा से करीब पंद्रह सौ साल पूर्व, उत्तर-पश्चिम से आगे तक गुजरनेवाले पहाड़ी क्षेत्रों में गोरी चमड़ीवाली आर्य जाति के लोग फैल चुके थे। दसवीं शताब्दी में मुसलमान आए, जो बाद में स्थानीय लोगों के साथ घुल-मिल गए और इस देश का अभिन्न हिस्सा बन गए। एक साम्राज्य से दूसरे साम्राज्य का रास्ता बनता गया। धार्मिक जीतों का सिलसिला जारी रहा। इस वक्त तक भी कर्क रेखा के दक्षिण में विंध्य एवं सतपुड़ा की पहाड़ियों की शृंखला के कारण भारत का बड़ा हिस्सा इनसे पूरी तरह सुरक्षित बचा हुआ था। इसके साथ ही नर्मदा, ताप्ती, गोदावरी और कृष्णा नदियों का जाल इस तरह बुना हुआ था कि इससे भारतीय भू-भाग के एक बड़े हिस्से की पूरी सुरक्षा रहती थी। वैज्ञानिक प्रगति के कारण ही इन सब भौगोलिक बाधाओं को पार करते हुए रेल ने मुझे दिल्ली पहुँचाया।

मैं एक हफ्ते महान् सूफी संत हजरत निजामुद्दीन के इस शहर दिल्ली में रुका और डी.टी.डी. एंड पी. (एयर) में इंटरव्यू दिया। मेरा इंटरव्यू काफी अच्छा हुआ था। पूछे गए सारे प्रश्न आम थे। ऐसा कोई भी सवाल नहीं था जो मेरी योग्यता को चुनौती देनेवाला हो। इसके बाद वायुसेना चयन बोर्ड में दूसरा इंटरव्यू देने के लिए मैं देहरादून रवाना हो गया। इस चयन बोर्ड में बुद्धि के बजाय व्यक्तित्व पर ज्यादा जोर था। शायद वे स्पष्ट तौर पर शारीरिक योग्यता को ही देख रहे थे। भीतर की उत्तेजना के बाद भी मैं शांत दिख रहा था। दृढ़ संकल्प था, लेकिन साथ ही चिंतित भी। मन में विश्वास होते हुए भी तनाव था। वायुसेना के लिए पच्चीस में से जिन आठ उम्मीदवारों का कमीशन अधिकारी के लिए चयन हुआ, उसमें मैं नौवें नंबर पर ही आकर अटक गया। इसे लेकर मेरे भीतर एक गहरी हूक-सी उठी। किंकर्तव्यविमूढ़-सा हो गया मैं। मुझे यह समझने में थोड़ा वक्त लगा कि वायुसेना में नौकरी पाने का अवसर, जो मेरे हाथों के करीब ही था, आकर निकल गया। मैं चयन बोर्ड से बाहर आ गया और एक चट्टान के किनारे पर खड़ा हो गया। नीचे एक झील थी, जिसमें ऊँचाई से एक झरना गिर रहा था। कभी झील झिलमिलाती, कभी झरना स्थिर दिखता। मुझे पता था कि आनेवाले दिन काफी मुश्किल भरे होंगे। ऐसे कई सवाल थे, जो जवाब चाहते थे।

मैं एक हफ्ते महान् सूफी संत हजरत निजामुद्दीन के इस शहर दिल्ली में रुका और डी.टी.डी. एंड पी. (एयर) में इंटरव्यू दिया। मेरा इंटरव्यू काफी अच्छा हुआ था। पूछे गए सारे प्रश्न आम थे। ऐसा कोई भी सवाल नहीं था जो मेरी योग्यता को चुनौती देनेवाला हो। इसके बाद वायुसेना चयन बोर्ड में दूसरा इंटरव्यू देने के लिए मैं देहरादून रवाना हो गया।

ऊहापोह में उलझा मैं ऋषिकेश आ गया। मैंने गंगा में स्नान किया और इसकी शुद्धता का आनंद लिया। इसके बाद मैं छोटी सी पहाड़ी पर बने शिवानंद आश्रम में गया। जब मैंने आश्रम में प्रवेश किया तो मुझे तीव्र कंपन महसूस हुए। मैंने देखा कि चारों ओर बड़ी संख्या में साधु समाधि लगाए बैठे हैं। मैंने पढ़ा था कि साधु आत्मिक व्यक्ति होते हैं—वे व्यक्ति, जो अपने अंतर्ज्ञान से ही

सबकुछ जान लेते हैं। अपने उदासी के क्षणों में ही मैं उन सवालों का जवाब खोजने चला, जो मुझे परेशान किए हुए थे।

मैं स्वामी शिवानंद से मिला—बिलकुल भगवान् बुद्ध की तरह दिखनेवाले। वह श्वेत धवल धोती और पैरों में खड़ाऊँ पहने हुए थे। मैं उनकी अत्यंत सम्मोहक, एकदम बच्चे जैसी मुसकान और कृपालु भाव देखकर दंग रह गया। मैंने स्वामीजी को अपना परिचय दिया। मेरे मुसलिम नाम की उनमें जरा भी प्रतिक्रिया नहीं हुई। मैं और आगे कुछ बोल पाता, इससे पहले ही उन्होंने मेरी उदासी का कारण पूछ लिया। उन्होंने कहा, 'यह मत पूछना कि मैंने यह कैसे जाना कि तुम उदास हो।' और फिर मैंने उनसे यह नहीं पूछा।

मैं स्वामी शिवानंद से मिला—बिलकुल भगवान् बुद्ध की तरह दिखनेवाले। वह श्वेत धवल धोती और पैरों में खड़ाऊँ पहने हुए थे। मैं उनकी अत्यंत सम्मोहक, एकदम बच्चे जैसी मुसकान और कृपालु भाव देखकर दंग रह गया। मैंने स्वामीजी को अपना परिचय दिया।

मैंने उन्हें भारतीय वायुसेना में अपने नहीं चुने जा पाने की असफलताओं के बारे में बताया। उन्होंने मुसकराते हुए मेरी सारी चिंताएँ दूर कर दीं और फिर धीमे तथा गहरे स्वर में कहा, 'इच्छा, जो तुम्हारे हृदय और अंतरात्मा से उत्पन्न होती हो, जो शुद्ध और मन से की गई हो, एक विस्मित कर देनेवाली विद्युत्-चुंबकीय ऊर्जा लिये होती है। यही ऊर्जा हर रात को, जब मस्तिष्क सुषुप्त अवस्था में होता है, आकाश में चली जाती है। हर सुबह यह ऊर्जा ब्रह्मांडीय चेतना लिये वापस शरीर में प्रवेश करती है। जिसकी परिकल्पना की गई है, वह निश्चित रूप से प्रकट होता नजर आएगा। नौजवान, तुम इस तथ्य पर ठीक उसी तरह अनंत काल तक भरोसा कर सकते हो जैसे तुम हमेशा सूर्योदय के अकाट्य सत्य पर भरोसा करते हो।'

जब शिष्य चाहेगा, गुरु हाजिर होगा—कितना सच है यह! यहाँ गुरु अपने शिष्य को रास्ता दिखाता है, जो अपने रास्ते से थोड़ा भटक गया है—'अपनी नियति को स्वीकार करो और जाकर अपना जीवन अच्छा बनाओ। नियति को मंजूर नहीं था कि तुम वायुसेना के पायलट बनो। नियति तुम्हें जो बनाना चाहती है, उसके बारे में अभी कोई नहीं बता सकता; लेकिन नियति यह पहले ही तय

कर चुकी है। अपनी इस असफलता को भूल जाओ, जैसेकि नियति को तुम्हें यहाँ लाना ही था। असमंजस से निकल अपने अस्तित्व के लिए सही उद्देश्य की तलाश करो। अपने को ईश्वर की इच्छा पर छोड़ दो।' स्वामीजी ने कहा।

मैं दिल्ली लौट आया और डी.टी.डी. एंड पी. (एयर) जाकर अपने इंटरव्यू के नतीजे के बारे में पता लगाया। जवाब में मुझे नियुक्ति पत्र दे दिया गया। अगले ही दिन मैंने दो सौ पचास रुपए के मूल वेतन पर वरिष्ठ वैज्ञानिक सहायक के पद पर काम सँभाल लिया। मैंने सोचा, अगर यही मेरी नियति है तो इसे होने दिया जाय। आखिरकार अब मुझे काफी मानसिक शांति थी। वायुसेना में चयन नहीं हो पाने का दु:ख मैंने भुला दिया था। ये सब सन् 1958 की बातें हैं।

मैं दिल्ली लौट आया और डी.टी.डी. एंड पी. (एयर) जाकर अपने इंटरव्यू के नतीजे के बारे में पता लगाया। जवाब में मुझे नियुक्ति पत्र दे दिया गया। अगले ही दिन मैंने दो सौ पचास रुपए के मूल वेतन पर वरिष्ठ वैज्ञानिक सहायक के पद पर काम सँभाल लिया।

निदेशालय में मुझे तकनीकी केंद्र (उड्डयन) में लगाया गया। अगर मैं हवाई जहाज उड़ा नहीं रहा था तो कम-से-कम उन्हें उड़ान के लायक बनाने में तो मदद कर ही रहा था, ऐसा मैं सोचा करता। निदेशालय में मेरी नौकरी के पहले साल के दौरान मैंने ऑफीसर-इंचार्ज आर. वरदराजन की मदद से एक पराध्वनिक लक्ष्यभेदी विमान का डिजाइन करने में सफलता हासिल कर ली। निदेशक डी. नीलकंठन ने इसकी काफी तारीफ की। विमानों के रख-रखाव का अनुभव हासिल करने के लिए मुझे एयरक्रॉफ्ट एंड आर्मामेंट टेस्टिंग यूनिट (विमान एवं हथियार प्रशिक्षण इकाई ए. एंड ए.टी.यू.), कानपुर भेजा गया। उस समय वहाँ एम.के.-1 विमान के परीक्षण का काम चल रहा था। इसकी कार्यप्रणालियों के मूल्यांकन को पूरा करने के काम में मैंने भी हिस्सा लिया।

उन दिनों में भी कानपुर एक बड़ी आबादीवाला शहर था। किसी औद्योगिक शहर में रहने का मेरा यह पहला अनुभव था। ठंडा मौसम, भीड़, शोर-शराबा और धुआँ—यहाँ यह सब एकदम रामेश्वरम् के माहौल से ठीक विपरीत था। यहाँ मुझे विशेष दिक्कत आलू को लेकर भी थी; क्योंकि सुबह नाश्ते से लेकर रात के खाने तक—हर खाने में यह होता था। अपनी मिट्टी की

गंध और परिवार का संरक्षण छोड़कर यहाँ की फैक्टरियों में रोजगार की तलाश में गाँवों से लोग आते थे। मुझे इन भटकते लोगों को देखकर बड़ा दुःख होता।

मेरे दिल्ली लौटने पर मुझे बताया गया कि डी.टी.डी. एंड पी. (एयर) ने 'डार्ट' लक्ष्य के डिजाइन का काम अपने हाथ में लिया है और मुझे इस डिजाइन टीम में शामिल किया गया है। तब मैंने इस डिजाइन का प्रारंभिक अध्ययन किया और बाद में इसका डिजाइन भी तैयार किया तथा ऊर्ध्वाधर उड़ान भरने और विमान उतारने के प्लेटफॉर्म को भी विकसित किया। मैं हॉट कॉकपिट के विकास एवं निर्माण के काम से भी जुड़ा था। तीन साल गुजर चुके थे। तब बंगलौर में वैमानिकी विकास प्रतिष्ठान (ए.डी.ई.) की स्थापना की गई और मुझे इस नए प्रतिष्ठान में भेज दिया गया।

बंगलौर शहर कानपुर के मुकाबले ठीक उलटा था। दरअसल मेरा मानना है कि हमारे देश ने लोगों को बड़ा अतिवादी बना दिया है। मैं मानता हूँ कि यह इसलिए है, क्योंकि कई शताब्दियों तक विदेशी आक्रमणों के चलते इस देश में उजड़ने-बसने का लगभग अंतहीन सिलसिला चलता रहा और इसने हमारी एक साथ रहने की क्षमता को नष्ट कर दिया।

बंगलौर शहर कानपुर के मुकाबले ठीक उलटा था। दरअसल मेरा मानना है कि हमारे देश ने लोगों को बड़ा अतिवादी बना दिया है। मैं मानता हूँ कि यह इसलिए है, क्योंकि कई शताब्दियों तक विदेशी आक्रमणों के चलते इस देश में उजड़ने-बसने का लगभग अंतहीन सिलसिला चलता रहा और इसने हमारी एक साथ रहने की क्षमता को नष्ट कर दिया। बजाय विद्रोही हो जाने के हमने अपने भीतर जहाँ सहृदयता एवं दयालु बनने की असाधारण क्षमता विकसित कर ली, वहीं हम, कहीं भीतर, क्रूर संवेदनहीन और निर्दयी भी हो गए। साधारण दृष्टि से तो हम सजीव नजर आते हैं, परंतु यही दृष्टि आलोचनात्मक हो तो हम विलक्षण हो जाते हैं। कानपुर में मैंने लोगों को पान चबाने में वाजिद अली शाह की नकल करते देखा और बंगलौर में अंग्रेज साहबों की तरह लोगों को कुत्ते घुमाते पाया। यहाँ भी मैं रामेश्वरम् जैसी शांति एवं निस्तब्धता के लिए तरस गया। भारतीयों में मन और मस्तिष्क के बीच जो संबंध है, उसको भी हमारे शहरों की खंड-खंड होती

संवेदनशीलता ने खत्म-सा कर दिया है। मैं अपनी शामें बंगलौर के बगीचों एवं व्यावसायिक परिसरों में टहलकर बिताता।

पहले वर्ष में ए.डी.ई. में काम का दबाव बहुत ही कम था। दरअसल सबसे पहले खुद मुझे ही अपने लिए काम तैयार करना था, तभी धीरे-धीरे माहौल तैयार हो पाता। शुरुआती अध्ययन के अनुभव के आधार पर एक टीम बनाई, जिसे ग्राउंड इक्विपमेंट मशीन (जैम) के रूप में स्वदेशी हॉवरक्रॉफ्ट (मँडरानेवाले वाहन) का डिजाइन तैयार करना और विकास करना था। यह टीम एक छोटे कार्यदल के रूप में थी। वैज्ञानिक सहायक के स्तर पर इसमें चार लोग शामिल थे। ए.डी.ई. के निदेशक डॉ. ओ.पी. मेदीरत्ता ने मुझसे इस टीम का नेतृत्व करने को कहा। उड़ान में इंजीनियरिंग मॉडल शुरू करने के लिए हमें तीन साल का वक्त दिया गया।

यह परियोजना हमारी सामूहिक क्षमताओं की तुलना में हर तरह से बड़ी थी। हममें से किसीको भी मशीन, और वो भी विमान, तैयार करने का अनुभव नहीं था; न ही कोई डिजाइन या कल-पुरजे उपलब्ध थे, जिनकी मदद से इसे शुरू कर पाते। यह हम सबको पता चल गया था कि हम ऐसी उड़ती मशीन का निर्माण सफलतापूर्वक कर सकते हैं। हॉवरक्राफ्ट्स के बारे में जितना कुछ पढ़ने को मिल सकता था, हमने जुटाने की कोशिश की। लेकिन बहुत ज्यादा उपलब्धि नहीं रही। इस क्षेत्र में कार्यरत लोगों से विचार-विमर्श किया; लेकिन कुछ भी हाथ नहीं लगा। एक दिन मैंने सीमित जानकारियों और उपलब्ध संसाधनों से ही काम शुरू करने का फैसला कर डाला।

यह परियोजना हमारी सामूहिक क्षमताओं की तुलना में हर तरह से बड़ी थी। हममें से किसीको भी मशीन, और वो भी विमान, तैयार करने का अनुभव नहीं था; न ही कोई डिजाइन या कल-पुरजे उपलब्ध थे, जिनकी मदद से इसे शुरू कर पाते। यह हम सबको पता चल गया था कि हम ऐसी उड़ती मशीन का निर्माण सफलतापूर्वक कर सकते हैं।

पंखोंरहित, हलका और तीव्र मशीनवाला वाहन तैयार करने के इस उत्साहजनक उद्यम ने मेरे दिमाग की खिड़कियाँ खोल दीं। मुझे जल्दी ही

हॉवरक्राफ्ट व एयरक्राफ्ट के बीच कम-से-कम एक लाक्षणिक गुण दिख गया। आखिरकार राइट बंधुओं को भी पहला हवाई जहाज तैयार करने में सात साल लग गए थे। मैंने पाया कि जैम परियोजना के विकास के लिए काफी अच्छे अवसर हैं। ड्राइंग बोर्ड पर कुछ महीने काम करने के बाद हम लोग सीधे हार्डवेयर विकसित करने में जुट गए।

एक खतरा हमेशा यह बना रहता था कि मेरे जैसे ग्रामीण, छोटे कस्बेवाली, मध्यम वर्गीय—जिसके माता-पिता की थोड़ी ही शिक्षा हुई हो—पृष्ठभूमिवाले को कहीं किनारे तो नहीं कर दिया जाएगा और अस्तित्व बचाने के लिए तब तक संघर्ष करना पड़ेगा जब तक उचित परिस्थितियाँ पैदा न हों। मैंने ठान लिया कि मुझे अपने लिए अवसर खुद तैयार करने होंगे।

हिस्सा-दर-हिस्सा, चरण-दर-चरण तथा सुनियोजित तरीके से काम शुरू होने लगा। इस परियोजना पर काम करते हुए मैंने यह जाना कि अगर एक बार आपके मस्तिष्क में कोई नया विचार आ गया तो यह अपने मूल स्वरूप में कभी वापस नहीं लौटता।

हिस्सा-दर-हिस्सा, चरण-दर-चरण तथा सुनियोजित तरीके से काम शुरू होने लगा। इस परियोजना पर काम करते हुए मैंने यह जाना कि अगर एक बार आपके मस्तिष्क में कोई नया विचार आ गया तो यह अपने मूल स्वरूप में कभी वापस नहीं लौटता।

उन दिनों वी.के. कृष्णमेनन रक्षामंत्री हुआ करते थे। वे हमारी इस परियोजना की प्रगति के बारे में जानने के बड़े इच्छुक रहते। इस परियोजना को वह भारत के रक्षा उपकरणों के स्वदेशी विकास की शुरुआत के रूप में देखते थे। जब भी वे बंगलौर में होते, हमारी इस परियोजना की समीक्षा करने के लिए थोड़ा वक्त हमेशा निकालते थे। हमारी योग्यता में उनका विश्वास हमारे उत्साह को और बढ़ा देता था। मैं सभी बाहरी मुश्किलों को भूल अपनी कार्यशाला में उसी तरह जाया करता था जिस तरह मेरे पिताजी बाहर जूते उतार मसजिद में नमाज पढ़ने जाते थे। लेकिन जैम परियोजना के बारे में कृष्णमेनन जैसी राय हर किसीकी नहीं बनी। उपलब्ध उपकरणों एवं कल-पुरजों से हम जो प्रयोग कर रहे थे, उससे मेरे वरिष्ठ सहयोगी पूरी तरह खुश नहीं थे। कई

तो हमें सनकी आविष्कारकों का एक समूह कहते थे, जो असंभव सपने को पूरा करने में लगा था। इस टीम का मुखिया होने की वजह से मुझे ही निशाना बनाया जाता था। कुछ लोग दूसरी तरह का सम्मान भी देते थे। परंतु ये लोग कहा करते थे कि एक ऐसा देहाती, जो हवा में उड़ने के बाद हवा को अपनी जमींदारी जैसा समझता है। ए.डी.ई. के कुछ वरिष्ठ वैज्ञानिक मेरे विरुद्ध जो टिप्पणियाँ करते थे, उनसे मुझे सन् 1896 में राइट बंधुओं पर लिखी जॉन ट्रॉब्रिज की कविता याद आ जाती—

'बाँस और सुतली से
मोम से, हथौड़े से
कुंदों से, पेंचों से
जोड़कर, जुगाड़कर
चमगादड़ से प्रेरित, दो भाई दीवाने
झोंक रहे कोयला, फूँक रहे धौंकनी
बना रहे देखो तो
लकड़ी की एक परी।'

जब यह परियोजना एक साल पुरानी हो चली थी, रक्षामंत्री कृष्णमेनन ए.डी.ई. के दौरे पर आए। मैं उन्हें अपनी कार्यशाला में ले गया। अंदर एक टेबल पर जैम मॉडल अलग-अलग हिस्सों में रखा हुआ था। यह मॉडल युद्धक्षेत्र में प्रयोग में लाए जानेवाले व्यावहारिक हॉवरक्राफ्ट के विकास के लिए एक साल के अथक प्रयास को दरसा रहा था।

जब यह परियोजना एक साल पुरानी हो चली थी, रक्षामंत्री कृष्णमेनन ए.डी.ई. के दौरे पर आए। मैं उन्हें अपनी कार्यशाला में ले गया। अंदर एक टेबल पर जैम मॉडल अलग-अलग हिस्सों में रखा हुआ था। यह मॉडल युद्धक्षेत्र में प्रयोग में लाए जानेवाले व्यावहारिक हॉवरक्राफ्ट के विकास के लिए एक साल के अथक प्रयास को दरसा रहा था।

कृष्णमेनन ने आश्वस्त होने के लिए कि अगले वर्ष यह परीक्षण उड़ान में शामिल कर लिया जाएगा, मुझसे एक के बाद एक कई सवाल पूछे। उन्होंने डॉ. मेदीरत्ता से कहा, 'कलाम की इस

जुगत से जैम की परीक्षण उड़ान संभव है।'

भगवान् शिव के वाहन के प्रतीक रूप में इस हॉवरक्राफ्ट को 'नंदी' नाम दिया गया। इस मॉडल को संपूर्ण आकार एवं रंग-रूप दिया जाना हमारी उम्मीदों से परे था। हमारे पास इसका केवल ढाँचा ही था। मैंने अपने साथियों से कहा, 'यह उड़नेवाली मशीन है, सनकियों के समूह द्वारा बनाई गई नहीं बल्कि इंजीनियरों की योग्यता से तैयार मॉडल। इसकी तरफ मत देखिए। यह देखने के लिए नहीं बना है बल्कि इसके साथ उड़िए।'

रक्षामंत्री कृष्णमेनन ने अपने साथ आए अधिकारियों द्वारा व्यक्त की गई सुरक्षा संबंधी चिंताओं को नजरअंदाज करते हुए 'नंदी' में उड़ान भरी। मंत्री के साथ आए एक ग्रुप कैप्टन ने, जिसे कई हजार घंटे की उड़ान का अनुभव था, मेरे जैसे अनुभवहीन एवं नागरिक पायलट से मंत्री महोदय को सुरक्षित रखने के लिए खुद विमान उड़ाने का प्रस्ताव रखा और मुझे हॉवरक्राफ्ट से बाहर आ जाने का संकेत दिया।

रक्षामंत्री कृष्णमेनन ने अपने साथ आए अधिकारियों द्वारा व्यक्त की गई सुरक्षा संबंधी चिंताओं को नजरअंदाज करते हुए 'नंदी' में उड़ान भरी। मंत्री के साथ आए एक ग्रुप कैप्टन ने, जिसे कई हजार घंटे की उड़ान का अनुभव था, मेरे जैसे अनुभवहीन एवं नागरिक पायलट से मंत्री महोदय को सुरक्षित रखने के लिए खुद विमान उड़ाने का प्रस्ताव रखा और मुझे हॉवरक्राफ्ट से बाहर आ जाने का संकेत दिया। जिस मॉडल को मैंने बनाया था उसे उड़ाने में मुझे कोई शंका नहीं थी और तब मैंने 'नहीं' का इशारा करते हुए सिर हिला दिया। इस तरह संकेतों में मेरे और उस ग्रुप कैप्टन के संवाद को देखते हुए कृष्णमेनन ने हँसकर उस ग्रुप कैप्टन के सुझाव को नकार दिया और मुझे उड़ान भरने का संकेत दे दिया। वे बहुत खुश थे—'तुमने दिखा दिया है कि हॉवरक्राफ्ट के विकास में जो बुनियादी समस्याएँ थीं, उन्हें दूर कर लिया गया है। इससे भी शक्तिशाली वाहन तैयार करो और मुझे दूसरी बार की सवारी के लिए बुलाओ।' कृष्णमेनन ने मुझसे कहा। ग्रुप कैप्टन गोले (जो कालांतर में एयर मार्शल तक बने) बाद में मेरे बहुत अच्छे दोस्त बन गए।

हमने इस परियोजना को समय के भीतर पूरा कर लिया था। हमारे पास अब पाँच सौ पचास किलोग्राम वजन और चालीस मिमि वायुदाब पर उड़ सकनेवाला हॉवरक्राफ्ट था। डॉ. मेदीरत्ता हमारी इस उपलब्धि से काफी प्रसन्न थे। लेकिन तभी कृष्णमेनन रक्षा मंत्रालय से हट गए और दूसरी बार आने का उनका वायदा पूरा नहीं हो पाया। बदली हुई व्यवस्था में स्वदेशी हॉवरक्राफ्ट को सेना में इस्तेमाल करने के सपने को साकार बनाने में कइयों को संगति नजर नहीं आई। वास्तव में आज भी हम हॉवरक्राफ्टों का आयात करते हैं। फिर यह परियोजना विवादों में फँस गई और अंत में इसे ताक पर रख दिया गया। मेरे लिए यह एक नया अनुभव था। अभी तक मैं सिर्फ आकाश को ही अपनी उड़ान की सीमा समझता था, लेकिन अब लगा था कि सीमाएँ तो और भी करीब हैं। कुछ मर्यादाएँ हैं, जो जीवन को चलाती हैं—'तुम सिर्फ इतना ही भार ही उठा सकते हो, जितना भी चाहो तुम सिर्फ इतना ही सीख सकते हो, तुम सिर्फ एक हद तक कठोर परिश्रम कर सकते हो, तुम सिर्फ एक दूरी तक आगे तक जा सकते हो।'

मैं इस वास्तविकता का सामना करने का इच्छुक नहीं था। मेरा दिल और आत्मा तो 'नंदी' में बसी हुई थी। अब इसका कोई उपयोग नहीं होना था। यह मेरे अंतर्मन को पूर्णतः अस्वीकार्य था। मैं निराश हो चुका था और मेरे भ्रम टूट चुके थे। उलझनों और अनिश्चितता के इस दौर में मुझमें मेरे बचपन की यादें लौट आई थीं और उन यादों में मैंने अब नए अर्थ खोजने शुरू किए।

मैं इस वास्तविकता का सामना करने का इच्छुक नहीं था। मेरा दिल और आत्मा तो 'नंदी' में बसी हुई थी। अब इसका कोई उपयोग नहीं होना था। यह मेरे अंतर्मन को पूर्णतः अस्वीकार्य था। मैं निराश हो चुका था और मेरे भ्रम टूट चुके थे। उलझनों और अनिश्चितता के इस दौर में मुझमें मेरे बचपन की यादें लौट आई थीं और उन यादों में मैंने अब नए अर्थ खोजने शुरू किए।

पक्षी शास्त्री कहा करते थे—'सत्य की तलाश करो और सत्य ही तुम्हें रास्ता दिखाएगा।' जैसाकि बाइबिल में कहा गया है—'माँगो, तुम्हें मिलेगा।' यह

सब तुरंत ही नहीं हो जाता। लेकिन फिर भी यह हुआ। एक दिन डॉ. मेदीरत्ता ने मुझे बुलाया और हॉवरक्राफ्ट के बारे में पूछताछ की। जब उन्हें बताया गया कि यह उड़ान भरने के लिए पूरी तरह सक्षम है, तो उन्होंने मुझे अगले दिन एक विशिष्ट व्यक्ति के समक्ष इसका प्रदर्शन करने को कहा। अगले हफ्ते के दौरान हमारे वर्कशॉप में किसी भी वी.आई.पी. के आने का कार्यक्रम नहीं था। तो भी मैंने अपने साथियों को डॉ. मेदीरत्ता का यह निर्देश बता दिया और हममें एक नई आशा का संचार हुआ। अगले दिन डॉ. मेदीरत्ता उस विशिष्ट अतिथि को हमारा तैयार किया हुआ हॉवरक्राफ्ट दिखाने लाए। एक लंबा, खूबसूरत और दाढ़ीवाला व्यक्ति। उस शख्स ने मुझसे कई सवाल किए। मैं उनकी साफ सोच एवं विषयनिष्ठता से बहुत प्रभावित हुआ।

'क्या आप मुझे इसमें सवारी करा सकते हैं ?' उन्होंने मुझसे पूछा।

उनके इस अनुरोध से मेरी खुशी का ठिकाना नहीं रहा। आखिरकार किसीने तो यहाँ आकर मेरे काम में दिलचस्पी दिखाई।

इस हॉवरक्राफ्ट में हमने करीब दस मिनट तक हवा पर सवारी की। हालाँकि 'नंदी' जमीन से कुछ ही सेंटीमीटर ऊपर था। दरअसल यह उड़ान नहीं थी बल्कि हम हवा में तैर रहे थे। नंदी आरूढ़ इस अतिथि ने मुझसे मेरे बारे में कुछ सवाल पूछे तथा सवारी कराने के लिए धन्यवाद दिया और रवाना हो गए।

इस हॉवरक्राफ्ट में हमने करीब दस मिनट तक हवा पर सवारी की। हालाँकि 'नंदी' जमीन से कुछ ही सेंटीमीटर ऊपर था। दरअसल यह उड़ान नहीं थी बल्कि हम हवा में तैर रहे थे। नंदी आरूढ़ इस अतिथि ने मुझसे मेरे बारे में कुछ सवाल पूछे तथा सवारी कराने के लिए धन्यवाद दिया और रवाना हो गए। खुद पहले अपना परिचय नहीं देनेवाले ये विशिष्ट अतिथि कोई और नहीं बल्कि टाटा इंस्टीट्यूट ऑफ फंडामेंटल रिसर्च (टी.आई.एफ.आर.) के निदेशक प्रो. एम.जी.के. मेनन थे। एक हफ्ते बाद मुझे इंडियन कमेटी फॉर स्पेस रिसर्च की ओर से साक्षात्कार के लिए बुलावा आया। यह साक्षात्कार रॉकेट इंजीनियर पद के लिए था। उस समय भारतीय अंतरिक्ष अनुसंधान समिति के बारे में जितना मालूम था, वह यह कि भारत में अंतरिक्ष अनुसंधान के लिए

टी.आई.एफ.आर. में विलक्षण लोगों की एक संस्था बनाई गई है।

मैं साक्षात्कार के लिए बंबई (अब मुंबई) गया। साक्षात्कार में किस तरह के प्रश्न पूछे जाएँगे, इस बारे में मुझे जरा भी जानकारी नहीं थी। कुछ पढ़ने या किसी अनुभवी व्यक्ति से बात करने का जरा भी समय नहीं था। मेरे कानों में लक्ष्मण शास्त्री द्वारा सुनाए 'श्रीमद्‌भगवद्‌गीता' के अंश गूँज रहे थे—

'तुम सब
भ्रम की संतान
इच्छा और घृणा के छलावों से छलीं।
देखो
उन कुछ सत्पुरुषों को
पाप से परे
छलावों से छूटे
दृढ़ अपनी प्रतिज्ञा पर
अडिग मेरी आस्था में।'

मुझे याद आया कि विजयी होने के लिए सबसे अच्छा तरीका यह है कि विजयी होने की जरूरत नहीं है। जब आप भ्रमों से मुक्त एवं शांतचित्त होते हैं तभी किसी काम को पूरे बेहतर ढंग से कर पाते हैं। मैंने चीजों-घटनाओं को उसी तरह लेना शुरू कर दिया जैसे वे मेरे जीवन में आईं। न तो प्रो. एम.जी.के. मेनन बंगलौर दौरे पर हमारे यहाँ आते, न ही मुझे यहाँ से साक्षात्कार के लिए बुलावा आता। मैंने तय किया कि इसी तरह का नजरिया होना सबसे अच्छा है।

मुझे याद आया कि विजयी होने के लिए सबसे अच्छा तरीका यह है कि विजयी होने की जरूरत नहीं है। जब आप भ्रमों से मुक्त एवं शांतचित्त होते हैं तभी किसी काम को पूरे बेहतर ढंग से कर पाते हैं। मैंने चीजों-घटनाओं को उसी तरह लेना शुरू कर दिया जैसे वे मेरे जीवन में आईं।

मेरा साक्षात्कार डॉ. विक्रम साराभाई ने लिया। उनके साथ प्रो. एम.जी.के. मेनन और परमाणु ऊर्जा आयोग के तत्कालीन उपसचिव श्री सर्राफ भी थे। जैसे ही मैंने कमरे में प्रवेश किया, मुझे उत्साहवर्द्धक और दोस्तानापूर्ण माहौल महसूस हुआ। डॉ.

साराभाई की जिंदादिली देखकर मैं दंग रह गया। उनमें कहीं कोई ऐसा अहंकार, अक्खड़पन या अतिरेक का भाव नहीं था, जैसाकि प्राय: साक्षात्कार लेनेवाले नौजवान उम्मीदवार के सामने प्रदर्शित करते हैं। डॉ. साराभाई के प्रश्न मेरी मौजूदा योग्यता या कुशलता की परीक्षा लेनेवाले नहीं थे; बल्कि वे उन संभावनाओं की तलाश से संबंधित थे, जो मेरे भीतर थीं। वे मेरी ओर ऐसे देख रहे थे जैसे किसी व्यापक संदर्भ में मुझे परख रहे हों। मुझे पूरा साक्षात्कार उस सत्य के समान लगा, जिसमें मेरे सपने को एक ज्यादा बड़े व्यक्ति के बड़े सपने में समाहित कर दिया है।

मुझे दो दिन में वापस आने को कहा गया। पर फिर अगले दिन शाम को ही मुझे मेरे चयन के बारे में बता दिया गया। मुझे भारतीय अंतरिक्ष अनुसंधान समिति में रॉकेट इंजीनियर के पद पर रख लिया गया। मेरे जैसे नौजवान के लिए अपना सपना पूरा करने का यह एक बड़ा मौका था।

मुझे दो दिन में वापस आने को कहा गया। पर फिर अगले दिन शाम को ही मुझे मेरे चयन के बारे में बता दिया गया। मुझे भारतीय अंतरिक्ष अनुसंधान समिति में रॉकेट इंजीनियर के पद पर रख लिया गया। मेरे जैसे नौजवान के लिए अपना सपना पूरा करने का यह एक बड़ा मौका था।

भारतीय अंतरिक्ष अनुसंधान समिति में मेरा काम टी.आई.एफ.आर. कंप्यूटर केंद्र में कंप्यूटर प्रशिक्षण के रूप में शुरू हुआ। यहाँ का माहौल डी.टी.डी. एंड पी. (एयर) के माहौल से एकदम अलग था। यहाँ किसीको भी अपनी स्थिति को उचित ठहराने की आवश्यकता नहीं थी और न ही किसीके झगड़े सुलझाने की जरूरत थी।

सन् 1962 के मध्य में भारतीय अंतरिक्ष अनुसंधान समिति ने केरल में त्रिवेंद्रम (अब तिरुवनंतपुरम्) के पास थुंबा गाँव में रॉकेट प्रक्षेपण केंद्र स्थापित करने का फैसला किया। भौतिक अनुसंधान प्रयोगशाला, अहमदाबाद के डॉ. चिटनिस ने ही थुंबा को इस केंद्र के लिए सबसे उपयुक्त स्थान के रूप में चुना था; क्योंकि यह स्थान पृथ्वी के चुंबकीय अक्ष के सबसे करीब था। भारत में यह रॉकेट प्रौद्योगिकी पर आधुनिक शोध की शुरुआत थी। थुंबा में रॉकेट प्रक्षेपण केंद्र के लिए जगह रेलवे लाइन और समुद्र तट के बीच चुनी गई। करीब ढाई

किलोमीटर और छह सौ एकड़ क्षेत्रफल का इलाका इसके लिए लिया गया था। इस इलाके में एक बड़ा चर्च भी पड़ता था, जिसकी जमीन इसी काम के लिए अधिगृहीत होनी थी। निजी भूमि का अधिग्रहण करना बहुत ही मुश्किल और काफी समय ले लेनेवाला काम होता है—खासतौर से केरल जैसे घनी आबादीवाले इलाके में तो और भी ज्यादा मुश्किल होती है। इसके अलावा धार्मिक महत्त्ववाले स्थान के अधिग्रहण का मामला और नाजुक हो जाता है। त्रिवेंद्रम के तत्कालीन कलक्टर के. माधवन नायर ने इस काम को बहुत ही युक्तिपूर्ण, शांतिपूर्ण तथा एक अभियान के रूप में किया था। इस काम में उन्हें त्रिवेंद्रम के बिशप फादर डॉ. डेरिरा का बहुत ही सहयोग और आशीर्वाद मिला था। केंद्रीय सार्वजनिक निर्माण विभाग (सी.पी.डब्ल्यू.डी.) के एक्जीक्यूटिव इंजीनियर आर.डी. जॉन ने पूरे इलाके को जल्दी ही हस्तांतरित कर दिया। सेंट मैरी मैगडेलेन चर्च में थुंबा अंतरिक्ष केंद्र का पहला दफ्तर खुला। इस चर्च का जो प्रार्थना कक्ष था उसीमें मेरी पहली प्रयोगशाला थी। बिशप के कमरे को मैंने डिजाइन एवं ड्राइंग के काम का दफ्तर बनाया। आज भी वहाँ चर्च का अपना प्रभामंडल कायम है और इस समय उसमें इंडियन स्पेस म्यूजियम बना दिया गया है।

उसके बाद शीघ्र ही मुझे रॉकेट प्रक्षेपण की तकनीकियों का प्रशिक्षण लेने के लिए अमेरिका में नेशनल एयरोनॉटिक्स एंड स्पेस एडमिनिस्ट्रेशन यानी 'नासा' में भेज दिया गया। यह प्रशिक्षण छह महीने का था। विदेश जाने से पहले मैंने रामेश्वरम् जाने के लिए थोड़ा सा समय लिया। मुझे विदेश जाने का मौका मिलने की खबर सुनकर पिताजी बहुत खुश हुए।

उसके बाद शीघ्र ही मुझे रॉकेट प्रक्षेपण की तकनीकियों का प्रशिक्षण लेने के लिए अमेरिका में नेशनल एयरोनॉटिक्स एंड स्पेस एडमिनिस्ट्रेशन यानी 'नासा' में भेज दिया गया। यह प्रशिक्षण छह महीने का था। विदेश जाने से पहले मैंने रामेश्वरम् जाने के लिए थोड़ा सा समय लिया। मुझे विदेश जाने का मौका मिलने की खबर सुनकर पिताजी बहुत खुश हुए। वे मुझे विशेष नमाज के लिए मसजिद ले गए। मुझे ईश्वर की उस शक्ति के संचरण का एहसास

हुआ, जो पिताजी के माध्यम से मेरे भीतर संचरित हो रही थी और वापस ईश्वर तक पहुँच रही थी।

प्रार्थना का एक जो मुख्य काम है, जैसाकि मैं मानता हूँ, वह है मनुष्य के भीतर नए-नए विचार उत्पन्न करना। विचार सचेतावस्था में मौजूद रहते हैं और जब ये विचार उत्सर्जित होते हैं, निकलते हैं तो वास्तविकता जन्म लेती है तथा निष्कर्ष सफल घटनाओं के रूप में सामने आते हैं। ईश्वर, हमारे रचयिता, ने हमारे मस्तिष्क के भीतर अपार ऊर्जा एवं योग्यता दी है। प्रार्थना हमें इन शक्तियों को प्रयोग में लाने में मदद करती है।

अहमद जलालुद्दीन और शम्सुद्दीन मुझे बंबई हवाई अड्डे पर विदा करने आए थे। बंबई जैसे शहर का उनके लिए यह ठीक उसी तरह का पहला अनुभव था जैसे न्यूयार्क जैसा महानगर मेरे लिए पहला अनुभव था। जलालुद्दीन और शम्सुद्दीन आत्मनिर्भर, सकारात्मक एवं आशावादी व्यक्ति थे, जिन्होंने परिस्थितियों को भी बदल डालकर अपने काम में सफलता हासिल की थी। यही दोनों लोग थे, जिनके साथ रहकर मैं अपने मस्तिष्क को सृजनात्मक बना पाया था। मैं अपनी भावनाओं को नहीं रोक पाया और मेरी आँखें डबडबा उठीं। तब जलालुद्दीन ने कहा, 'आजाद, हमने तुम्हें हमेशा प्यार किया है और यही स्नेह तुम्हारे भीतर भी है। हमें तुम पर हमेशा गर्व रहेगा।' मेरी क्षमताओं को लेकर उनके भीतर जो श्रद्धा थी, उसे देखकर मेरी आँखों से अश्रुधारा बह निकली।

□

II

सृजन

(1963—1980)

: चार :

'नासा' में मैंने अपना काम लैंगले रिसर्च सेंटर (एल.आर.सी.) से शुरू किया। 'नासा' का यह संस्थान वर्जीनिया राज्य के हैंपटन शहर के पास है। एल.आर.सी. अत्याधुनिक एयरो स्पेस टेक्नोलॉजी के लिए शोध एवं विकास का प्राथमिक केंद्र है। एल.आर.सी. की यादों में मुझे एक बात आज भी याद है। यहाँ एक अद्‌भुत मूर्ति रखी हुई है। इस मूर्ति में एक सारथि दो घोड़ों को हाँकते हुए दिखाया गया है। इन दो घोड़ों में एक घोड़ा वैज्ञानिक शोध को प्रदर्शित कर रहा है और दूसरा तकनीकी विकास को। कुल मिलाकर यह मूर्ति शोध एवं विकास के बीच अंत:संबंध को प्रदर्शित कर रही है।

एल.आर.सी. से मैं मेरीलैंड में ग्रीनबेल्ट स्थित गॉडर्ड स्पेस फ्लाइट सेंटर (जी.एस.एफ.सी.) चला गया। यह केंद्र 'नासा' के ज्यादातर उपग्रहों का विकास करता है और उनके प्रबंधन का काम देखता है। ये ज्यादातर उपग्रह विज्ञान एवं अनुप्रयोगों से संबंधित होते हैं। यह केंद्र नासा के सभी अंतरिक्ष मिशनों के नेटवर्क का संचालन करता है। अपने अमेरिकी दौरे के अंत में मैं वर्जीनिया के पूर्वी तटीय द्वीप वैलप स्थित वैलप फ्लाइट फैसेलिटी गया। यह स्थान नासा के रॉकेट कार्यक्रमों का मुख्य आधार था। यहाँ मैंने स्वागतकक्ष में विशेष रूप से लगाई गई एक पेंटिंग देखी। उस पेंटिंग में एक युद्ध के दृश्य को चित्रित किया गया था और इस युद्ध दृश्य की पृष्ठभूमि में कुछ रॉकेट उड़ते हुए दिखाए गए थे। एक फ्लाइट फैसेलिटी में इस तरह की पेंटिंग बहुत ही मामूली वस्तु की तरह होनी चाहिए; लेकिन इसपर मेरी निगाहें ठहर गई थीं, क्योंकि इसमें रॉकेट छोड़े जानेवाली जगह पर खड़े जो सैनिक दिखाए गए थे वे श्वेत नहीं बल्कि अश्वेत थे। ठीक उसी वर्ण के जैसे दक्षिण एशिया में होते हैं। अपने प्रवास के

अंतिम दिन मैं अपनी उत्सुकता न दबा पाया और मैंने निकट से पेंटिंग को देखने की अनुमति चाही। मेरे आश्चर्य का ठिकाना न रहा, जब मैंने पाया कि पेंटिंग में टीपू सुल्तान की सेना को रॉकेटों से अंग्रेजों के साथ युद्ध करते दिखाया गया है। पृथ्वी के दूसरी ओर एक भारतीय उपलब्धि को गौरवान्वित पाकर मेरा मन भी आनंद से भर गया। अमेरिकी लोगों के बारे में मेरी जो धारणा है, उसका सार बेंजामिन फ्रैंकलिन के एक उद्धरण से व्यक्त किया जा सकता है—'वे चीजें जो नुकसान या चोट पहुँचाती हैं, मेरा मानना है कि दुनिया के इस हिस्से के लोग उनसे भिड़ जाते हैं और अपने सामने आनेवाली इन समस्याओं का डटकर मुकाबला करते हैं। वे इन समस्याओं से पीड़ित रहने के बजाय उनसे उबरने की कोशिश करते हैं।'

एक बार मेरी माँ ने पवित्र 'कुरान' से एक घटना मुझे सुनाई थी—इनसान के सृजन के बाद अल्लाह ने फरिश्तों को आदम के समक्ष हाजिर कर साष्टांग करने को कहा। शैतान के अलावा सभी आदम के सामने आए और श्रद्धानत हुए। शैतान ने ऐसा करने से मना कर दिया।

एक बार मेरी माँ ने पवित्र 'कुरान' से एक घटना मुझे सुनाई थी—इनसान के सृजन के बाद अल्लाह ने फरिश्तों को आदम के समक्ष हाजिर कर साष्टांग करने को कहा। शैतान के अलावा सभी आदम के सामने आए और श्रद्धानत हुए। शैतान ने ऐसा करने से मना कर दिया। अल्लाह ने शैतान से पूछा, 'तुमने अपने आपको क्यों नहीं पेश किया?' तब शैतान ने कहा, 'आपने मुझे आग से बनाया और उसे मिट्टी से। मुझ अग्निपुत्र का इस माटी के पुतले से क्या मुकाबला!' तब अल्लाह ने कहा, 'यहाँ से चले जाओ। तुम्हारे इस अपमानयुक्त घमंड के लिए यहाँ कोई जगह नहीं है।' शैतान ने बात मान ली, लेकिन वह आदम के समक्ष झुका नहीं। जाते समय उसने आदम को शाप दिया कि उसका भी यही हश्र हो। जल्दी ही आदम ने अल्लाह का हुक्म तोड़ बोध-फल खाया और जन्नत से निष्कासित हुआ। अल्लाह ने आदम से कहा था—'जाओ, अब से तुम व तुम्हारी संतानें श्रम पर पलेंगी और अविश्वास में जिएँगी।'

भारतीय संस्थानों में जो चीज सबसे ज्यादा मुश्किलें पैदा करती है, वह चारों ओर व्यापक रूप से लोगों में व्याप्त अवज्ञा रूपी अहंकार है। इसके

रहते हम अपने से छोटों, अपने अधीनस्थों की बात नहीं सुनते। अगर आप किसीको अपमानित करते हैं तो आप उससे किसी नतीजे की आशा नहीं कर सकते। अगर आप उसे तिरस्कृत करेंगे या उसकी उपेक्षा करेंगे तो आप उससे किसी सृजनात्मकता की उम्मीद नहीं कर सकते। दुर्भाग्यवश आज हमारे देश में सिर्फ 'हीरो' और 'जीरो' हैं जिनके बीच एक बड़ी विकट विभाजन रेखा है। एक तरफ कुछ सौ 'हीरो' हैं और दूसरी ओर पंचानबे करोड़ लोग नीचे की तरफ धकेले हुए पड़े हैं। इस स्थिति को बदलना जरूरी है।

समस्याओं का सामना करने और उन्हें हल करने की प्रक्रिया प्राय: काफी परिश्रमवाली एवं कष्टसाध्य होती है। हममें अंतहीन दीर्घसूत्रता है। दरअसल समस्याओं को नश्तर की तरह प्रयोग कर ही असफलता के नासूर चीरे जा सकते हैं और दर्द की पीड़ा से उबरा जा सकता है। वस्तुत: समस्याएँ अंतर्निहित साहस एवं बुद्धिमत्ता को प्रकट करती हैं।

समस्याओं का सामना करने और उन्हें हल करने की प्रक्रिया प्राय: काफी परिश्रमवाली एवं कष्टसाध्य होती है। हममें अंतहीन दीर्घसूत्रता है। दरअसल समस्याओं को नश्तर की तरह प्रयोग कर ही असफलता के नासूर चीरे जा सकते हैं और दर्द की पीड़ा से उबरा जा सकता है। वस्तुत: समस्याएँ अंतर्निहित साहस एवं बुद्धिमत्ता को प्रकट करती हैं।

जैसे ही मैं नासा से लौटा, 21 नवंबर, 1963 को भारत का 'नाइक-अपाची' नाम का पहला रॉकेट छोड़ा गया। यह गुंजायमान रॉकेट (साउंडिंग रॉकेट) नासा में ही बना था। यह रॉकेट उसी चर्च की इमारत में जोड़ा गया था जिसका मैं पहले जिक्र कर चुका हूँ। रॉकेट को ले जाने के लिए उपकरण के नाम पर सिर्फ एक ट्रक और हाथ से चलानेवाली हाइड्रोलिक क्रेन थी। जोड़कर तैयार किए गए इस पूर्ण रॉकेट को चर्च से प्रक्षेपण स्थल तक ट्रक से ले जाया गया था। जब रॉकेट को क्रेन से उठाया गया और लॉञ्चर (प्रक्षेपक) पर रखा जाने लगा, तभी इसमें झुकाव आना शुरू हो गया। क्रेन की हाइड्रोलिक प्रणाली में रिसाव आने से यह गड़बड़ी पैदा हो रही थी। रॉकेट छोड़े जाने का समय शाम छह बजे का था, जो तेजी से नजदीक आता जा रहा था। क्रेन में अब किसी भी हालत में मरम्मत हो नहीं सकती थी।

तब रॉकेट को हम लोगों ने ही हाथों और कंधों पर उठा लिया और लॉञ्चर पर स्थापित कर दिया। इस रॉकेट प्रक्षेपण और इसकी सुरक्षा का प्रभारी मैं ही था। इस रॉकेट को छोड़े जाने में मेरे दो साथियों—डी. ईश्वरदास और आर. अर्वामुदन ने बहुत ही महत्त्वपूर्ण एवं सक्रिय भूमिका निभाई थी। रॉकेट को जोड़ने का काम ईश्वरदास ने किया था और प्रक्षेपण की व्यवस्था भी उन्होंने ही की थी। जबकि अर्वामुदन, जिन्हें हम प्यार से 'डैन' कहा करते थे, के जिम्मे राडार, टेलीमीटरी (दूरमापीय) और जमीन पर सहारा देने की जिम्मेवारी थी। रॉकेट का प्रक्षेपण बहुत ही आसानी से तथा बिना किसी दिक्कत के हो गया। हमें उड़ान संबंधी आँकड़े बहुत ही बेहतर मिले और हम काम पूरा करके गर्व से ऊँचा सिर लिये लौटे।

अगले दिन शाम को जब हम खाने की टेबल पर बैठे हुए थे, तभी हमें अमेरिकी राष्ट्रपति जॉन एफ. कैनेडी की डलास-टेक्सास में हत्या हो जाने की खबर मिली। अमेरिका के इतिहास में कैनेडी का कार्यकाल काफी महत्त्वपूर्ण रहा है। सन् 1962 में मिसाइल संकट के दौरान कैनेडी ने जो कदम उठाए थे, उससे संबंधित खबरें मैं काफी चाव से पढ़ा करता था।

अगले दिन शाम को जब हम खाने की टेबल पर बैठे हुए थे, तभी हमें अमेरिकी राष्ट्रपति जॉन एफ. कैनेडी की डलास-टेक्सास में हत्या हो जाने की खबर मिली। अमेरिका के इतिहास में कैनेडी का कार्यकाल काफी महत्त्वपूर्ण रहा है। सन् 1962 में मिसाइल संकट के दौरान कैनेडी ने जो कदम उठाए थे, उससे संबंधित खबरें मैं काफी चाव से पढ़ा करता था। सोवियत संघ ने क्यूबा में मिसाइलें तैनात कर ली थीं, जहाँ से वह अमेरिकी शहरों पर आसानी से मिसाइलों द्वारा हमले कर सकता था। इसपर कैनेडी ने किसी भी तरह की मिसाइल तैनात करने को लेकर प्रतिबंध लगा दिया था। इसके अलावा अमेरिका ने सोवियत संघ को यह भी धमकी दे दी थी कि अगर उसने (सोवियत संघ ने) पश्चिम के किसी भी देश पर हमला किया तो उसके खिलाफ जवाबी कार्यवाही की जाएगी। सोवियत नेता ख्रुश्चेव ने क्यूबा से मिसाइलें वापस रूस बुला लेने और वहाँ बनाए गए मिसाइल बेस को भी खत्म कर देने के आदेश दिए। इस तरह

चौदह दिन बाद तनाव भरा यह ऐतिहासिक नाटक खत्म हो गया।

अगले दिन प्रो. साराभाई ने हमें भविष्य की योजनाओं पर विस्तार से बातचीत करने के लिए बुलाया। विज्ञान और टेक्नोलॉजी के क्षेत्र में वे भारत में एक नए युग का सृजन कर रहे थे। तीस से चालीस साल के बीच की नई पीढ़ी, वैज्ञानिकों और इंजीनियरों के भीतर एक अप्रत्याशित ऊर्जा का संचार किया जा रहा था। भारतीय अंतरिक्ष अनुसंधान समिति में हमारी सबसे बड़ी योग्यताएँ हमारी डिग्रियाँ और प्रशिक्षण नहीं था, बल्कि हमारी क्षमताओं में प्रो. साराभाई का विश्वास था। नाइक-अपाची को सफलतापूर्वक छोड़े जाने के बाद उन्होंने इंडियन सैटेलाइट लॉञ्च व्हीकल (भारतीय उपग्रह प्रक्षेपण यान) तैयार करने का अपना सपना हमारे साथ पूरा करने का मन बना लिया था।

प्रो. साराभाई का आशावाद बहुत ही प्रबल था। उनके थुंबा आने की खबर से लोगों में बिजली-सी दौड़ जाती थी और सभी प्रयोगशालाओं, कार्यशालाओं एवं डिजाइन ऑफिसों में अनवरत सक्रियता नजर आने लगती थी। प्रो. साराभाई को कुछ नया कर दिखाने के उत्साह एवं जोश में लोग रात-दिन काम में लगे रहते थे।

प्रो. साराभाई का आशावाद बहुत ही प्रबल था। उनके थुंबा आने की खबर से लोगों में बिजली-सी दौड़ जाती थी और सभी प्रयोगशालाओं, कार्यशालाओं एवं डिजाइन ऑफिसों में अनवरत सक्रियता नजर आने लगती थी। प्रो. साराभाई को कुछ नया कर दिखाने के उत्साह एवं जोश में लोग रात-दिन काम में लगे रहते थे। हर कोई ऐसा कुछ नया कर दिखाना चाहता जैसाकि इससे पहले देश में कभी नहीं हुआ हो। नया डिजाइन हो, निर्माण के नए तरीके हों अथवा प्रशासनिक कामकाज के तौर-तरीके—सभी में सक्रियता आ जाती थी। प्रो. साराभाई एक व्यक्ति या एक समूह को प्राय: एक साथ कई काम सौंप देते थे। हालाँकि उनमें से कुछ काम तो शुरू में बिलकुल असंबद्ध लगते थे, लेकिन बाद में पता चलता था कि ये आपस में एक-दूसरे से काफी गहराई से जुड़े हैं। जब प्रो. साराभाई हमसे उपग्रह प्रक्षेपण यान (एस.एल.वी.) के बारे में बात कर रहे थे, तभी उन्होंने मुझसे सैनिक विमान (मिलिटरी एयरक्राफ्ट) के लिए

रॉकेट की मदद से उड़ान भरने की प्रणाली (रॉकेट अस्टिटेड टेक ऑफ सिस्टम यानी—राटो) का अध्ययन करने को कहा। मस्तिष्क में इसकी कल्पना कर लेने के सिवाय इन दोनों में कोई सीधा संबंध नहीं था। मुझे आभास था कि जल्दी ही या बाद में एक चुनौती भरे काम का अवसर मेरी प्रयोगशाला में आएगा।

प्रो. साराभाई हमेशा अद्‌भुत एवं विलक्षण तरीकों का परीक्षण करने के इच्छुक रहते थे और उन्हें नौजवान युवकों को सिखाते थे। उनकी बुद्धिमत्ता एवं निर्णय लेने की क्षमता इतनी प्रबल थी कि वे न सिर्फ यह महसूस कर लेते थे कि क्या अच्छा हुआ है बल्कि यह भी कि इस काम को कब रोका जाना है। मेरी राय में वह एक आदर्श प्रयोगकर्ता एवं प्रवर्तक थे। हमारे समक्ष जब कोई काम करने के कई विकल्प होते, जिनके परिणामों की भविष्यवाणी करना मुश्किल होता या विभिन्न परिप्रेक्ष्यों में सामंजस्य स्थापित करना होता तो प्रो. साराभाई अपने से उस विषय को चुटकियों में हल कर देते थे।

प्रो. साराभाई हमेशा अद्‌भुत एवं विलक्षण तरीकों का परीक्षण करने के इच्छुक रहते थे और उन्हें नौजवान युवकों को सिखाते थे। उनकी बुद्धिमत्ता एवं निर्णय लेने की क्षमता इतनी प्रबल थी कि वे न सिर्फ यह महसूस कर लेते थे कि क्या अच्छा हुआ है बल्कि यह भी कि इस काम को कब रोका जाना है।

रॉकेट प्रक्षेपण स्थल को बाद में थुंबा इक्वेटोरियल रॉकेट लॉन्च स्टेशन (टी.ई.आर.एल.एस.) के रूप में विकसित कर दिया गया। टी.ई.आर.एल.एस. फ्रांस, अमेरिका और सोवियत रूस के सक्रिय सहयोग से स्थापित किया गया था। भारतीय अंतरिक्ष कार्यक्रम के अगुआ प्रो. विक्रम साराभाई इस चुनौती में आनेवाली कठिनाइयों को बखूबी जानते थे। भारतीय अंतरिक्ष अनुसंधान समिति के गठन से ही वे समन्वित राष्ट्रीय अंतरिक्ष कार्यक्रम शुरू करने की जरूरत को समझते थे। वे शुरू से ही रॉकेट निर्माण एवं प्रक्षेपण सुविधाएँ विकसित करने और स्वदेशी तकनीक के पक्षधर थे। इसीको ध्यान में रखकर अंतरिक्ष विज्ञान एवं तकनीकी केंद्र तथा भौतिक अनुसंधान प्रयोगशाला, अहमदाबाद में रॉकेट ईंधनों, प्रणोदन प्रणालियों, वैमानिकी, रॉकेट मोटर इंस्ट्रूमेंटेशन, नियंत्रण एवं निर्देशन प्रणालियाँ, टेलीमीटरी, ट्रैकिंग प्रणालियाँ और अंतरिक्ष में प्रयोगों

के लिए वैज्ञानिक उपकरणों के वैज्ञानिक एवं तकनीकी विकास के उद्देश्य से कई बड़े कार्यक्रम शुरू किए गए। इसी संस्थान ने अंतरिक्ष अनुसंधान के क्षेत्र में एक-से-एक दिग्गज वैज्ञानिक दिए।

भारतीय अंतरिक्ष कार्यक्रम की वास्तविक शुरुआत रोहिणी साउंडिंग रॉकेट (आर.एस.आर.) कार्यक्रम से होती है। एक उपग्रह प्रक्षेपण यान (एस.एल.वी.) और एक मिसाइल तथा साउंडिंग रॉकेट के बीच आखिर क्या फर्क होता है? दरअसल रॉकेट तीन तरह के होते हैं। साउंडिंग रॉकेट साधारणतया वायुमंडल के ऊपरी क्षेत्रों सहित पृथ्वी के आसपास के वातावरण का पता लगाने के काम आते हैं। ये विभिन्न ऊँचाइयों पर अलग-अलग किस्मों के वैज्ञानिक उपकरणों से युक्त पेलोड्स (मूल भार) ले जा सकते हैं। लेकिन पेलोड को कक्षा में स्थापित करने के लिए आवश्यक अंतिम वेग ये रॉकेट प्रदान नहीं कर सकते। दूसरी ओर एक प्रक्षेपण यान किसी भी पेलोड या उपग्रह को कक्षा में स्थापित करने के लिए तैयार किया जाता है। प्रक्षेपण यान का अंतिम चरण उपग्रह को कक्षा में स्थापित करने के लिए आवश्यक वेग प्रदान करता है। यह एक बहुत ही जटिल प्रक्रिया होती है, जिसमें निर्देशन एवं नियंत्रण प्रणालियों की जरूरत होती है। जबकि एक मिसाइल, जो इसी श्रेणी की होती है, और भी ज्यादा जटिल प्रणालियों से युक्त होती है। इसमें तीव्र अंतिम वेग तथा निर्देशन एवं नियंत्रण के अतिरिक्त लक्ष्य पर मार करने की क्षमता होनी चाहिए। जब लक्ष्य तेज गतिमान हो तब मिसाइल को भी लक्ष्य पर हमले के लिए उसी अनुरूप छोड़े जाने की जरूरत होती है।

भारतीय अंतरिक्ष कार्यक्रम की वास्तविक शुरुआत रोहिणी साउंडिंग रॉकेट (आर.एस.आर.) कार्यक्रम से होती है। एक उपग्रह प्रक्षेपण यान (एस.एल.वी.) और एक मिसाइल तथा साउंडिंग रॉकेट के बीच आखिर क्या फर्क होता है? दरअसल रॉकेट तीन तरह के होते हैं।

आर.एस.आर. कार्यक्रम की वजह से ही भारत में साउंडिंग रॉकेटों के निर्माण एवं विकास का काम संभव हो सका और भारत में इनसे संबंधित वैज्ञानिक अन्वेषणों के लिए नियंत्रण प्रणालियाँ विकसित हो सकीं। इस कार्यक्रम के तहत साउंडिंग रॉकेटों की एक पूरी श्रेणी विकसित की गई और विभिन्न

वैज्ञानिक एवं तकनीकी अध्ययनों के लिए आज तक कई सौ रॉकेट छोड़े जा चुके हैं।

मुझे आज भी याद है कि पहला जो 'रोहिणी' रॉकेट छोड़ा गया था, उसमें करीब बत्तीस किलोग्राम वजन की एक ठोस प्रणोदन मोटर लगी थी और इसपर सात किलोग्राम वजन का पेलोड लगाया गया था, जिसे दस किलोमीटर की ऊँचाई पर स्थित कक्षा में प्रक्षेपित करना था। इसके कुछ समय पश्चात् एक और रॉकेट छोड़ा गया, जिसमें दो प्रणोदन मोटरें थीं तथा इसमें करीब सौ किलोग्राम वजन के बहुप्रयोगीय पेलोड लगे थे, जिन्हें पृथ्वी से तीन सौ पचास किलोमीटर ऊँची कक्षा में प्रक्षेपित किया गया था।

इन रॉकेटों के विकास का परिणाम यह रहा कि देश में ही साउंडिंग रॉकेटों एवं प्रणोदन इंजनों का निर्माण शुरू हो गया। इससे बहुत ही उच्च क्षमतावाले प्रणोदनों का तकनीकी विकास देश में ही होने लगा और पॉलीयूरेथेन एवं पॉलीब्यूरेन के ईंधनवाले रॉकेट इंजन देश में बनने लगे।

इन रॉकेटों के विकास का परिणाम यह रहा कि देश में ही साउंडिंग रॉकेटों एवं प्रणोदन इंजनों का निर्माण शुरू हो गया। इससे बहुत ही उच्च क्षमतावाले प्रणोदनों का तकनीकी विकास देश में ही होने लगा और पॉलीयूरेथेन एवं पॉलीब्यूरेन के ईंधनवाले रॉकेट इंजन देश में बनने लगे। बाद में प्रणोदन ईंधन परिसर की भी स्थापना की गई, जिसमें रॉकेट इंजनों के लिए जरूरी सामरिक रसायन (रासायनिक ईंधन) एवं प्रणोदकों के उत्पादन के लिए रॉकेट प्रोपेलेंट प्लांट (आर.जी.पी.) की स्थापना की गई।

बीसवीं सदी में भारतीय रॉकेटों के विकास को टीपू सुल्तान के अठारहवीं सदी के सपने को साकार होने के रूप में देखा जा सकता है। जब सन् 1799 में टीपू सुल्तान युद्ध में मारा गया था तब अंग्रेजों की सेना ने सात सौ से ज्यादा रॉकेट पकड़े थे और नौ सौ रॉकेटों की उपप्रणालियाँ पकड़ी थीं। उसकी सेना में सत्ताईस ब्रिगेड थीं, जिन्हें 'कुशून' कहा जाता था और हर ब्रिगेड में एक रॉकेट कंपनी थी। इसे 'जर्क्स' नाम से पुकारा जाता था। इन रॉकेटों को बाद में विलियम कांग्रेव इंग्लैंड ले गया था और इस तरह ये ब्रिटेन के हो गए। उस समय कोई गैट, आई.पी.आर एक्ट या पेटेंट कानून तो था नहीं। इस तरह टीपू

सुल्तान की मौत के साथ ही भारतीय रॉकेट भी खत्म हो चुके थे—कम-से-कम एक सौ पचास साल के लिए।

इसी बीच विदेशों में रॉकेट तकनीक काफी तेजी से विकसित हुई। सन् 1903 में कोंस्तेंतिन तिसिओलसेवस्की ने रूस में, सन् 1914 में रॉबर्ट गॉडर्ड ने अमेरिका में और सन् 1923 में हरमैन ओबर्थ ने जर्मनी में रॉकेट विज्ञान को नई दिशाएँ दीं। नाजी जर्मनी में वर्नर फॉन ब्रॉन समूह ने कम दूरी तक मार करनेवाली वी-2 मिसाइलें बनाईं और मित्र देशों की सेनाओं पर उन्हें इस्तेमाल किया गया। युद्ध के बाद अमेरिका और सोवियत संघ—दोनों जर्मनी की रॉकेट तकनीक एवं इंजीनियरों को अपने यहाँ ले गए और फिर इस लूट से ही दोनों देशों के बीच मिसाइल तथा दूसरे हथियारों सहित हथियारों की दौड़ शुरू हुई।

इसी बीच विदेशों में रॉकेट तकनीक काफी तेजी से विकसित हुई। सन् 1903 में कोंस्तेंतिन तिसिओलसेवस्की ने रूस में, सन् 1914 में रॉबर्ट गॉडर्ड ने अमेरिका में और सन् 1923 में हरमैन ओबर्थ ने जर्मनी में रॉकेट विज्ञान को नई दिशाएँ दीं।

भारत में रॉकेट विज्ञान के पुनर्जन्म का श्रेय प्रधानमंत्री जवाहरलाल नेहरू के नई प्रौद्योगिकी के विकास की दृष्टि को जाता है। उनके इस सपने को साकार बनाने की चुनौती प्रो. साराभाई ने ली थी। हालाँकि कुछ संकीर्ण दृष्टि के लोगों ने उस समय यह सवाल उठाया था कि हाल में आजाद हुए जिस भारत में लोगों को खिलाने के लिए नहीं है उस देश में अंतरिक्ष कार्यक्रमों की क्या प्रासंगिकता है। लेकिन न तो प्रधानमंत्री नेहरू और न ही प्रो. साराभाई में इस कार्यक्रम को लेकर कोई अस्पष्टता थी। उनकी दृष्टि बहुत साफ थी—'अगर भारत के लोगों को विश्व समुदाय में अपनी महत्त्वपूर्ण भूमिका निभानी है तो उन्हें नई-से-नई तकनीक का प्रयोग करना होगा, तभी जीवन में आनेवाली समस्याएँ हल हो सकेंगी।' इसके माध्यम से उनका अपने शक्ति प्रदर्शन का कोई इरादा नहीं था। □

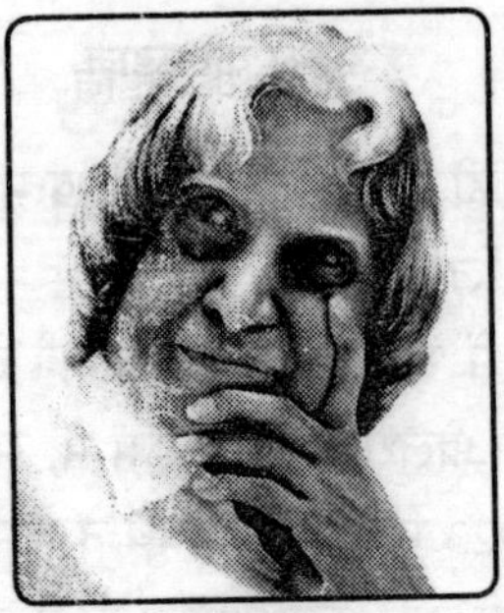

: पाँच :

थुंबा के अपने लगातार होनेवाले दौरों के दौरान प्रो. साराभाई पूरी टीम के साथ बैठकर कामकाज की खुली समीक्षा करते। उन्होंने कभी भी निर्देश नहीं दिए; बल्कि विचारों के मुक्त आदान-प्रदान के माध्यम से वह हमें ऐसे नए रास्ते दिखाते थे, जिनसे प्राय: हम अप्रत्याशित हल खोज लेते थे। शायद उनको यह पता होता था कि हालाँकि एक लक्ष्य विशेष को लेकर वह सुनिश्चित हो सकते हैं और उसे पूरा करने के लिए पर्याप्त निर्देश भी दे सकते हैं, लेकिन हो सकता है कि उनकी टीम के सदस्य उस एक लक्ष्य को लेकर काम करने का विरोध कर दें, जिसका कि उनके लिए कोई अर्थ नहीं निकलता। उन्होंने किसी भी समस्या पर सामूहिक समझ बनाकर ही उसका हल निकालने का रास्ता अपनाया था, जो कि एक प्रभावशाली नेतृत्व की विशेषता होती है। एक बार उन्होंने मुझसे कहा, 'देखो, मेरा काम फैसले लेना ही नहीं है बल्कि यह देखना भी उतना ही महत्त्वपूर्ण है कि क्या ये फैसले मेरी टीम के सदस्यों को स्वीकार्य हैं।'

प्रो. साराभाई ने बहुत सारे फैसले लिये थे, जो आगे चलकर कई लोगों के जीवन का मिशन बने। हम खुद अपने रॉकेट बना सके, हम अपने उपग्रह प्रक्षेपण यान (एस.एल.वी.) और अपने उपग्रह बना सके। यह सब एक-एक करके नहीं बल्कि साथ-साथ हुआ—एक बहुआयामी तरीके से। साउंडिंग रॉकेटों के लिए पेलोडों के विकास में एक निश्चित पेलोड प्राप्त कर फिर उसे रॉकेट में लगाने के बजाय हमने विभिन्न संगठनों तथा अलग-अलग जगहों पर काम कर रहे पेलोड वैज्ञानिकों से इसपर विचार-विमर्श किया। मैं आज भी कह सकता हूँ कि साउंडिंग रॉकेट कार्यक्रम की सबसे ठोस उपलब्धि विज्ञान और प्रौद्योगिकी के क्षेत्र में राष्ट्र व्यापी आपसी विश्वास कायम करना और उसे बनाए रखना रही।

प्रो. साराभाई ने मुझे पेलोड वैज्ञानिकों की मदद करने का जिम्मा सौंपा। उस समय भारत की ज्यादातर प्रयोगशालाएँ साउंडिंग रॉकेट कार्यक्रम में जुटी हुई थीं, हरेक का अपना मिशन था, अपने लक्ष्य थे और अपने पेलोड थे। इन पेलोडों को रॉकेटों में इस तरह लगाए जाने की जरूरत थी ताकि वे उड़ान की कठिन परिस्थितियों में भी सुचारु रूप से काम कर सकें। तारों के अध्ययन के लिए एक्स-रे पेलोड्स लगाए थे। पृथ्वी के ऊपरी वायुमंडल में गैसों के संघटन का विश्लेषण करने के लिए रेडियो फ्रीक्वेंसी मास स्पेक्ट्रोमीटर युक्त पेलोड्स लगाए गए। वायुमंडल की परिस्थितियाँ, उसकी दिशा एवं गति जानने के लिए सोडियम पेलोड्स का इस्तेमाल किया गया। मैं सिर्फ टी.आई.एफ.आर., राष्ट्रीय भौतिकी प्रयोगशाला (एन.पी.एल) और भौतिकी अनुसंधान प्रयोगशाला (पी.आर.एल.) के वैज्ञानिकों के साथ ही नहीं बल्कि अमेरिका, सोवियत रूस, फ्रांस, जर्मनी और जापान के पेलोड वैज्ञानिकों के साथ भी लगातार संपर्क बनाए हुए था।

मैंने प्राय: खलील जिब्रान को पढ़ा है और उनकी बातें मुझे बुद्धिमत्तापूर्ण लगी हैं—'बिना स्नेह के बनाया गया भोजन उस अन्न के समान है जिसे व्यक्ति खा तो लेता है, लेकिन वह भोजन उसकी आधी भूख ही शांत कर पाता है।' जो लोग किसी काम को दिल लगाकर नहीं करते, बल्कि बेमन से करते हैं, उन्हें फिर आधी-अधूरी सफलता ही मिलती है और इससे उनमें अप्रसन्नता घर करने लगती है।

मैंने प्राय: खलील जिब्रान को पढ़ा है और उनकी बातें मुझे बुद्धिमत्तापूर्ण लगी हैं—'बिना स्नेह के बनाया गया भोजन उस अन्न के समान है जिसे व्यक्ति खा तो लेता है, लेकिन वह भोजन उसकी आधी भूख ही शांत कर पाता है।' जो लोग किसी काम को दिल लगाकर नहीं करते, बल्कि बेमन से करते हैं, उन्हें फिर आधी-अधूरी सफलता ही मिलती है और इससे उनमें अप्रसन्नता घर करने लगती है। अगर आप एक लेखक हैं, जो एक वकील या डॉक्टर बनना चाहता था, तो ऐसे में आपका लेखन पाठकों को कुछ देगा तो सही, लेकिन उनकी भूख शांत नहीं कर पाएगा। अगर आप ऐसे शिक्षक हैं, जो शिक्षक कम और व्यवसायी ज्यादा हैं, तो आप छात्रों की आधी जरूरत ही पूरी कर पाएँगे।

यदि आप ऐसे वैज्ञानिक हैं जिसे विज्ञान से लगाव नहीं है तो ऐसी सूरत में आप काम तो संतोषजनक कर लेंगे, लेकिन आपका मिशन पूरा नहीं हो सकेगा। कड़ी मेहनत करते रहने के बाद भी अपेक्षित परिणाम नहीं मिलने पर व्यक्तिगत अप्रसन्नता या असफलता कोई नई बात नहीं है। लेकिन प्रो. ओदा एवं सुधाकर जैसे इसके अपवाद भी हैं, जिन्होंने अपने विशिष्ट गुणों, व्यक्तित्व, अंत:प्रेरणा और शायद हृदय के भीतर सपने साकार करने की इच्छा से ही अपने काम को जी-जान से पूरा किया। वे अपने काम से भावनात्मक रूप से इस कदर जुड़ जाते थे कि सफलता की उनकी कोशिशों में जरा भी कमी उन्हें व्यथित कर देती थी।

प्रो. ओदा जापान के इंस्टीट्यूट ऑफ स्पेस एंड एयरोनॉटिकल साइंसेज (आई.एस.ए.एस.) के एक एक्स-रे पेलोड वैज्ञानिक थे। मैं उन्हें छोटी कद-काठी, पर विशाल व्यक्तित्ववाले उस शख्स के रूप में याद करता हूँ जिसकी आँखों से बौद्धिकता झलकती थी। कार्य के प्रति उनका जो समर्पण था, वह एक आदर्श उपस्थित करता है।

प्रो. ओदा जापान के इंस्टीट्यूट ऑफ स्पेस एंड एयरोनॉटिकल साइंसेज (आई.एस.ए.एस.) के एक एक्स-रे पेलोड वैज्ञानिक थे। मैं उन्हें छोटी कद-काठी, पर विशाल व्यक्तित्ववाले उस शख्स के रूप में याद करता हूँ जिसकी आँखों से बौद्धिकता झलकती थी। कार्य के प्रति उनका जो समर्पण था, वह एक आदर्श उपस्थित करता है। आई.एस.ए.एस. से उनके द्वारा लाए गए एक्स-रे पेलोडों और प्रो. यू.आर. राव द्वारा बनाए गए पेलोडों को मेरी टीम रोहिणी रॉकेट के अग्रभाग में लगाती। एक सौ पचास किलोमीटर की ऊँचाई पर रॉकेट के अग्रभाग को उच्च ताप के विस्फोट से अलग कर दिया जाता था। यह विस्फोट एक इलेक्ट्रॉनिक टाइमर से किया जाता है। इन एक्स-रे पेलोडों के तारों से उत्सर्जित होनेवाले विकिरण के बारे में आवश्यक जानकारियाँ हासिल करनी थीं। प्रो. ओदा एवं प्रो. राव में प्रतिभा और समर्पण एक-दूसरे से अद्वितीय मेल खाते थे। ऐसा प्राय: मुश्किल से ही देखने में आता है। एक दिन जब मैं अपने टाइमर डिवाइस के साथ रॉकेट में प्रो. ओदा के पेलोड को लगा रहा था, तभी प्रो. ओदा ने मुझे वे टाइमर लगाने पर जोर दिया, जो कि वे जापान से लेकर आए थे।

मुझे वे टाइमर हलके किस्म के लगे। लेकिन प्रो. ओदा अपनी इस बात पर दृढ़ थे कि भारत में तैयार किए गए टाइमरों की जगह जापान में बने टाइमर ही लगने चाहिए। मैंने उनका सुझाव मान लिया और टाइमरों को बदल दिया। इसके बाद रॉकेट छोड़ दिया गया और अपेक्षित ऊँचाई पर पहुँच गया। लेकिन दूरमापीय संकेतों से पता चला कि टाइमर में गड़बड़ी आ जाने की वजह से मिशन सफल नहीं हुआ। इस असफलता से प्रो. ओदा बहुत ही विचलित हुए और उनकी आँखों में आँसू आ गए। उनकी इस भावनात्मक प्रतिक्रिया ने मुझे बहुत प्रभावित किया। अपने कार्य में उनका दिल एवं आत्मा पूरी तरह समाई रहती थी।

पेलोड प्रिपरेशन लेबोरेटरी में सुधाकर मेरे सहकर्मी थे। प्रक्षेपण के पूर्व हम सोडियम और थरमाइट मिश्रण को भर रहे थे तथा दबाव उत्पन्न कर रहे थे। थुंबा में उस दिन गरमी एवं उमस थी। ऐसी छठी प्रक्रिया के बाद सुधाकर और मैं पेलोड रूम में यह पुष्टि करने गए कि क्या सोडियम एवं थरमाइट का मिश्रण पूरी तरह भरा जा चुका है या नहीं। तभी अचानक सुधाकर के माथे से पसीने की एक बूँद सोडियम पर गिर गई और इससे पहले कि हम कुछ समझ पाते, एक भयंकर विस्फोट हुआ। विस्फोट इतना जबरदस्त था कि कमरा तक हिल गया। कुछ क्षण तो मैं भी यह नहीं समझ पाया कि क्या किया जाए। आग फैलती जा रही थी और इस सोडियम आग को पानी से बुझाया नहीं जा सकता था। इस संकटपूर्ण परिस्थिति में भी सुधाकर ने धैर्य नहीं खोया और सूझबूझ से काम लिया। उसने अपने हाथों से काँच की खिड़की तोड़ दी और खुद बाहर कूदने के पहले मुझे वहाँ से सुरक्षित बाहर निकाल दिया। उसके जख्मी हाथों को छूते हुए मैंने कृतज्ञता व्यक्त की। दर्द के बावजूद वह मुसकरा रहा था। इसके बाद उसे कई हफ्ते तक अस्पताल में रहना पड़ा, जहाँ उसके जले घावों का इलाज हो रहा था।

पेलोड प्रिपरेशन लेबोरेटरी में सुधाकर मेरे सहकर्मी थे। प्रक्षेपण के पूर्व हम सोडियम और थरमाइट मिश्रण को भर रहे थे तथा दबाव उत्पन्न कर रहे थे। थुंबा में उस दिन गरमी एवं उमस थी। ऐसी छठी प्रक्रिया के बाद सुधाकर और मैं पेलोड रूम में यह पुष्टि करने गए कि क्या सोडियम एवं थरमाइट का मिश्रण पूरी तरह भरा जा चुका है या नहीं।

टी.ई.आर.एल.एस. में मैं रॉकेट तैयार करने संबंधी गतिविधियों में लगा हुआ था। इनमें पेलोड जोड़ने, परीक्षण और उनकी जाँच, उप-प्रणालियाँ तैयार करने तथा रॉकेट के अगले हिस्से से संबंधित कार्य भी थे। इस प्रकार अग्रभाग से जुड़े काम करते-करते मैं मिश्रित धातुओं के क्षेत्र में भी काम करने लगा था।

यह जानना दिलचस्प होगा कि देश के विभिन्न भागों में हुई पुरातात्त्विक खुदाई में जो धनुष मिले, उससे यह रहस्योद्घाटन होता है कि भारत के लोग लकड़ी, सींग आदि से बनाए सम्मिश्रित धनुष इस्तेमाल करते थे। मध्यकालीन यूरोप में जब इनका प्रचलन था, उससे भी कम-से-कम पाँच सौ साल पहले भारत में ये इस्तेमाल किए जाते थे। सींग से बने धनुष तो ग्यारहवीं सदी में प्रयोग में लाए जाते थे। इस सम्मिश्रण की बहुविज्ञता इस अर्थ में है कि इसके संरचनात्मक, तापीय, विद्युतीय, रासायनिक और यांत्रिक गुणों ने मुझे काफी आकर्षित किया। मनुष्य द्वारा बनाए इन पदार्थों के बारे में मेरी उत्सुकता इतनी बढ़ जाती थी कि मैं एक रात में सबकुछ जान लेना चाहता था। मैं इन विषयों से संबंधित हर चीज, जो भी नजर आती है, अभी भी पढ़ता रहता हूँ। विशेष रूप से मैं काँच एवं कार्बन फाइबर रेनफोर्स्ड प्लास्टिक (एफ.आर.पी.) के यौगिक में ज्यादा रुचि लेता था।

यह जानना दिलचस्प होगा कि देश के विभिन्न भागों में हुई पुरातात्त्विक खुदाई में जो धनुष मिले, उससे यह रहस्योद्घाटन होता है कि भारत के लोग लकड़ी, सींग आदि से बनाए सम्मिश्रित धनुष इस्तेमाल करते थे। मध्यकालीन यूरोप में जब इनका प्रचलन था, उससे भी कम-से-कम पाँच सौ साल पहले भारत में ये इस्तेमाल किए जाते थे।

एफ.आर.पी. सम्मिश्रण अकार्बनिक तंतुओं का एक ऐसा बुना हुआ जाल होता है जिसमें तंतु आपस में एक-दूसरे से मजबूती से गुँथे हुए होते हैं, जिन्हें रासायनिक पदार्थों का मिश्रण अपनी मात्रानुसार आयतन एवं आकार प्रदान करता है। फरवरी 1969 में तत्कालीन प्रधानमंत्री इंदिरा गांधी टी.ई.आर.एल.एस. को अंतरराष्ट्रीय अंतरिक्ष विज्ञान समुदाय को समर्पित करने के लिए थुंबा आईं। इस अवसर पर उन्होंने हमारी प्रयोगशाला में देश की पहली फिलामेंट वाइंडिंग मशीन

चालू की। इससे मेरी टीम को बहुत ही संतोष हुआ। मेरी टीम में जो साथी थे, उनमें सी.आर. सत्या, पी.एन. सुब्रह्मण्य और एम.एन. सत्यनारायण थे। हमने गैर चुंबकीय पेलोड ढाँचे के लिए उच्च शक्ति की काँच की परतवाले आवरण को तैयार किया था और उन्हें दो चरणों में साउंडिंग रॉकेटों के साथ उड़ाया था।

धीरे-धीरे, लेकिन निश्चित रूप से, थुंबा में दो भारतीय रॉकेट तैयार किए गए थे। इन्हें हमारे पौराणिक पात्रों—'रोहिणी' और 'मेनका' के आधार पर नाम दिया गया। भारतीय पेलोडों (उपग्रहों) को फ्रांस के रॉकेटों से छोड़े जाने की अब और आवश्यकता नहीं रह गई थी। लेकिन क्या ऐसा उस विश्वास के माहौल और प्रतिबद्धता के बिना संभव हो सकता था, जो प्रो. साराभाई ने भारतीय अंतरिक्ष अनुसंधान समिति के लोगों के भीतर पैदा की थी? उन्होंने हर व्यक्ति के ज्ञान और कुशलता का उपयोग किया था। समस्याओं के हल ढूँढ़ने में भी उन्होंने हर व्यक्ति की प्रत्यक्ष एवं सीधी भागीदारी बनाई थी। इस प्रकार टीम के हर सदस्य की हिस्सेदारी से ही कोई भी समस्या बहुत ही मान्य एवं उचित ढंग से हल हो जाती थी और आनेवाले परिणाम में पूरी टीम का विश्वास कायम होता था।

प्रो. साराभाई ने वास्तव में कभी भी अपने असंतोष को छिपाने की कोशिश नहीं की। वह हमसे बहुत ही सच्चाई से तथा उद्‌देश्यपूर्ण ढंग से बातें किया करते थे। कई बार मैंने पाया कि वह चीजों को उनकी वास्तविकता की तुलना में कहीं ज्यादा सकारात्मक रूप में देखते थे। जब हम लोग ड्राइंग बोर्ड पर काम कर रहे होते तो तकनीकी समझौते के लिए वह विकसित देश के किसी व्यक्ति को ले आते। हमारी क्षमताओं को बढ़ाने के लिए हममें से हरेक के समक्ष चुनौती पैदा करने का उनका यह विलक्षण तरीका था।

प्रो. साराभाई ने वास्तव में कभी भी अपने असंतोष को छिपाने की कोशिश नहीं की। वह हमसे बहुत ही सच्चाई से तथा उद्‌देश्यपूर्ण ढंग से बातें किया करते थे। कई बार मैंने पाया कि वह चीजों को उनकी वास्तविकता की तुलना में कहीं ज्यादा सकारात्मक रूप में देखते थे। जब हम लोग ड्राइंग बोर्ड पर काम कर रहे होते तो तकनीकी समझौते के लिए वह विकसित देश के किसी व्यक्ति को ले आते।

इसीके साथ ही, अगर हम निश्चित लक्ष्यों को हासिल कर पाने में असफल रहते तब भी वह हमारी प्रशंसा करते, चाहे हमने जैसा भी काम किया हो। जब कभी वह यह पाते कि हममें से कोई ऐसा काम करने की कोशिश कर रहा है जो उसकी क्षमता से बाहर है या उसे वह पूरी कुशलता से नहीं कर सकता तो ऐसे में प्रो. साराभाई काम को इस तरह से बाँटते कि ज्यादा दबाव भी न हो और वह बढ़िया तरीके से पूरा हो जाए। 20 नवंबर, 1967 को जब टी.ई.आर.एल.एस. से पहला रोहिणी–75 रॉकेट छोड़ा गया था तब हममें से हरेक उनके स्वयं के साँचे में ढल चुका था।

मैं हमेशा से एक धार्मिक व्यक्ति रहा हूँ तथा मेरा मानना रहा है कि ईश्वर के साथ हर काम में मेरी सहभागिता है। मुझे मालूम था कि जितनी योग्यता मेरे पास है, अच्छा काम करने के लिए उससे और ज्यादा योग्यता होनी जरूरी है। इसलिए मुझे मदद की आवश्यकता है और वह सिर्फ ईश्वर ही दे सकता है।

अगले साल के शुरू में प्रो. साराभाई ने मुझे तत्काल मिलने के लिए दिल्ली बुलाया। मैं प्रो. साराभाई के काम करने के तरीकों से भलीभाँति परिचित था। वह उत्साह एवं आशाओं से हमेशा सराबोर रहते थे। ऐसी स्थिति में अचानक प्रेरणा उत्पन्न होना स्वाभाविक ही है। दिल्ली पहुँचते ही मैंने प्रो. साराभाई के सचिव से मुलाकात के लिए समय माँगा। मुझे तड़के साढ़े तीन बजे अशोक होटल में उनसे मिलने का समय मिला। दिल्ली मेरे लिए थोड़ी अपरिचित जगह थी और मेरे जैसे व्यक्ति को यहाँ की जलवायु भी रास नहीं आती थी। रात को खाना खाने के बाद मैं होटल की लॉबी में उनकी प्रतीक्षा करने लगा।

मैं हमेशा से एक धार्मिक व्यक्ति रहा हूँ तथा मेरा मानना रहा है कि ईश्वर के साथ हर काम में मेरी सहभागिता है। मुझे मालूम था कि जितनी योग्यता मेरे पास है, अच्छा काम करने के लिए उससे और ज्यादा योग्यता होनी जरूरी है। इसलिए मुझे मदद की आवश्यकता है और वह सिर्फ ईश्वर ही दे सकता है। मैंने खुद अपनी योग्यता का सही–सही अनुमान लगाया और इसे पचास फीसदी तक बढ़ा दिया। फिर मैं अपने को ईश्वर के हाथों में सौंप देता था। इस भागीदारी में मुझे वह सारी शक्ति मिली है, जिसकी मुझे जरूरत थी और वास्तव में मैं आज

भी महसूस करता हूँ कि वह शक्ति मुझमें बह रही है। आज मैं यह पक्के तौर पर कह सकता हूँ कि इसी शक्ति के रूप में ईश्वर आपके भीतर है। इसी शक्ति से आप अपने उद्देश्यों को हासिल कर अपने सपनों को साकार कर सकते हैं।

अनुभव के कई विभिन्न प्रकार और स्तर हैं, जो इस आंतरिक शक्ति की क्रिया को जटिल बना देते हैं। जब कभी हम उसके साथ अपना संबंध कायम कर रहे होते हैं तो हम अपने को अंतर्दृष्टि एवं बुद्धिमत्ता से भरा पाते हैं। यह किसी दूसरे व्यक्ति से आ सकती है; एक शब्द, एक प्रश्न और यहाँ तक कि एक दृष्टि से भी मिल जाती है। कई बार यह किसी पुस्तक के माध्यम से, बातचीत से, किसी कविता की पंक्ति से और किसी चित्र के एक हिस्से से भी प्राप्त कर लेते हैं। एक हलकी सी चेतावनी के बिना ही आपके जीवन में कोई भी नई शुरुआत हो सकती है और कोई फैसला हो जाता है—एक ऐसा फैसला जिसके बारे में आपको पता भी नहीं चल पाता।

मैं होटल की भव्य लॉबी को देखता रहा। पास ही सोफे पर कोई एक किताब छोड़ गया था। विचारों की गरमाहट से उस ठंडी रात के कुछ घंटे काटने थे। मैंने किताब उठा ली और पन्ने उलटने लगा। मैंने उस किताब के कुछ ही पन्ने पलटे होंगे, जिनके बारे में मुझे अब कुछ-कुछ याद है।

मैं होटल की भव्य लॉबी को देखता रहा। पास ही सोफे पर कोई एक किताब छोड़ गया था। विचारों की गरमाहट से उस ठंडी रात के कुछ घंटे काटने थे। मैंने किताब उठा ली और पन्ने उलटने लगा। मैंने उस किताब के कुछ ही पन्ने पलटे होंगे, जिनके बारे में मुझे अब कुछ-कुछ याद है।

वह व्यवसाय प्रबंधन से संबंधित एक लोकप्रिय पुस्तक थी। मैंने वह किताब पढ़ी नहीं थी, सिर्फ पन्ने पलटे थे और कुछ हिस्सों पर निगाह डालता गया था। अचानक किताब के एक अंश पर मेरी निगाह पड़ी, इसमें जॉर्ज बर्नार्ड शॉ का एक उद्धरण प्रस्तुत किया गया था। इस उद्धरण का सार यह था कि सभी बुद्धिमान मनुष्य अपने को दुनिया के अनुरूप ढाल लेते हैं। सिर्फ कुछ ही लोग ऐसे होते हैं, जो दुनिया को अपने अनुरूप बनाने में लगे रहते हैं। दुनिया में सारी तरक्की इन दूसरे तरह के लोगों पर ही निर्भर होती है, जो हमेशा कुछ नया कर परिवर्तन लाने में लगे रहते हैं।

मैंने बर्नार्ड शॉ के इस हिस्से से आगे किताब पढ़नी शुरू की। लेखक ने इस किताब में उद्योग एवं व्यापार में नए परिवर्तन लाने की प्रक्रिया और अवधारणा को लेकर चारों ओर बनी हुई कुछ काल्पनिक बातों का वर्णन किया था। मैंने सामरिक योजना से संबंधित कल्पनाओं के बारे में पढ़ा। सामान्यतया ऐसा माना जाता है कि व्यावहारिक एवं ठोस सामरिक तथा तकनीकी योजना ऐसे परिणामों की संभावना बढ़ाती है, जिन्हें लेकर कोई आश्चर्य नहीं होता और वे अप्रत्याशित भी नहीं लगते। लेखक की राय यह थी कि किसी भी परियोजना प्रबंधक को अनिश्चितता एवं अस्पष्टता के साथ जीना आना जरूरी है। लेखक का मानना था कि गणना करने की क्षमता ही सफलता की कुंजी है, यह एक परिकल्पना है। दूसरी ओर जनरल जॉर्ज पैटन का भी एक उद्धरण इस कल्पना के सुसंगत रूप में इस प्रकार है—'किसी भी अच्छी योजना को तुरंत ही असरदार तरीके से लागू कर देना ज्यादा अच्छा है, बजाय इसके कि कोई अच्छी योजना अगले हफ्ते लागू की जाए। यह एक ऐसी कल्पना है कि बड़ी जीत के लिए हरेक को आशावादी होना चाहिए।'

मैंने बर्नार्ड शॉ के इस हिस्से से आगे किताब पढ़नी शुरू की। लेखक ने इस किताब में उद्योग एवं व्यापार में नए परिवर्तन लाने की प्रक्रिया और अवधारणा को लेकर चारों ओर बनी हुई कुछ काल्पनिक बातों का वर्णन किया था। मैंने सामरिक योजना से संबंधित कल्पनाओं के बारे में पढ़ा।

होटल की लॉबी में रात का एक बज रहा था। अभी मुझे प्रो. साराभाई से मुलाकात करने के लिए दो घंटे और प्रतीक्षा करनी थी। मुलाकात का यह समय न तो मेरे लिए, न ही प्रो. साराभाई के लिए उपयुक्त लग रहा था। लेकिन तब प्रो. साराभाई हमेशा अपने गुणों में एकदम स्वच्छंद नजर आते थे। वे देश का अंतरिक्ष अनुसंधान कार्यक्रम चला रहे थे। हालाँकि काम करनेवाले स्टाफ की कमी थी और काम काफी ज्यादा था, फिर भी वे सफलतापूर्वक तरीके से काम किए जा रहे थे।

अचानक मेरे सामनेवाले सोफे पर दूसरा व्यक्ति आकर बैठ गया। वह एक हट्टा-कट्टा और बुद्धिमान व्यक्ति दिख रहा था। मेरे से ठीक उलटा उस

व्यक्ति ने बहुत ही सलीके से कपड़े पहने हुए थे। आधी रात का वक्त होते हुए भी वह शख्स बहुत ही चौकन्ना एवं फुरतीला नजर आ रहा था।

उस व्यक्ति के चुंबकत्व जैसे आकर्षण ने मेरे भीतर उमड़ रहे नए विचारों की रेलगाड़ी को पटरी से उतार दिया था। मैं दोबारा किताब पढ़ना शुरू करता, इससे पहले ही मुझे सूचना मिली कि प्रो. साराभाई मुझसे मिलने के लिए तैयार हैं। मैंने उस किताब को पास में पड़े उसी सोफे पर रख दिया, जहाँ से उसे उठाया था। मुझे आश्चर्य हो रहा था कि जो व्यक्ति मेरे सामने सोफे पर बैठा था उसे भी अंदर आने को कहा गया था। यह है कौन? मेरे इस सवाल का जवाब जल्दी ही मुझे मिल गया। हम बैठ पाते, उससे पहले ही प्रो. साराभाई ने हमारा एक-दूसरे से परिचय कराया। वह शख्स वायुसेना मुख्यालय से आए ग्रुप कैप्टन वी.एस. नारायणन थे।

प्रो. साराभाई ने हम दोनों के लिए कॉफी मँगाई और सैनिक विमान के लिए रॉकेट असिस्टेड टेक ऑफ सिस्टम (राटो) विकसित करने की अपनी योजना के बारे में बताया। यह राटो प्रणाली हिमालय क्षेत्र में छोटे रन-वे से विमानों को उड़ान भरने में सहायता करने को लेकर थी। जो कुछ किया जाना था, उसे लेकर संक्षिप्त सी बात हुई और हमें कॉफी दी गई।

प्रो. साराभाई ने हम दोनों के लिए कॉफी मँगाई और सैनिक विमान के लिए रॉकेट असिस्टेड टेक ऑफ सिस्टम (राटो) विकसित करने की अपनी योजना के बारे में बताया। यह राटो प्रणाली हिमालय क्षेत्र में छोटे रन-वे से विमानों को उड़ान भरने में सहायता करने को लेकर थी। जो कुछ किया जाना था, उसे लेकर संक्षिप्त सी बात हुई और हमें कॉफी दी गई। जैसे ही हमने कॉफी खत्म की, प्रो. साराभाई खड़े हुए और हमसे दिल्ली के बाहरी इलाके में स्थित तिलपत रेंज ले चलने को कहा। जब हम होटल की लॉबी से गुजर रहे थे तभी मैंने उस सोफे पर नजर डाली जहाँ मैंने उस किताब को छोड़ दिया था। लेकिन अब वह किताब उस जगह नहीं थी।

तिलपत रेंज का करीब घंटे भर का रास्ता था। प्रो. साराभाई ने हमें रूसी राटो मोटर दिखाई। उन्होंने हमसे पूछा, 'अगर मैं आपको रूस से इस प्रणाली की

मोटरें ला दूँ तो क्या आप अठारह महीने में इसे अपने यहाँ तैयार कर सकते हैं ?'

मैंने और ग्रुप कैप्टन वी.एस. नारायणन ने साथ-साथ ही कहा, 'हाँ, कर सकते हैं।' मुसकराहट के साथ ही प्रो. साराभाई का चेहरा चमक रहा था।

हमें वापस होटल अशोक छोड़ने के बाद प्रो. साराभाई प्रधानमंत्री इंदिरा गांधी के घर गए। वहाँ प्रधानमंत्री के साथ नाश्ते पर उनकी बैठक होनी थी। शाम तक इस परियोजना की सार्वजनिक रूप से घोषणा कर दी गई कि भारत सैनिक विमानों के उड़ान भरने की एक नई स्वदेशी तकनीक विकसित करने जा रहा है। मेरी खुशी की सीमा नहीं थी और मैं उत्साह से सराबोर था। तभी मुझे उन्नीसवीं सदी के एक कवि की ये पंक्तियाँ याद आईं—

'हर दिन जियो, जियाले
जैसा जीवन अपना पाओ।
जब मूसल हो, मारो,
जब ओखल हो, चोटें खाओ।'

सैनिक विमानों को उड़ान भरने के लिए अतिरिक्त बल देने के उद्देश्य से उनपर राटो मोटरें लगा दी जाती हैं, जिससे विमान विपरीत एवं कठिन परिस्थितियों में भी उड़ान भर पाने में सक्षम होता है। विपरीत परिस्थितियाँ इस प्रकार की हैं—बमबारी से हवाई पट्टी खराब हो जाना, बहुत ज्यादा ऊँचाई पर बने वायुसेना क्षेत्र, निर्धारित क्षमता से ज्यादा भार उठाना या बहुत ही ज्यादा तापमान होना आदि। भारतीय वायुसेना को अपने एस.-22 और एच.एफ.-24 विमानों के लिए बड़ी संख्या में राटो मोटरों की सख्त जरूरत थी।

सैनिक विमानों को उड़ान भरने के लिए अतिरिक्त बल देने के उद्देश्य से उनपर राटो मोटरें लगा दी जाती हैं, जिससे विमान विपरीत एवं कठिन परिस्थितियों में भी उड़ान भर पाने में सक्षम होता है।

तिलपत रेंज में हमें जो रूसी राटो मोटर दिखाई गई थी, वह तीन हजार किलोग्राम भार की वस्तु को चौबीस हजार पाँच सौ किलोग्राम प्रति सेकंड के वेग से उठा सकती थी। दो सौ बीस किलोग्राम भार की यह राटो मोटर दोहरे प्रणोदन आधारवाली थी। स्वदेशी राटो मोटर के विकास का काम स्पेस साइंस एंड टेक्नोलॉजी सेंटर में होता था और इस काम में डिफेंस रिसर्च एंड डेवलपमेंट

ऑर्गेनाइजेशन (डी.आर.डी.ओ.), एच.ए.एल., डी.टी.डी. एंड पी. (एयर) तथा वायुसेना मुख्यालय को हमारी मदद करनी थी।

उपलब्ध विकल्पों के विस्तृत विश्लेषण के बाद मैंने फाइबर ग्लास मोटर का विकल्प चुना। हमने इस मोटर में ईंधन के रूप में कंपोजिट प्रोपेलेंट के इस्तेमाल का फैसला किया था, ताकि इसे पूर्णरूप से तथा लंबे समय तक उपयोग में लाया जा सके। मैंने इसमें अतिरिक्त सुरक्षा के लिए पटल भी लगाने का फैसला किया, ताकि अगर दबाव कक्ष में यदि किसी कारणवश दबाव बहुत ज्यादा हो भी जाए तब भी दबाव कक्ष फटे नहीं और मोटर में कोई गड़बड़ी न आए।

राटो पर काम करते हुए दो महत्त्वपूर्ण बातें और हुईं। एक तो यह कि देश के अंतरिक्ष अनुसंधान के एक दशक के कामकाज पर प्रो. साराभाई द्वारा तैयार की गई एक रूपरेखा जारी की गई। यह शीर्ष व्यक्ति द्वारा अपनी टीम के लिए कोई बनाई गई कार्य योजना नहीं थी बल्कि इसे जारी करने का उद्‌देश्य तो खुली बहस कराना था, ताकि बाद में इसे एक कार्यक्रम के रूप में बदला जा सके। असल में मैंने पाया कि यह ऐसे व्यक्ति का रोमानी घोषणापत्र था जो पूरी तरह अपने देश के अंतरिक्ष अनुसंधान कार्यक्रम में डूबा हुआ था।

राटो पर काम करते हुए दो महत्त्वपूर्ण बातें और हुईं। एक तो यह कि देश के अंतरिक्ष अनुसंधान के एक दशक के कामकाज पर प्रो. साराभाई द्वारा तैयार की गई एक रूपरेखा जारी की गई। यह शीर्ष व्यक्ति द्वारा अपनी टीम के लिए कोई बनाई गई कार्य योजना नहीं थी बल्कि इसे जारी करने का उद्‌देश्य तो खुली बहस कराना था, ताकि बाद में इसे एक कार्यक्रम के रूप में बदला जा सके।

योजना मुख्यत: उन्हीं विचारों के इर्द-गिर्द केंद्रित थी, जो शुरू में भारतीय अंतरिक्ष अनुसंधान समिति के समक्ष आए थे। इनमें टेलीविजन और शिक्षा के विकास, मौसम विज्ञान संबंधी प्रयोग तथा प्राकृतिक संसाधनों के विकास के लिए दूरसंवेदी उपग्रहों के इस्तेमाल की योजना भी शामिल थी। इसके अलावा उपग्रह प्रक्षेपण यानों के विकास और उनको छोड़े जाने की योजनाएँ भी इस प्रारंभिक योजना में थीं।

शुरू के वर्षों में जो सक्रिय अंतरराष्ट्रीय सहयोग मिला था, उसे इस योजना में ज्यादा महत्त्व दिया गया था। साथ ही इस योजना में आत्मनिर्भर होने एवं स्वदेशी तकनीकियाँ विकसित करने पर ज्यादा जोर दिया गया था। इसमें हलके उपग्रहों को पृथ्वी की कक्षा में स्थापित करने के लिए एस.एल.वी. की बात की गई थी। इसके अलावा भारतीय उपग्रहों के विकास एवं अंतरिक्ष यानों की उपप्रणालियों जैसे बूस्टर मोटर, मोमेंटम ह्वील एवं सौर ऊर्जा पैनल लगाने के तरीकों पर भी विस्तार से ध्यान दिया गया था। इसके अतिरिक्त गैर अंतरिक्ष उपयोग से संबंधित टेक्नोलॉजी के विकास का भी वायदा किया गया था। कुल मिलाकर एक इस प्रकार के सपने का ढाँचा तैयार किया गया था, जो इंजीनियरिंग एवं वैज्ञानिक क्षेत्र में शोध तथा विकास को पूरी तरह से बढ़ावा दे।

प्रो. साराभाई द्वारा जारी योजना का दूसरा महत्त्वपूर्ण परिणाम यह था कि रक्षा मंत्रालय में एक मिसाइल पैनल बन गया। इस पैनल में मुझे एवं नारायणन को सदस्यों के रूप में शामिल किया गया। अपने ही देश में मिसाइलें बनाने का विचार बहुत ही रोमांचकारी एवं उत्साहवर्द्धक था और फिर हमने विकसित देशों की मिसाइलों के बारे में अध्ययन किया।

प्रो. साराभाई द्वारा जारी योजना का दूसरा महत्त्वपूर्ण परिणाम यह था कि रक्षा मंत्रालय में एक मिसाइल पैनल बन गया। इस पैनल में मुझे एवं नारायणन को सदस्यों के रूप में शामिल किया गया। अपने ही देश में मिसाइलें बनाने का विचार बहुत ही रोमांचकारी एवं उत्साहवर्द्धक था और फिर हमने विकसित देशों की मिसाइलों के बारे में अध्ययन किया।

टैक्टिकल मिसाइल और स्ट्रेटेजिक मिसाइल में एक बहुत साफ फर्क है। आमतौर पर 'स्ट्रेटेजिक' का मतलब यह समझा जाता है कि यह मिसाइल हजारों किलोमीटर उड़ेगी। हालाँकि युद्ध में यह मिसाइल प्रक्षेपक से दूरी की बजाय लक्ष्य का प्रकार प्रदर्शित करती है। स्ट्रेटेजिक मिसाइलें वे हैं, जो दुश्मन के केंद्रीय भू-भाग पर स्थित ठिकानों पर हमला करती हैं—यानी दुश्मन के शहरों को निशाना बनाती हैं। जबकि टैक्टिकल मिसाइलें वे हैं, जो युद्ध को प्रभावित करती

हैं। यह युद्ध जमीन, आकाश, पानी अथवा तीनों जगह हो सकता है। लेकिन अमेरिकी वायुसेना की टॉमहॉक मिसाइलों के टैक्टिकल मिसाइल की भूमिका में प्रयोग में आने के बाद यह वर्गीकरण अब निरर्थक सा हो गया है। जमीन से ही छोड़ी जानेवाली टॉमहॉक मिसाइलों की क्षमता तीन हजार किलोमीटर की है। हालाँकि उन दिनों स्ट्रेटेजिक मिसाइल मध्यम दूरी तक मार करने की क्षमता रखनेवाली बैलेस्टिक मिसाइलों (आई.आर.बी.एम.) एवं अंतरमहाद्वीपीय बैलेस्टिक मिसाइलों (आई.सी.बी.एम.) के बराबर ही थी। आई.आर.बी.एम. की क्षमता दो हजार सात सौ अस्सी किलोमीटर तक है तथा आई.सी.बी.एम. की क्षमता इससे भी ज्यादा दूरी तक मार कर सकने की है।

स्वदेशी मिसाइलों के कार्यक्रम को लेकर ग्रुप कैप्टन नारायणन में अकथनीय उत्साह था। वे रूस के रूसी मिसाइल विकास कार्यक्रम के घोर प्रशंसक थे। वे अकसर मुझे उकसाते हुए कहा करते थे—'जब यह वहाँ हो सकता है तो यहाँ क्यों नहीं, जहाँ मिसाइल टेक्नोलॉजी के लिए अंतरिक्ष शोध पहले ही जमीन तैयार कर चुका है।'

सन् 1962 और 1965 के दो युद्धों में भारतीय नेतृत्व को जिन दुःखद अध्यायों को देखना पड़ा, उसके बाद सैनिक साजो-सामान एवं हथियारों के क्षेत्र में आत्मनिर्भरता हासिल करने की जरूरत महसूस हुई। भारत ने रूस से बड़ी संख्या में जमीन से हवा में मार करनेवाली मिसाइलें (एस.ए.एम.) हासिल कीं।

सन् 1962 और 1965 के दो युद्धों में भारतीय नेतृत्व को जिन दुःखद अध्यायों को देखना पड़ा, उसके बाद सैनिक साजो-सामान एवं हथियारों के क्षेत्र में आत्मनिर्भरता हासिल करने की जरूरत महसूस हुई। भारत ने रूस से बड़ी संख्या में जमीन से हवा में मार करनेवाली मिसाइलें (एस.ए.एम.) हासिल कीं। तब ग्रुप कैप्टन नारायणन ने इस तरह की मिसाइलें देश में ही विकसित करने की जोरदार ढंग से वकालत की।

राटो मोटरों एवं मिसाइल पैनल में साथ-साथ काम करते हुए नारायणन और मैंने जरूरत के अनुसार एक-दूसरे के लिए शिष्य एवं गुरु की भूमिका निभाई। रॉकेट विज्ञान के बारे में सीखने के लिए वे बहुत ही आतुर रहते थे और

मैं हवाई हथियारों की प्रणालियों को जानने का इच्छुक रहता था। नारायणन के भीतर जो दृढ़ आत्मविश्वास था और उसे प्रयोग करने की उनमें जो प्रबल शक्ति थी, वह प्रेरणादायक थी। प्रो. साराभाई के साथ तिलपत रेंज के दौरे के समय से ही नारायणन हमेशा अपनी राटो मोटर में व्यस्त रहते थे। वे कहने से पूर्व ही उन सब चीजों का बंदोबस्त कर लेते थे, जिनकी जरूरत पड़ती थी। उन्होंने अपने काम को आगे बढ़ाने और किसी भी कीमत पर उसे पूरा करने की वचनबद्धता के साथ पचहत्तर लाख रुपए हासिल किए थे। उनका कहना था—'तुम चीज का नाम बताओ, मैं तुम्हें लाकर दूँगा; लेकिन समय के लिए मत पूछो।' उस वक्त मुझे उनकी बेचैनी पर हँसी आती थी। मैं उनके लिए टी.एस. इलियट की 'होलो मेन' कविता की ये पंक्तियाँ पढ़ता था—

'परिकल्पना और सृजन के बीच,
भावना और कर्म के बीच,
पड़ती है परछाईं।
जिससे बनता जीवन,
जीवन की भंगुरता।'

उस समय रक्षा अनुसंधान एवं विकास का काम पूरी तरह आयातित उपकरणों पर आधारित था। स्वदेशी के तौर पर कुछ भी उपलब्ध नहीं था। हम दोनों ने जरूरी उपकरणों एवं कल-पुरजों की एक लंबी सूची बनाई और आयात योजना तैयार की। लेकिन मुझे यह बहुत ही बुरा लगा। क्या इसका कोई इलाज या विकल्प नहीं है ? क्या पेचकस तकनीक के सहारे ही जिंदा रहना इस देश की नियति है ? क्या भारत जैसा गरीब राष्ट्र इस तरह के विकास पर होनेवाले खर्च को बरदाश्त कर पाएगा ?

उस समय रक्षा अनुसंधान एवं विकास का काम पूरी तरह आयातित उपकरणों पर आधारित था। स्वदेशी के तौर पर कुछ भी उपलब्ध नहीं था। हम दोनों ने जरूरी उपकरणों एवं कल-पुरजों की एक लंबी सूची बनाई और आयात योजना तैयार की।

जब से मैंने राटो परियोजना को हाथ में लिया था, उसके बाद से दफ्तर में देर तक काम करना एक नियम सा बन गया था। एक दिन मैंने देखा कि हमारे

एक नौजवान साथी जयाचंद्र बाबू घर जा रहे हैं। वे कुछ महीने पहले ही हमारी इस परियोजना में शामिल हुए थे। उनके बारे में एकमात्र बात जो मैं जानता था वह यह थी कि वे बहुत ही सकारात्मक दृष्टि तथा स्पष्ट कहनेवाले थे। मैंने उन्हें अपने दफ्तर में बुलाया। मैंने पूछा, 'क्या तुम्हारे पास जरूरी विदेशी कल-पुरजों की खरीद के बारे में कोई सुझाव है?' कुछ क्षण के लिए बाबू चुपचाप खड़े रहे और अगले दिन शाम तक के लिए समय माँगा।

अगले दिन शाम को बाबू मेरे पास निर्धारित समय पर आ गए। वायदे के साथ उनका चेहरा दमक रहा था—'हम इसे कर सकते हैं, सर! बिना आयातित उपकरणों के राटो प्रणाली विकसित की जा सकती है। इसमें सिर्फ दो बड़ी दिक्कतें हैं, संगठन के प्रबंधन और ठेकेदारी को लेकर। यही दो बड़े क्षेत्र हैं, जिनसे हम आयात टाल सकते हैं।' बाबू ने मुझे सात बिंदु गिनाए या कहिए, सात मामलों में आजादी दिए जाने की बात कही। ये मुख्य बातें थीं—वित्तीय मंजूरी का काम सभी स्तरों पर न होकर सिर्फ एक व्यक्ति के हाथ में हो, परियोजना से संबंधित सभी कार्यों के लिए हवाई यात्रा की छूट मिले—चाहे वह व्यक्ति इसका हकदार हो या नहीं, सिर्फ एक ही व्यक्ति की जवाबदेही तय की जाए, परियोजना से संबंधित उपकरण-सामान हवाई परिवहन से मँगाया जाए, निजी क्षेत्र को काम दिए जाएँ, तकनीकी तुलना के आधार पर ही ऑर्डर दिए जाएँ तथा संगठन के हिसाब-किताब की प्रक्रिया और तेज हो।

सरकारी विभागों में इस तरह की माँगें पहले कभी नहीं सुनी गई थीं। फिर भी मुझे बाबू के प्रस्ताव ठोस एवं सही लगे। राटो परियोजना एक नए काम की शुरुआत थी और अगर इसमें कुछ नए नियम-कायदे बना दिए जाते तो कुछ गलत नहीं था। मैंने सारी रात बाबू के सुझावों पर गहराई से विचार किया और अंत में इन सुझावों को प्रो. साराभाई के समक्ष रखने का फैसला किया।

सरकारी विभागों में इस तरह की माँगें पहले कभी नहीं सुनी गई थीं। फिर भी मुझे बाबू के प्रस्ताव ठोस एवं सही लगे। राटो परियोजना एक नए काम की शुरुआत थी और अगर इसमें कुछ नए नियम-कायदे बना दिए जाते तो कुछ गलत नहीं था। मैंने सारी रात बाबू के सुझावों पर गहराई से विचार किया और अंत

में इन सुझावों को प्रो. साराभाई के समक्ष रखने का फैसला किया। प्रशासनिक उदारीकरण के लिए मेरी दलीलें सुनकर प्रो. साराभाई ने बिना एक क्षण भी सोचे इन प्रस्तावों को मंजूरी दे दी।

अपने सुझावों से बाबू ने विकास कार्यों में भी कुशाग्र बुद्धिवाले व्यवसायी व्यक्ति की महत्ता को रेखांकित किया था। मौजूदा मापदंडों के भीतर चीजों को और ज्यादा तेजी से चलाने के लिए उसमें आपको और ज्यादा लोगों को लगाना पड़ेगा, ज्यादा चीजों की जरूरत होगी तथा पैसा भी ज्यादा लगाना होगा। अगर आप ये सब नहीं कर सकते हैं तो अपने मापदंडों को बदल दीजिए। एक सहज व्यवसायी की तरह का यह नौजवान बहुत लंबे समय तक हमारे साथ नहीं रहा और इसरो छोड़कर नाइजीरिया चला गया। वित्तीय सौदों में बाबू की सूझबूझ को मैं कभी नहीं भूल सकता।

राटो मोटर केसिंग के लिए हमने मिश्रित संरचना (कंपोजिट स्ट्रक्चर) का विकल्प चुना था और इसमें फिलामेंट फाइबर ग्लास का इस्तेमाल किया गया। इसके अलावा हमने तय समय में उच्च ऊर्जावाले कंपोजिट प्रोपेलेंट, घटना-आधारित प्रज्वलन प्रणाली तथा जेट प्रणाली का भी विकास कर लिया था। हमने राटो का पहला परीक्षण परियोजना शुरू होने के बारह महीने में कर लिया था। इसके बाद अगले चार महीने में इसके चौंसठ परीक्षण किए गए; जबकि इस परियोजना में कुल जमा बीस इंजीनियर काम कर रहे थे।

□

: छह :

इस समय तक भविष्य के उपग्रह प्रक्षेपण यान (एस.एल.वी.) की कल्पना भी की जा चुकी थी। अंतरिक्ष टेक्नोलॉजी से होनेवाले असीमित सामाजिक-आर्थिक फायदों को स्वीकार करते हुए प्रो. साराभाई ने सन 1969 में पूरी ऊर्जा और लगन के साथ देश में ही उपग्रह बनाने तथा उन्हें छोड़ने के लिए स्वदेशी तकनीक विकसित करने की क्षमता स्थापित करने का फैसला किया। एस.एल.वी. यानी उपग्रह प्रक्षेपण यानों एवं बड़े रॉकेटों को छोड़े जाने के लिए संभावित प्रक्षेपण केंद्र की स्थापना के उद्देश्य से उन्होंने खुद पूर्वी तटीय क्षेत्र का हवाई दारा किया था।

प्रो. साराभाई का ध्यान पूर्वी तटीय क्षेत्र पर इसलिए केंद्रित था, ताकि पृथ्वी के पश्चिम से पूर्व की ओर घूर्णन का प्रक्षेपण यान को भरपूर फायदा मिल सके। अंत में उन्होंने मद्रास (अब चेन्नई) से सौ किलोमीटर उत्तर में स्थित श्रीहरिकोटा को प्रक्षेपण स्थल के लिए चुना। और फिर वहीं रॉकेट प्रक्षेपण केंद्र की स्थापना की गई। तटीय रेखा के साथ-साथ अर्द्धचंद्राकार आकृति के इस द्वीप की अधिकतम चौड़ाई आठ किलोमीटर है। क्षेत्रफल के हिसाब से यह द्वीप मद्रास शहर जितना बड़ा है। इसकी पश्चिमी सीमा पर बकिंघम नहर एवं पुलिकट झील है।

सन् 1968 में हमने इंडियन रॉकेट सोसायटी का गठन किया। इसके तत्काल बाद ही भारतीय अंतरिक्ष अनुसंधान समिति का भारतीय राष्ट्रीय विज्ञान अकादमी (आई.एन.एस.ए.) के तहत एक सलाहकार संस्था के रूप में पुनर्गठन किया गया और परमाणु ऊर्जा विभाग के तहत भारतीय अंतरिक्ष अनुसंधान संगठन (इसरो) का गठन किया गया। इस संस्था का मुख्य काम देश में अंतरिक्ष विज्ञान के क्षेत्र में शोध करना तय पाया।

भारतीय एस.एल.वी. के सपने को साकार करने के लिए प्रो. साराभाई ने तब तक चुनिंदा लोगों की टीम पहले ही बना ली थी। मुझे इस परियोजना का नेतृत्व करने के लिए चुना गया था, इसलिए मैं अपने को बहुत ही सौभाग्यशाली मान रहा था। प्रो. साराभाई ने भी मुझे एस.एल.वी. के चौथे चरण का डिजाइन तैयार करने की अतिरिक्त जिम्मेदारी भी सौंपी। बाकी तीन चरणों के डिजाइन तैयार करने का काम डॉ. वी.आर. गवरीकर, एम.आर. कुरुप तथा ए.ई. मुथुनायगम को सौंपा गया था।

प्रो. साराभाई को आखिर ऐसा क्या लगा कि उन्होंने हम कुछ लोगों को ही इस बड़े मिशन के लिए चुना? इसकी एक वजह हमारी व्यावसायिक पृष्ठभूमि हो सकती है। सम्मिश्रित ईंधन (कंपोजिट प्रोपेलेंट्स) के क्षेत्र में डॉ. गवरीकर ने अद्वितीय काम किया था।

प्रो. साराभाई को आखिर ऐसा क्या लगा कि उन्होंने हम कुछ लोगों को ही इस बड़े मिशन के लिए चुना? इसकी एक वजह हमारी व्यावसायिक पृष्ठभूमि हो सकती है। सम्मिश्रित ईंधन (कंपोजिट प्रोपेलेंट्स) के क्षेत्र में डॉ. गवरीकर ने अद्वितीय काम किया था। एम.आर. कुरुप ने ईंधन, प्रणोदन एवं उत्ताप संबंधी तकनीक के लिए उत्कृष्ट प्रयोगशाला की स्थापना की थी। मुथुनायगम ने उच्च ऊर्जावाले ईंधनों के क्षेत्र में महत्त्वपूर्ण काम करके अपने को योग्य साबित किया था। चौथा चरण एक संयुक्त ढाँचा (कंपोजिट स्ट्रक्चर) तैयार करने का था और इसकी निर्माण तकनीक में कई नए काम किए जाने थे, शायद इसीलिए मुझे इसमें लाया गया।

चौथे चरण के काम की नींव मैंने तर्कसंगत अनुभवों के आधार पर निडरता के साथ रखी। पूर्णता की कीमत को मैंने हमेशा निषेधात्मक माना है और यह भी सीखा है कि गलतियाँ सीखने की प्रक्रिया का ही एक हिस्सा हैं। एक-दूसरे की कोशिशों पर सतर्कतापूर्ण नजर के माध्यम से मैं अपनी टीम के सदस्यों से हमेशा कुछ सीखने का समर्थक रहा हूँ, चाहे वे सफल हों या असफल।

मेरे समूह में हर छोटे कदम पर काम की प्रगति देखी जाती थी। यद्यपि मैं चौथे चरण में काम कर रहे अपने सभी सहकर्मियों को जरूरी सूचनाएँ, जानकारियाँ उपलब्ध कराता रहता था, फिर भी मुझे लगता था कि मैं पर्याप्त

समय न देकर पूर्ण रूप से मददगार नहीं बन पा रहा हूँ—और न ही मदद का स्रोत बन रहा हूँ। अगर मेरे द्वारा नियत किसी काम में कोई गलती हो जाती तो मुझे आश्चर्य होता। ऐसे में प्रो. साराभाई हमारे केंद्र में एक फ्रांसीसी व्यक्ति को समस्या हल करने के लिए मेरे पास लेकर आए। यह भद्र पुरुष प्रो. कुरियन थे, जो फ्रांस के सेंटर नेशनल दे एतुदेस स्पातियालेस (सी.एन.ई.एस.) के अध्यक्ष थे। उस समय वे डायामाँट लॉञ्च व्हीकल विकसित कर रहे थे। प्रो. कुरियन पूर्णरूप से पेशेवर थे। प्रो. साराभाई एवं प्रो. कुरियन ने मुझे एक लक्ष्य निर्धारित करने में मदद की। उन्होंने मुझे चर्चा के दौरान असफलता की संभावनाओं के बारे में भी सावधान किया। प्रो. कुरियन के साथ हुए विचार-विमर्श के बाद जब मुझे चौथे चरण की समस्याओं के बारे में और पता चला, तभी प्रो. साराभाई ने भी बीच में दखल दिया। इससे खुद प्रो. कुरियन डायामाँट कार्यक्रम में की पुनर्व्याख्या के लिए प्रेरित हुए।

प्रो. कुरियन ने प्रो. साराभाई को उन सभी छोटे कार्यों से मुझे हटा लेने की सलाह दी, जो कम चुनौतीपूर्ण थे। इसकी जगह मुझे उपलब्धियाँ हासिल करने के और ज्यादा अवसर दिए जाने की बात कही। वे हमारी सुनियोजित कोशिशों से इतने ज्यादा प्रभावित थे कि उन्होंने पूछ लिया कि क्या हम डायामाँट के चौथे चरण को तैयार कर सकते हैं। मुझे याद आता है कि उस वक्त प्रो. साराभाई के चेहरे पर मुसकराहट आ गई थी।

प्रो. कुरियन ने प्रो. साराभाई को उन सभी छोटे कार्यों से मुझे हटा लेने की सलाह दी, जो कम चुनौतीपूर्ण थे। इसकी जगह मुझे उपलब्धियाँ हासिल करने के और ज्यादा अवसर दिए जाने की बात कही। वे हमारी सुनियोजित कोशिशों से इतने ज्यादा प्रभावित थे कि उन्होंने पूछ लिया कि क्या हम डायामाँट के चौथे चरण को तैयार कर सकते हैं। मुझे याद आता है कि उस वक्त प्रो. साराभाई के चेहरे पर मुसकराहट आ गई थी।

दरअसल असलियत तो यह थी कि डायामाँट एवं एस.एल.वी. के विमान ढाँचों में कोई समानता ही नहीं थी। दोनों के व्यास बिलकुल अलग-अलग थे। इनमें काफी ज्यादा परिवर्तन किए जाने की जरूरत थी। मैं असमंजस में था कि

मुझे कहाँ से काम शुरू करना चाहिए। मैंने खुद अपने साथियों के बीच इसका हल निकालने का फैसला किया। मैंने इसपर भी गौर किया कि क्या मेरे साथियों के रोजमर्रा के काम से यह जाहिर हो रहा है कि वे अनवरत प्रयोग के लिए इच्छुक हैं या नहीं। मैंने उस हर व्यक्ति से बात करना शुरू किया जिसने इस काम में मदद देने के लिए हलका सा भी वायदा किया था। मेरे कुछ साथियों ने मुझे मेरे भोलेपन या निष्कपटता के बारे में सावधान भी किया। मैंने व्यक्तिगत सुझावों की रोजाना टिप्पणियाँ तैयार करने और उन हस्तलिखित टिप्पणियों को डिजाइन एवं निर्माण के काम में लगे साथियों को देने का नियम बना लिया था। मैं साथियों से पाँच या दस दिन में किसी ठोस नतीजे पर पहुँचने का अनुरोध भी करता।

एक अच्छा नेता कितना अच्छा होता है ? अपने लोगों से कभी भी बेहतर नहीं तथा परियोजना में पूरी टीम के साथ वचनबद्धता में बराबर का भागीदार; न कम, न ज्यादा। तथ्य यह है कि विकास में थोड़ी सी भी जो उपलब्धि होती—नतीजे, अनुभव, सफलता और जो मेरी पूरी ऊर्जा व समय उसमें लगता, उसमें मैं अपने सभी साथियों को भागीदार बनाता।

यह तरीका आश्चर्यजनक रूप से सफल हुआ। हमारे काम की प्रगति की समीक्षा करते हुए प्रो. कुरियन ने इस बात को प्रभावित किया कि जो उपलब्धि हमने एक साल में हासिल कर ली, यूरोप ने वही उपलब्धि तीन साल में भी बड़ी मुश्किल से हासिल की थी। उनके अनुसार, हमारा सकारात्मक पक्ष यह था कि हममें से हरेक ने अपने से पद में नीचे एवं ऊपर आनेवाले व्यक्ति के साथ मिलकर काम किया। मैं हफ्ते में कम–से–कम एक बार अपनी टीम के साथ जरूर मिलता था। हालाँकि इसमें काफी समय एवं ऊर्जा लग जाती थी, लेकिन मैं इसे जरूरी समझता था।

एक अच्छा नेता कितना अच्छा होता है ? अपने लोगों से कभी भी बेहतर नहीं तथा परियोजना में पूरी टीम के साथ वचनबद्धता में बराबर का भागीदार; न कम, न ज्यादा। तथ्य यह है कि विकास में थोड़ी सी भी जो उपलब्धि होती—नतीजे, अनुभव, सफलता और जो मेरी पूरी ऊर्जा व समय उसमें लगता, उसमें

मैं अपने सभी साथियों को भागीदार बनाता। एक टीम में प्रतिबद्धता और आपसी समझ एवं विश्वास बनाए रखने की यह बहुत ही मामूली कीमत थी। मैंने खुद अपने छोटे से समूह में नेता देखे और यह जाना कि नेता हर स्तर पर होता है। प्रबंधन का यह एक महत्त्वपूर्ण पक्ष था, जो मैंने सीखा।

हमने एस.एल.वी. के चौथे चरण के मौजूदा डिजाइन में डायमाँट हवाई ढाँचे के अनुरूप सुधार कर लिया था। इसे और उन्नत बनाकर तीन सौ पचास किलोग्राम की बजाय छह सौ किलोग्राम का बनाया गया था और इसका व्यास चार सौ से बढ़ाकर छह सौ मिलीमीटर कर दिया गया था। लगभग दो साल के समर्पित प्रयासों के बाद जब हम इसे सी.एन.ई.एस. को देने वाले थे, फ्रांस ने अचानक अपना डायमाँट बी.सी. कार्यक्रम रद्द कर दिया। उन्होंने हमसे कह दिया कि उन्हें हमारे चौथे चरण की अब और जरूरत नहीं है। यह मेरे लिए एक बहुत बड़ा धक्का था और इससे मैं ठीक उसी तरह बहुत ही हताश हुआ, जब देहरादून में वायुसेना में चयन नहीं हो पाने पर और बंगलौर में ए.डी.ई. में नंदी परियोजना रद्द कर दिए जाने पर हताश हुआ था।

हमने एस.एल.वी. के चौथे चरण के मौजूदा डिजाइन में डायमाँट हवाई ढाँचे के अनुरूप सुधार कर लिया था। इसे और उन्नत बनाकर तीन सौ पचास किलोग्राम की बजाय छह सौ किलोग्राम का बनाया गया था और इसका व्यास चार सौ से बढ़ाकर छह सौ मिलीमीटर कर दिया गया था। लगभग दो साल के समर्पित प्रयासों के बाद जब हम इसे सी.एन.ई.एस. को देने वाले थे, फ्रांस ने अचानक अपना डायमाँट बी.सी. कार्यक्रम रद्द कर दिया।

एस.एल.वी. चौथे चरण की इस परियोजना में मेरी बड़ी उम्मीदें एवं कोशिशें लगी थीं, जिससे कि यह डायमाँट रॉकेट के साथ उड़ पाती। एस.एल.वी. के बाकी तीन चरणों में अभी विशेष रूप से रॉकेट प्रोपल्शन के क्षेत्र में काफी ज्यादा काम होना बाकी था, जिसमें कम-से-कम पाँच साल और लगने थे। हालाँकि डायमाँट प्रकरण से हुई हताशा से उबरने और इसे भूलने में मुझे बहुत समय नहीं लगा। फिर भी मुझे इस परियोजना पर काम करते हुए बहुत

ही आनंद आया। इसी बीच डायामाँट से मेरे भीतर जो शून्य पैदा हो गया था, उसे राटो ने भर दिया।

जब राटो परियोजना पर काम चल रहा था तब एस.एल.वी. परियोजना धीरे-धीरे आकार लेने लगी थी। अब थुंबा में एक प्रक्षेपण यान की सभी बड़ी प्रणालियाँ तैयार करने की क्षमता स्थापित हो चुकी थी। अपने विशिष्ट प्रयासों से वसंत गवरीकर, एम.आर. कुरुप एवं मुथुनायगम ने टी.ई.आर.एल.एस. का रॉकेट विज्ञान के क्षेत्र में एक विशिष्ट स्थान बना दिया था।

टीम बनाने की कला में प्रो. साराभाई एक विलक्षण उदाहरण थे। एक बार उन्हें एक ऐसे व्यक्ति को चुनना था जिसे एस.एल.वी. के लिए दूर नियंत्रण प्रणाली विकसित करने का काम सौंपा जा सके। इस काम को बखूबी पूरा करने के लिए दो सक्षम लोग थे—एक तो थे बहुत ही अनुभवी एवं विवेकशील यू.आर. राव और दूसरे थे—अज्ञात प्रयोगकर्ता जी. माधवन नायर।

टीम बनाने की कला में प्रो. साराभाई एक विलक्षण उदाहरण थे। एक बार उन्हें एक ऐसे व्यक्ति को चुनना था जिसे एस.एल.वी. के लिए दूर नियंत्रण प्रणाली विकसित करने का काम सौंपा जा सके। इस काम को बखूबी पूरा करने के लिए दो सक्षम लोग थे—एक तो थे बहुत ही अनुभवी एवं विवेकशील यू.आर. राव और दूसरे थे—अज्ञात प्रयोगकर्ता जी. माधवन नायर। यद्यपि मैं जी. माधवन नायर के समर्पण एवं योग्यताओं से काफी प्रभावित था, लेकिन मैं समझ नहीं पाया कि इतना अच्छा मौका उसे क्यों नहीं मिल पाया। प्रो. साराभाई की एक यात्रा के दौरान माधवन नायर ने अपनी उन्नत एवं विश्वसनीय दूर नियंत्रण प्रणाली का प्रदर्शन करके दिखाया था। प्रो. साराभाई ने माधवन नायर को शामिल करने के फैसले में कोई समय नहीं लगाया। माधवन नायर न सिर्फ प्रो. साराभाई की उम्मीदों पर खरे उतरे बल्कि उससे भी कहीं आगे निकलकर दिखाया। बाद में वे पोलर सैटेलाइट लॉञ्च व्हीकल (पी.एस.एल. वी.) परियोजना के निदेशक बने।

एस.एल.वी. और मिसाइलों को हम रिश्ते के भाई-बहन कह सकते हैं। अवधारणा एवं उद्देश्य में ये एक-दूसरे से बिलकुल भिन्न हैं; लेकिन दोनों के

उद्भव एवं विकास का मूल एक ही है—रॉकेट विज्ञान। डी.आर.डी.ओ. ने हैदराबाद स्थित डिफेंस रिसर्च एंड डेवलपमेंट लेबोरेटरी (डी.आर.डी.एल.) में एक व्यापक मिसाइल विकास परियोजना पर काम शुरू किया था। इसमें जमीन से हवा में मार करनेवाली मिसाइल के विकास पर जैसे-जैसे काम बढ़ता गया वैसे-वैसे मिसाइल पैनल की होनेवाली बैठकें भी और ज्यादा होने लगीं तथा इस प्रकार मेरे और ग्रुप कैप्टन नारायणन के बीच निकटता भी बढ़ती चली गई।

सन् 1968 में प्रो. साराभाई थुंबा के अपने दौरे पर आए। उनको नोज-कॉन जेटिसनिंग मैकेनिज्म (रॉकेट के अग्रभाग को शेष ढाँचे से नियंत्रित विस्फोट करके अलग करने की प्रणाली) का संचालन करके दिखाया जाना था। हमेशा की तरह हम सब अपने काम के नतीजों को प्रो. साराभाई के साथ बाँटने के लिए उत्सुक थे। हमने प्रो. साराभाई से अनुरोध किया कि वह औपचारिक रूप से इस तापीय प्रणाली को टाइमर के माध्यम से शुरू करें। प्रो. साराभाई मुसकराए और बटन दबा दिया। लेकिन प्रणाली शुरू नहीं हुई। हम सब अवाक् रह गए। मैंने प्रमोद काले की तरफ देखा, जिसने टाइमर सर्किट को डिजाइन किया था और संचालन के लिए लगाया था। हम सारे लोग इस असफलता के कारणों का विश्लेषण करने में लग गए। हमने प्रो. साराभाई से कुछ मिनट प्रतीक्षा करने का अनुरोध किया। और तब हमने टाइमर युक्ति को हटा दिया तथा तापीय प्रणाली को सीधे ही सर्किट से जोड़ दिया। प्रो. साराभाई ने दोबारा बटन दबाया और तापीय प्रणाली शुरू हो गई। प्रो. साराभाई ने काले एवं मुझे बधाई दी; लेकिन उनके हाव-भाव से लग रहा था कि वह कुछ और सोच रहे हैं। हम अंदाज नहीं लगा पाए कि उनके दिमाग में क्या घूम रहा था। लेकिन असमंजस की यह स्थिति बहुत लंबे समय तक नहीं रही। प्रो. साराभाई के सचिव ने मुझे फोन कर रात के खाने के बाद महत्त्वपूर्ण बातचीत के लिए उनसे मिल लेने को कहा।

सन् 1968 में प्रो. साराभाई थुंबा के अपने दौरे पर आए। उनको नोज-कॉन जेटिसनिंग मैकेनिज्म (रॉकेट के अग्रभाग को शेष ढाँचे से नियंत्रित विस्फोट करके अलग करने की प्रणाली) का संचालन करके दिखाया जाना था। हमेशा की तरह हम सब अपने काम के नतीजों को प्रो. साराभाई के साथ बाँटने के लिए उत्सुक थे।

प्रो. साराभाई कोवलम पैलेस होटल में ठहरे हुए थे। वह जब भी त्रिवेंद्रम में होते, प्राय: यही उनका घर होता था। इस तरह बुलाए जाने से मैं थोड़ा घबराया हुआ सा था। प्रो. साराभाई ने मुझे गर्मजोशी के साथ बधाई दी। उन्होंने रॉकेट लांचिंग स्टेशन, वहाँ की सुविधाओं जैसे—लॉञ्च पैड, ब्लॉक हाउस, राडार, टेलीमीटरी और दूसरी चीजों के बारे में बात की। उसके बाद वह उस घटना पर आए जो उस दिन सुबह घटित हुई थी। यह ठीक वही थी जिसका मुझे डर था। प्रो. साराभाई ने यह निष्कर्ष नहीं निकाला था कि टाइमर में जो गड़बड़ी आ गई वह हमारे अपर्याप्त ज्ञान या कार्यकुशलता में कमी का नतीजा थी या निर्देशन को लेकर लोगों में आपसी समझ नहीं बन पाई थी, बल्कि इसके बजाय उन्होंने मुझसे पूछा कि क्या हम ऐसा काम करने में अनुत्साहित होते हैं, जिसमें कोई चुनौती नहीं हो। उन्होंने मुझसे यह देखने को भी कहा कि कहीं मेरे काम में संभवतया कोई ऐसी समस्या तो नहीं आ रही, जिसके बारे में मुझे अभी तक मालूम नहीं है। अंत में वह मुख्य विषय पर आए—'हमारे पास रॉकेट प्रणालियों तथा रॉकेट के विभिन्न चरणों को एक जगह व्यवस्थित करने के लिए कोई तंत्र नहीं है। विद्युत् एवं यांत्रिकी के क्षेत्र से संबंधित महत्त्वपूर्ण कार्य तो रहे हैं, लेकिन समय और काल के संदर्भ में ये दोनों एक-दूसरे से भिन्न हैं।' इसके बाद प्रो. साराभाई ने हमारे कार्यों को पुनर्मापित किया और सुबह ही रॉकेट इंजीनियरिंग सेक्शन बनाने का फैसला लिया गया।

प्रो. साराभाई कोवलम पैलेस होटल में ठहरे हुए थे। वह जब भी त्रिवेंद्रम में होते, प्राय: यही उनका घर होता था। इस तरह बुलाए जाने से मैं थोड़ा घबराया हुआ सा था। प्रो. साराभाई ने मुझे गर्मजोशी के साथ बधाई दी। उन्होंने रॉकेट लांचिंग स्टेशन, वहाँ की सुविधाओं जैसे—लॉञ्च पैड, ब्लॉक हाउस, राडार, टेलीमीटरी और दूसरी चीजों के बारे में बात की।

गलतियों की वजह से देरी हो सकती है या व्यक्ति अथवा संस्थान को अपने लक्ष्य हासिल कर पाने में बाधाएँ आ सकती हैं; लेकिन प्रो. साराभाई का मानना था कि गलतियाँ ही हमें अपने को सुधारने का अवसर प्रदान करती हैं और हमारे भीतर नए-नए विचार जन्म लेते हैं। यहाँ उनका संकेत टाइमर सर्किट

में आई गड़बड़ी को लेकर नहीं था और कम-से-कम इस बारे में तो उन्होंने हममें से किसीको भी दोषी नहीं ठहराया। गलतियाँ, भूल-चूक के मामले में प्रो. साराभाई हमेशा यह मानते थे कि इन्हें टाला नहीं जा सकता; लेकिन हाँ, इनपर नियंत्रण किया जा सकता है, सुधारा जा सकता है। अनुभवों से बाद में मैंने महसूस किया कि गलतियों को रोकने का सबसे अच्छा तरीका यही है कि उनके बारे में पहले से ही अनुमान लगा लिया जाए। लेकिन टाइमर की गड़बड़ी ने ही आश्चर्यजनक ढंग से नियति बदल दी और इसीके कारण रॉकेट इंजीनियरिंग लेबोरेटरी का जन्म हुआ।

मिसाइल पैनल की हर बैठक के बाद मैं इसकी पूरी जानकारी प्रो. साराभाई को दिया करता था। 30 दिसंबर, 1971 को दिल्ली में एक ऐसी ही बैठक में भाग लेकर मैं त्रिवेंद्रम लौट रहा था। एस.एल.वी. डिजाइन की समीक्षा करने के लिए प्रो. साराभाई उस दिन थुंबा का दौरा कर रहे थे। मैंने उन्हें दिल्ली हवाई अड्डे से ही टेलीफोन किया और मिसाइल पैनल की बैठक की खास-खास बातों के बारे में बताया। उन्होंने मुझे निर्देश दिया कि दिल्ली से लौटते वक्त मैं त्रिवेंद्रम हवाई अड्डे पर ही उनका इंतजार करूँ; क्योंकि उस रात ही प्रो. साराभाई को बंबई जाना था।

मिसाइल पैनल की हर बैठक के बाद मैं इसकी पूरी जानकारी प्रो. साराभाई को दिया करता था। 30 दिसंबर, 1971 को दिल्ली में एक ऐसी ही बैठक में भाग लेकर मैं त्रिवेंद्रम लौट रहा था। एस.एल.वी. डिजाइन की समीक्षा करने के लिए प्रो. साराभाई उस दिन थुंबा का दौरा कर रहे थे। मैंने उन्हें दिल्ली हवाई अड्डे से ही टेलीफोन किया और मिसाइल पैनल की बैठक की खास-खास बातों के बारे में बताया।

जब मैं त्रिवेंद्रम हवाई अड्डे पर उतरा, वातावरण में एक उदासी-सी फैली हुई थी। हवाई जहाज की सीढ़ी चलानेवाले ऑपरेटर कुट्टी ने भर्राई आवाज में मुझे बताया कि प्रो. साराभाई नहीं रहे। कुछ घंटे पहले ही दिल का दौरा पड़ने से उनका निधन हो गया। मुझे यह सुनकर गहरा सदमा लगा। हमारी बातचीत होने से घंटे भर के भीतर ही यह सबकुछ हो गया था। यह मेरे लिए जितना बड़ा आघात था उतना ही बड़ा नुकसान भारतीय विज्ञान के लिए था। सारी रात

प्रो. साराभाई के शव को अंतिम संस्कार के लिए विमान से अहमदाबाद ले जाने की तैयारियों में बीत गई।

पाँच साल तक, सन् 1966 से 1971 के बीच करीब बाईस वैज्ञानिकों एवं इंजीनियरों ने प्रो. साराभाई के साथ बहुत ही निकट रहकर काम किया था। इनमें से सभी ने बाद में महत्त्वपूर्ण वैज्ञानिक परियोजनाओं की जिम्मेदारी सँभाल ली थी। प्रो. साराभाई न सिर्फ एक महान् वैज्ञानिक थे बल्कि एक महान् नेतृत्व देनेवाले भी थे। मुझे अभी तक याद है, उन्होंने जून 1970 में एस.एल. वी.-3 की डिजाइन परियोजना की द्विमासिक प्रगति की जो समीक्षा की थी उसमें समीक्षा के लिए डिजाइन प्रदर्शित करने के चार चरण तैयार किए गए थे। पहले तीन प्रदर्शन तो आसानी से हो गए थे, चौथे चरण का प्रदर्शन मुझे करना था। मैंने उनसे अपनी टीम के उन पाँच सदस्यों का परिचय करवाया, जिन्होंने इस डिजाइन को तैयार करने में अपना योगदान दिया था। हरेक को आश्चर्य हुआ, टीम के हर सदस्य ने अपने हिस्से के काम का पूरे अधिकार एवं क्षमता के साथ प्रदर्शन करके बताया। बाद में इस प्रदर्शन पर लंबी चर्चा हुई और निष्कर्ष आया कि प्रगति संतोषजनक है।

पाँच साल तक, सन् 1966 से 1971 के बीच करीब बाईस वैज्ञानिकों एवं इंजीनियरों ने प्रो. साराभाई के साथ बहुत ही निकट रहकर काम किया था। इनमें से सभी ने बाद में महत्त्वपूर्ण वैज्ञानिक परियोजनाओं की जिम्मेदारी सँभाल ली थी। प्रो. साराभाई न सिर्फ एक महान् वैज्ञानिक थे बल्कि एक महान् नेतृत्व देनेवाले भी थे।

अचानक प्रो. साराभाई के साथ काम रहे एक वरिष्ठ वैज्ञानिक ने मुझसे पलटकर पूछा, 'ठीक है, आपकी परियोजना के काम का प्रदर्शन आपकी टीम के सदस्यों ने अपने काम के आधार पर किया है; लेकिन इस परियोजना के लिए आपने क्या किया है ?' यह पहला मौका था जब मैंने प्रो. साराभाई को नाराज होते देखा। उन्होंने अपने उस साथी वैज्ञानिक से कहा, 'आपको मालूम होना चाहिए कि परियोजना का प्रबंधन क्या होता है। हमने यह एक श्रेष्ठतम उदाहरण देखा है। टीम के काम का यह अनूठा प्रदर्शन था। मैंने हमेशा परियोजना को नेतृत्व देनेवाले जिस व्यक्ति को देखा है और जिसने शुद्ध रूप से यह काम किया है,

वह कलाम ही है।' मैं प्रो. साराभाई को भारतीय विज्ञान के महात्मा गांधी के रूप में देखता हूँ, जिन्होंने अपनी टीम के लोगों में नेतृत्व के गुण पैदा किए और उन्हें विचारों तथा उदाहरणों के माध्यम से हमेशा प्रेरित किया।

प्रो. एम.जी.के. मेनन के कुछ दिनों अंतरिम रूप से कामकाज चलाने के बाद प्रो. सतीश धवन को इसरो का नेतृत्व करने की जिम्मेदारी सौंपी गई। थुंबा परिसर में स्थित सभी संस्थानों—टी.ई.आर.एल.एस., द स्पेस साइंस एंड टेक्नोलॉजी सेंटर (एस.एस.टी.सी.), द रॉकेट प्रोपेलेंट प्लांट (आर.पी.पी.), द रॉकेट फैब्रीकेशन फैसिलिटी (आर.एफ.एफ.) और द प्रोपेलेंट फ्यूल कॉम्प्लेक्स (पी.एफ.सी.) को मिलाकर एक संपूर्ण अंतरिक्ष केंद्र बनाया गया और इसे विक्रम साराभाई स्पेस सेंटर (वी.एस.एस.सी.) नाम दिया गया। मशहूर धातु विज्ञानी डॉ. ब्रह्मप्रकाश वी.एस. एस.सी. के पहले निदेशक बने।

राटो प्रणाली का पहला सफल परीक्षण 8 अक्तूबर, 1972 को उत्तर प्रदेश में बरेली एयरफोर्स स्टेशन पर किया गया। इसका परीक्षण सुखोई-16 विमान पर किया गया था, जो एक हजार दो सौ मीटर बाद ही उड़ान भर गया था। जबकि यह विमान प्राय: दो किलोमीटर बाद उड़ान भरता था।

राटो प्रणाली का पहला सफल परीक्षण 8 अक्तूबर, 1972 को उत्तर प्रदेश में बरेली एयरफोर्स स्टेशन पर किया गया। इसका परीक्षण सुखोई-16 विमान पर किया गया था, जो एक हजार दो सौ मीटर बाद ही उड़ान भर गया था। जबकि यह विमान प्राय: दो किलोमीटर बाद उड़ान भरता था। इस परीक्षण में हमने छासठवीं राटो मोटर इस्तेमाल की थी। यह प्रदर्शन एयर मार्शल शिवदेव सिंह और रक्षामंत्री के वैज्ञानिक सलाहकार डॉ. बी.डी. नाग ने देखा था। कहा जाता है कि इस सफल प्रयास से देश की चार करोड़ रुपए की विदेशी मुद्रा के रूप में बचत हुई। इस प्रकार एक उद्योगपति वैज्ञानिक का सपना अंतत: फलीभूत हुआ था।

भारत में अंतरिक्ष अनुसंधान को शुरू करने की जिम्मेदारी लेने तथा भारतीय अंतरिक्ष अनुसंधान समिति का अध्यक्ष बनने से पहले प्रो. साराभाई ने कई सफल औद्योगिक प्रतिष्ठानों की स्थापना की थी। वे इस तथ्य से भलीभाँति

परिचित थे कि बिना उद्योगों के वैज्ञानिक शोध का कोई अर्थ नहीं रह जाता। प्रो. साराभाई ने साराभाई केमिकल्स, साराभाई ग्लास, साराभाई गायगी लिमिटेड, साराभाई मर्क लिमिटेड और साराभाई इंजीनियरिंग ग्रुप जैसे बड़े प्रतिष्ठान स्थापित किए। तिलहन से तेल निकालने के क्षेत्र में उनकी स्वास्तिक ऑयल मिल्स ने उल्लेखनीय काम किया है। साथ ही सिंथेटिक डिटरजेंट और सौंदर्य प्रसाधन सामान बनाने की यह कंपनी अग्रणी रही है। बड़े पैमाने पर पेनिसिलीन बनाने के लिए उन्होंने स्तरीय मानकोंवाली दवा कंपनी शुरू की और उसे आगे बढ़ाया। अब राटो के स्वदेशीकरण के उनके मिशन ने सैनिक सामान एवं उपकरणों के निर्माण के क्षेत्र में स्वदेशी भावना विकसित कर देश को एक नई दिशा दी थी, जिससे विदेशी मुद्रा के रूप में करोड़ों रुपए की बचत हुई। जिस दिन राटो प्रणाली का सफल परीक्षण हुआ उस दिन मुझे यह सब याद आ रहा था। परीक्षण के खर्चों को मिलाकर भी इस पूरी परियोजना पर पच्चीस लाख रुपए से भी कम का खर्च आया था। भारतीय राटो मोटर की उत्पादन लागत सत्रह हजार रुपए प्रति मोटर आई थी; जबकि एक आयातित राटो मोटर की कीमत तैंतीस हजार रुपए बैठती थी।

विक्रम साराभाई स्पेस सेंटर में एस.एल.वी. परियोजना पर पूरे जोर-शोर से काम चल रहा था। सारी उपप्रणालियाँ विकसित कर ली गई थीं। तकनीकियों को समझकर उनका प्रयोग किया गया था। प्रक्रियाएँ स्थापित हो चुकी थीं। कार्यकेंद्र चुन लिये गए थे तथा कार्यक्रम तैयार किए जा चुके थे। समस्या सिर्फ इतनी बड़ी परियोजना के प्रबंध तंत्र को प्रभावशाली ढंग से चलाने में आ रही थी। बड़ी संख्या में केंद्र थे और सबका अपना-अपना काम एवं प्रबंधन था। ऐसे में इस बड़ी परियोजना में सभी का

विक्रम साराभाई स्पेस सेंटर में एस.एल.वी. परियोजना पर पूरे जोर-शोर से काम चल रहा था। सारी उपप्रणालियाँ विकसित कर ली गई थीं। तकनीकियों को समझकर उनका प्रयोग किया गया था। प्रक्रियाएँ स्थापित हो चुकी थीं। कार्यकेंद्र चुन लिये गए थे तथा कार्यक्रम तैयार किए जा चुके थे। समस्या सिर्फ इतनी बड़ी परियोजना के प्रबंध तंत्र को प्रभावशाली ढंग से चलाने में आ रही थी।

तालमेल कैसे बैठाया जाए, यही एकमात्र उलझन थी।

डॉ. ब्रह्मप्रकाश के साथ विचार-विमर्श के बाद प्रो. धवन ने मुझे इस काम के लिए चुना। मैं एस.एल.वी. का परियोजना प्रबंधक नियुक्त किया गया। मेरा पहला काम एक परियोजना प्रबंधन योजना तैयार करना था। मैं आश्चर्यचकित था कि जब गवरीकर, मुथुनायगम, कुरुप जैसे लोग मौजूद हैं तब भी मुझे ही इस काम के लिए क्यों चुना गया? जब ईश्वरदास, अर्वामुदन और एस.सी. गुप्ता जैसे दिग्गज प्रबंधक संस्थान में उपलब्ध हैं तो मैं कैसे अच्छा काम कर सकूँगा? मैंने अपनी शंकाओं के बारे में साफ-साफ डॉ. ब्रह्मप्रकाश से इस बारे में बात की। उन्होंने मुझसे कहा कि यह मत देखो कि दूसरों की तुलना में तुम्हारे भीतर कितनी क्षमता है, बल्कि इसकी बजाय अपनी योग्यताएँ बढ़ाने की कोशिश करो।

डॉ. ब्रह्मप्रकाश ने मुझे इस बात का ध्यान रखने का सुझाव दिया कि काम में कहीं कोई कमी न रहे और इस बात के लिए चेताया कि मैं इस परियोजना में लगे दूसरे केंद्रों के पूरी तरह बेहतर ढंग से काम कराऊँ। 'प्रत्येक व्यक्ति एस.एल.वी. से संबंधित अपना-अपना सृजन करेगा। तुम्हारी समस्या पूरी एस.एल. वी. परियोजना को पूरा करने में इसरो पर निर्भर रहने को लेकर हो रही है।

डॉ. ब्रह्मप्रकाश ने मुझे इस बात का ध्यान रखने का सुझाव दिया कि काम में कहीं कोई कमी न रहे और इस बात के लिए चेताया कि मैं इस परियोजना में लगे दूसरे केंद्रों के पूरी तरह बेहतर ढंग से काम कराऊँ। 'प्रत्येक व्यक्ति एस.एल. वी. से संबंधित अपना-अपना सृजन करेगा। तुम्हारी समस्या पूरी एस.एल. वी. परियोजना को पूरा करने में इसरो पर निर्भर रहने को लेकर हो रही है। एस.एल.वी. मिशन बड़ी संख्या में लोगों की भागीदारी से ही पूरा हो पाएगा। तुम्हें सहनशीलता एवं धैर्य रखना होगा।' उन्होंने कहा। इससे मुझे वह याद आ गया जो मेरे पिताजी सही व गलत में फर्क करने के लिए मुझे 'कुरान' से पढ़कर सुनाया करते थे—'हमने तुम्हारे सामने कोई ईश्वर का शिष्य नहीं भेजा है, जो खाता नहीं है या बाजार के चौराहे तक नहीं जाता है। हम एक-दूसरे के माध्यम से तुम्हारी परीक्षा लेते हैं। क्या तुम धैर्य नहीं रखोगे?'

ऐसी स्थितियों में आनेवाले विरोधाभासों के बारे में मैं अनजान नहीं था। टीम का नेतृत्व करनेवाले लोगों में इन दो में से एक बात जरूर पाई जाती है—कुछ लोगों के लिए कार्य ही सर्वाधिक महत्त्वपूर्ण प्रयोजन होता है और कुछ लोगों के लिए उनके साथ काम करनेवाले ही हितपोषक होते हैं। कुछ लोग ऐसे होते हैं जो या तो इन दोनों स्थितियों के बीच फँसे होते हैं या फिर इससे बाहर हो जाते हैं। मेरा काम ऐसे लोगों से बचाव करना या कहें, उन्हें टालना था, जो न तो काम में रुचि ले रहे थे, न काम करनेवाले लोगों में। मुझे लोगों को ऐसी स्थिति से बचाना था और ऐसा माहौल एवं परिस्थितियाँ तैयार करनी थीं जिसमें कार्य और कार्यकर्ता दोनों साथ-साथ रहें। मैंने अपनी टीम को एक समूह के रूप में तैयार किया, जिसमें हर सदस्य अपने काम एवं अनुभव से दूसरे को समृद्ध करता और इस तरह सब लोग खुशी-खुशी मिलकर काम करते।

एस.एल.वी. परियोजना के प्राथमिक कार्यों में मानक एस.एल.वी.-3 प्रणाली का डिजाइन तैयार करने, विकास करने तथा उसके संचालन करने का काम था। ताकि इससे चालीस किलोग्राम भार के उपग्रह को चार सौ किलोमीटर की वृत्ताकार कक्षा में स्थापित करने का विशेष मिशन पूरा किया जा सके।

एस.एल.वी. परियोजना के प्राथमिक कार्यों में मानक एस.एल.वी.-3 प्रणाली का डिजाइन तैयार करने, विकास करने तथा उसके संचालन करने का काम था। ताकि इससे चालीस किलोग्राम भार के उपग्रह को चार सौ किलोमीटर की वृत्ताकार कक्षा में स्थापित करने का विशेष मिशन पूरा किया जा सके।

पहले कदम के रूप में मैंने परियोजना के प्राथमिक लक्ष्यों को बड़े कार्यों में परिवर्तित किया। ऐसा ही एक बड़ा काम यान के चार चरणों के लिए रॉकेट मोटर प्रणाली विकसित करने का था। इस काम के पूरा होने में जो गंभीर समस्याएँ आ रही थीं वह 8.6 टन वजन की एक रॉकेट मोटर प्रणाली तैयार करने की थी। दूसरा काम यान के नियंत्रण एवं मार्गदर्शन को लेकर था। इसमें पहले, दूसरे और तीसरे चरण के लिए तीन तरह की नियंत्रण प्रणालियाँ शामिल थीं—एयरोडायनामिक सरफेस कंट्रोल (वायुगतिकीय भू-नियंत्रण), थ्रस्ट वेक्टर कंट्रोल और रिएक्शन कंट्रोल।

चौथे चरण के लिए स्पिन अप मैकेनिज्म (स्पिन अप प्रक्रिया) थी। फिर भी दूसरा बड़ा काम श्रीहरिकोटा में यान प्रक्षेपण सुविधाएँ विकसित करने का था। मार्च 1973 में सभी उड़ान परीक्षण चौंसठ महीने के भीतर पूरा करने का लक्ष्य तय किया गया।

मैंने नए नीतिगत फैसलों, स्वीकृत प्रबंधन योजना एवं परियोजना रिपोर्ट के दायरे में परियोजना शुरू करने की जिम्मेदारी सँभाल ली। साथ ही परियोजना के बजट को भी ध्यान में रखा और उन अधिकारों को भी हाथ में लिया जो संस्थान के निदेशक डॉ. ब्रह्मप्रकाश ने मुझे दिए थे। डॉ. ब्रह्मप्रकाश ने चार परियोजना सलाहकार समितियाँ बना दी थीं। इन समितियों का काम कुछ विशिष्ट क्षेत्रों जैसे—रॉकेट, मोटर सामान व निर्माण, नियंत्रण व मार्गदर्शन, इलेक्ट्रॉनिक व प्रक्षेपण आदि में मुझे सलाह देने का था। विलक्षण वैज्ञानिकों—डी.एस. राणे, मुथुनायगम, टी.एस. प्रह्लाद, ए.आर. आचार्य, एस.सी. गुप्ता और सी.एल. अंबा राव के मार्गदर्शन को लेकर मैं पूरी तरह आश्वस्त था।

मैंने नए नीतिगत फैसलों, स्वीकृत प्रबंधन योजना एवं परियोजना रिपोर्ट के दायरे में परियोजना शुरू करने की जिम्मेदारी सँभाल ली। साथ ही परियोजना के बजट को भी ध्यान में रखा और उन अधिकारों को भी हाथ में लिया जो संस्थान के निदेशक डॉ. ब्रह्मप्रकाश ने मुझे दिए थे।

परियोजना का काम शुरू करने के लिए हमने तीन समूह बनाए। पहला—कार्यक्रम प्रबंधन समूह, दूसरा—एकीकरण एवं उड़ान परीक्षण समूह और तीसरा—उपप्रणालियाँ विकसित करने के लिए समूह। पहले समूह को एस.एल.वी.-3 से संबंधित सारे प्रशासनिक मामले देखने की जिम्मेदारी सौंपी गई। परियोजना प्रबंधन में प्रशासन, योजना एवं मूल्यांकन, उपप्रणालियों का विनिर्देशन, सामान, निर्माण, गुणवत्ता निर्धारण और नियंत्रण भी शामिल था। एकीकरण एवं उड़ान परीक्षण समूह को एस.एल.वी.-3 के एकीकरण और उड़ान परीक्षण के लिए जरूरी सुविधाएँ विकसित करने का काम दिया गया था। साथ ही इस समूह से यान की यांत्रिकीय और वायुगतिकीय समस्याओं सहित यान के बारे में एक विश्लेषण भी तैयार करने को कहा गया था। तीसरे, यानी उपप्रणालियाँ विकसित करनेवाले समूह को वी.एस.एस.सी.

के विभिन्न डिवीजनों के बीच तालमेल स्थापित करने की जिम्मेदारी दी गई। साथ ही विभिन्न उपप्रणालियों के विकास में आनेवाली तकनीकी दिक्कतों को इन डिवीजनों में उपलब्ध प्रतिभावान् लोगों की मदद से दूर करने का भी काम इस समूह को दिया गया था।

एस.एल.वी.-3 परियोजना के लिए मैंने दो सौ पचहत्तर इंजीनियरों और वैज्ञानिकों की जरूरत बताई थी। लेकिन इसमें से मुझे सिर्फ पचास ही मिल पाए। अगर मैंने इतनी ज्यादा कोशिशें नहीं की होतीं तो परियोजना शुरू नहीं हो पाती। कुछ नौजवान इंजीनियरों जैसे—एम.एस.आर. देव, माधवन नायर, एस. श्रीनिवासन, यू.एस. सिंह, सुंदरराजन, अब्दुल मजीद, वेद प्रकाश संडलास, नंबूदरि, शशि कुमार एवं शिवाथानु पिल्लै ने काम को तेजी से और दक्षतापूर्वक करने के लिए खुद ही अपने बुनियादी नियम बनाए तथा व्यक्तिगत स्तर पर और टीम के स्तर पर अनूठे परिणाम दिए। ये लोग अपनी सफलता का जश्न एक साथ ही मनाते थे—आपस में एक-दूसरे की तारीफ करके। इससे एक अच्छी नैतिकता विकसित हुई, जिससे सदमों से उबरने में मदद मिलती और घंटों के तनाव भरे काम के बाद व्यक्ति पुनः ऊर्जावान बनता।

एस.एल.वी.-3 परियोजना टीम का हर सदस्य अपने क्षेत्र में विशेषज्ञ था। इसलिए यह स्वाभाविक ही था कि हर सदस्य अपनी आजादी की कीमत को भी समझता था। इसलिए ऐसे विशेषज्ञों के काम के प्रबंधन में टीम के नेता को बहुत ही संतुलित होकर चलना पड़ता था। सदस्यों के काम में नियमित रूप से सक्रिय रुचि बनाए रखना जरूरी था और दूसरी ओर सदस्यों में विश्वास बनाए रखने की भी जिम्मेदारी थी तथा वे अपनी भूमिका निभा सकें, इसके लिए उनकी स्वायत्तता की आवश्यकता को भी पूरा करना था।

एस.एल.वी.-3 परियोजना टीम का हर सदस्य अपने क्षेत्र में विशेषज्ञ था। इसलिए यह स्वाभाविक ही था कि हर सदस्य अपनी आजादी की कीमत को भी समझता था। इसलिए ऐसे विशेषज्ञों के काम के प्रबंधन में टीम के नेता को बहुत ही संतुलित होकर चलना पड़ता था। सदस्यों के काम में नियमित रूप से सक्रिय रुचि बनाए रखना जरूरी था और

दूसरी ओर सदस्यों में विश्वास बनाए रखने की भी जिम्मेदारी थी तथा वे अपनी भूमिका निभा सकें, इसके लिए उनकी स्वायत्तता की आवश्यकता को भी पूरा करना था। अगर टीम का नेता नियमित रूप से काम में सक्रिय रुचि बनाए रखे तो वह दखल देने जैसा लगता है। अगर स्वायत्तता देने की अवधारणा पर चले तो इससे आभास होता है कि वह जिम्मेदारियों से भाग रहा है या फिर रुचि नहीं ले रहा है। आज एस.एल.वी.-3 की टीम के सदस्य देश के सर्वाधिक प्रतिष्ठित वैज्ञानिक कार्यक्रमों का नेतृत्व कर रहे हैं। एम.एस.आर. देव ए.एस.एल.वी. परियोजना के प्रमुख बने, माधवन नायर पी.एस.एल.वी. परियोजना के मुखिया हैं और संडलास एवं शिवथानु पिल्लै डी.आर.डी.ओ. मुख्यालय में मुख्य नियंत्रक हैं। इनमें से हर व्यक्ति अपने कठोर परिश्रम और दृढ़ इच्छाशक्ति से ही शीर्ष पर पहुँच पाया है। वास्तव में यह एक विलक्षण टीम थी।

□

: सात :

एस.एल.वी.-3 परियोजना के नेतृत्व की जिम्मेदारी सँभालते हुए मुझे कई जरूरी एवं परस्पर विरोधी माँगों का सामना करना पड़ा; जैसे—कमेटी के काम से संबंधित, सामान-उपकरणों के प्रबंध, पत्र-व्यवहार, समीक्षाएँ, ब्रीफिंग तथा विभिन्न विषयों पर सूचनाएँ उपलब्ध कराने की जरूरत।

मेरे दिन की शुरुआत करीब दो किलोमीटर के प्रात:कालीन भ्रमण से होती। सुबह घूमने के दौरान ही मैं दिन भर का कार्यक्रम बना लिया करता था। मेरा जोर इसपर रहता था कि दिन भर में दो या तीन काम निश्चित रूप से पूरे कर लिये जाएँ और इसमें कम-से-कम एक काम ऐसा होता, जो लंबी अवधि के लक्ष्यों से संबंधित होता था। दफ्तर में एक बार मैं अपनी टेबल जरूर साफ करता था। पहले दस मिनट के भीतर मैं सभी कागजात देखकर उनको अलग-अलग कर लेता—वे कागज जिनपर तुरंत कार्यवाही करनी है, प्राथमिकता की दृष्टि से कम महत्त्वपूर्ण कागज, ऐसे कागज जिनका काम अधूरा पड़ा है और पढ़ने की सामग्री अलग। इसके बाद मैं सर्वाधिक महत्त्वपूर्ण कागजों को अपने सामने रखता और दूसरी चीजों को अलग किनारे रख देता।

एस.एल.वी.-3 के डिजाइन के दौरान करीब दो सौ पचास उप-भाग और चालीस बड़ी उपप्रणालियाँ तैयार की गई थीं। सामान की सूची में दस लाख से ज्यादा छोटे-बड़े कल-पुरजे शामिल थे। सात से दस साल की अवधिवाले इस जटिल कार्यक्रम को सुचारु रूप से संचालित करने के लिए एक परियोजना कार्यान्वयन रणनीति बनानी जरूरी हो गई थी। अपनी तरफ से प्रो. सतीश धवन एक बयान जारी करके स्पष्ट रूप से यह कह चुके थे कि वी.एस.एस.सी. और श्रीहरिकोटा में काम करनेवाले लोगों और पैसे का नियंत्रण हमारे हाथ में रहेगा।

अपनी ओर से हमने ऐसी प्रबंध व्यवस्था अपनाई थी कि उसमें तीन सौ से ज्यादा कंपनियों के उत्पाद लिये जाने थे। इसके पीछे उद्देश्य यह था कि हमारी परियोजना की वजह से इन कंपनियों की तकनीक में और विकास हो। मैंने अपने साथियों के सामने तीन बातों पर ज्यादा जोर दिया था—डिजाइन क्षमता का महत्त्व, लक्ष्य निर्धारण तथा उसकी उपलब्धि और झटकों को बरदाश्त करने की क्षमता पैदा करना। मैं अब एस.एल.वी.-3 परियोजना प्रबंधन के श्रेष्ठ पक्षों पर विस्तार से कुछ कहूँ, उससे पहले मैं एस.एल.वी.-3 के बारे में बताना चाहता हूँ।

प्रक्षेपण यान का वर्णन मानवाकार में करना दिलचस्प होगा। यान का जो मुख्य यांत्रिकीय ढाँचा है, इसकी कल्पना मानव शरीर के रूप में कर सकते हैं। यान का जो हिस्सा नियंत्रण एवं मार्गदर्शन संबंधी प्रणालियों को संचालित करता है, उसकी कल्पना मानव के मस्तिष्क के रूप में की जाती है। यान का यह मस्तिष्क इलेक्ट्रॉनिक प्रणालियों से युक्त होता है। इसी प्रकार उसकी भुजाएँ प्रणोदन के रूप में होती हैं। कैसे बनाए जाते हैं ये? इनको बनाने में कौन-कौन सा सामान आवश्यक होता है और कौन-कौन सी तकनीकें इस्तेमाल की जाती हैं?

प्रक्षेपण यान का वर्णन मानवाकार में करना दिलचस्प होगा। यान का जो मुख्य यांत्रिकीय ढाँचा है, इसकी कल्पना मानव शरीर के रूप में कर सकते हैं। यान का जो हिस्सा नियंत्रण एवं मार्गदर्शन संबंधी प्रणालियों को संचालित करता है, उसकी कल्पना मानव के मस्तिष्क के रूप में की जाती है। यान का यह मस्तिष्क इलेक्ट्रॉनिक प्रणालियों से युक्त होता है।

प्रक्षेपण यान के निर्माण में धात्विक एवं अधात्विक दोनों प्रकार के पदार्थ काम में लाए जाते हैं। इसमें सम्मिश्र पदार्थ और सिरामिक भी शामिल हैं। धातुओं में विभिन्न प्रकार का स्टेनलैस स्टील तथा अल्युमिनियम, मैग्नीशियम, टाइटेनियम, कॉपर, बेरिलियम, टंगस्टन व मोलिब्डेनम के अयस्क काम में लाए जाते हैं। सम्मिश्र पदार्थ दो या दो से अधिक मिश्रणों अथवा संयोजन का ऐसा संघटित रूप होते हैं जो अपने रूप एवं पदार्थ संरचना में एक-दूसरे से भिन्न होते हैं तथा एक-दूसरे में घुलनशील नहीं होते। कुछ पदार्थ धात्विक, कार्बनिक या अकार्बनिक हो सकते हैं; जबकि

कुछ पदार्थों की संरचना असीमित होती है। प्रक्षेपण यान के निर्माण में सबसे जटिल सम्मिश्र संरचनात्मक अवयवों से बने होते हैं। प्लास्टिक के सम्मिश्रों को मजबूती प्रदान करने के लिए हमने कई किस्मों के ग्लास फाइबर (काँच के तंतु) इस्तेमाल किए और पॉलीमाइड्स एवं कार्बन यौगिकों के प्रयोग के लिए रास्ता खोला। सिरामिक पारदर्शी माइक्रोवेव में विशिष्ट तरीके से मिट्टी से तैयार किए पदार्थ होते हैं। हमने सिरामिक के इस्तेमाल पर विचार किया था; लेकिन तब तकनीकी सीमाएँ होने की वजह से इसे अस्वीकार कर दिया गया था।

यांत्रिकी विधियों के जरिए ये पदार्थ हार्डवेयर में तब्दील किए जाते हैं। दरअसल इंजीनियरिंग की जितनी भी शाखाएँ हैं, जिनका रॉकेट विज्ञान में सीधा प्रयोग होता है, उनमें मैकेनिकल इंजीनियरिंग सबसे ज्यादा महत्त्वपूर्ण है। यह एक परिष्कृत प्रणाली होने, जैसे तरल इंजन हो या हार्डवेयर का कोई हिस्सा हो, से इसके निर्माण में मैकेनिकल इंजीनियरों और उत्कृष्ट मशीनों की जरूरत होती है। हमने भी कुछ महत्त्वपूर्ण तकनीकियाँ जैसे—निम्न अयस्कवाले स्टेनलैस स्टील के लिए वेल्डिंग टेक्नोलॉजी, विद्युत् चिनगारी (स्पार्क) से धातु की कटाई (मशीनिंग) और अति सूक्ष्म पुरजों की बनवाई (फैब्रीकेशन) के लिए नई स्वदेशी तकनीकें विकसित करने का फैसला किया। अपने यहाँ ही हमने कुछ और जरूरी मशीनें बनाने का भी फैसला किया था, जैसे—दो सौ चौवन लीटर क्षमता का ऊर्ध्वाधर सम्मिश्रक। हमारी कई उपप्रणालियाँ इतनी व्यापक एवं जटिल थीं कि इनके लिए काफी पैसे की जरूरत थी। बिना किसी हिचकिचाहट के हमने निजी क्षेत्र के उद्योगों से बातचीत की और ठेके पर आधारित प्रबंधन योजनाएँ शुरू कीं, जो आगे चलकर विज्ञान एवं टेक्नोलॉजी के क्षेत्र में व्यवसाय

यांत्रिकी विधियों के जरिए ये पदार्थ हार्डवेयर में तब्दील किए जाते हैं। दरअसल इंजीनियरिंग की जितनी भी शाखाएँ हैं, जिनका रॉकेट विज्ञान में सीधा प्रयोग होता है, उनमें मैकेनिकल इंजीनियरिंग सबसे ज्यादा महत्त्वपूर्ण है। यह एक परिष्कृत प्रणाली होने, जैसे तरल इंजन हो या हार्डवेयर का कोई हिस्सा हो, से इसके निर्माण में मैकेनिकल इंजीनियरों और उत्कृष्ट मशीनों की जरूरत होती है।

करनेवाले संगठनों के लिए एक रूपरेखा के रूप में स्थापित हुईं।

अब हम एस.एल.वी. के जीवन की बात पर आते हैं। एस.एल.वी. में एक जटिल विद्युतीय परिपथ प्रणाली स्थापित की जाती है, जो इसके यांत्रिकी ढाँचे को गति के लिए शक्ति प्रदान करती है। इस प्रकार मशीनों एवं उपकरणों को सामान्य रूप से बिजली सप्लाई होती है। यह ठीक इसी प्रकार है जैसे वैमानिकी शोध में निर्देशन एवं नियंत्रण प्रणालियों को सामूहिक रूप से रखा जाता है। वैमानिकी प्रणालियों में डिजिटल इलेक्ट्रॉनिक्स, माइक्रोवेव राडार, राडार ट्रांसपोंडर, जड़त्वीय घटकों एवं प्रणालियों से संबंधित विकास की कोशिशें वी.एस.एस.सी. में पहले से ही चल रही थीं। एस.एल.वी. की इस स्थिति के बारे में जानना बहुत ही महत्त्वपूर्ण है, जब यह उड़ान की स्थिति में होता है। दबाव, प्रणोदन, स्पंदन, त्वरण आदि भौतिक अवस्थाओं के माप के लिए विभिन्न किस्मों के ट्रांसड्यूसरों के विकास का काम एस.एल.वी. पर काम के दौरान ही शुरू हुआ। ट्रांसड्यूसर यान के इन भौतिक मापों को विद्युतीय संकेतों में परिवर्तित कर देते हैं। इसके बाद यान पर लगी दूरमापीय प्रणाली इन संकेतों को ग्रहण करके इन्हें रेडियो तरंगों के रूप में पृथ्वी पर स्थित केंद्रों को भेज देती है। यहाँ ये संकेत प्राप्त किए जाते हैं और इनके विश्लेषण के बाद वापस मूल सूचना के रूप में ट्रांसड्यूसरों द्वारा एकत्रित कर लिये जाते हैं। अगर यह प्रणाली डिजाइन के अनुरूप काम करती है तो इसमें चिंता की कोई बड़ी बात नहीं होती। लेकिन यदि इसमें कुछ गड़बड़ी हो जाती है तो ऐसे में यान को रोकने के लिए नष्ट कर देना चाहिए, जिससे कोई बहुत बड़ी अप्रत्याशित गड़बड़ियाँ न हो जाएँ। इसलिए सुरक्षा निश्चित करने

अब हम एस.एल.वी. के जीवन की बात पर आते हैं। एस.एल.वी. में एक जटिल विद्युतीय परिपथ प्रणाली स्थापित की जाती है, जो इसके यांत्रिकी ढाँचे को गति के लिए शक्ति प्रदान करती है। इस प्रकार मशीनों एवं उपकरणों को सामान्य रूप से बिजली सप्लाई होती है। यह ठीक इसी प्रकार है जैसे वैमानिकी शोध में निर्देशन एवं नियंत्रण प्रणालियों को सामूहिक रूप से रखा जाता है।

के लिए एक विशेष प्रकार की दूर नियंत्रण प्रणाली विकसित की गई, ताकि गड़बड़ी की स्थिति में रॉकेट से नष्ट किया जा सके, एस.एल.वी. की परास (रेंज) और स्थिति का पता लगाने के लिए इंटरफैरोमीटर प्रणाली विकसित की गई। एस.एल.वी. परियोजना में स्वदेशी अनुक्रमापी (सीक्वेंसर्स) के विकास का भी काम शुरू किया गया। इनका उपयोग प्रज्वलन चरणों को अलग करना, यान से जुड़े कार्यक्रम—जो रॉकेट विज्ञानियों के लिए सूचनाएँ इकट्ठी करते हैं—तथा ऑटो पायलट इलेक्ट्रॉनिक्स प्रणाली, जो वाहन को पूर्व निर्धारित पथ पर संचालित करती है, जैसे कार्यों में होता है।

जब तक पूरी प्रणाली को गति देने के लिए ऊर्जा नहीं दी जाती प्रक्षेपण यान तब तक जमीन पर ही रहता है। यह प्रोपेलेंट (ईंधन) ज्वलनशील पदार्थ के रूप में होता है, जो ऊष्मा पैदा करता है तथा यान को बढ़ाने के लिए रॉकेट इंजन में बल उत्पन्न करता है। यह ऊर्जा के स्रोत तथा ज्वलनशील पदार्थ, दोनों के रूप में काम करता है। रॉकेट इंजनों में प्रोपेलेंट का सामान्य तौर पर जो अर्थ होता है, वह उसे गति देने के लिए इस्तेमाल किए जानेवाले रासायनिक पदार्थों से है।

जब तक पूरी प्रणाली को गति देने के लिए ऊर्जा नहीं दी जाती प्रक्षेपण यान तब तक जमीन पर ही रहता है। यह प्रोपेलेंट (ईंधन) ज्वलनशील पदार्थ के रूप में होता है, जो ऊष्मा पैदा करता है तथा यान को बढ़ाने के लिए रॉकेट इंजन में बल उत्पन्न करता है। यह ऊर्जा के स्रोत तथा ज्वलनशील पदार्थ, दोनों के रूप में काम करता है। रॉकेट इंजनों में प्रोपेलेंट का सामान्य तौर पर जो अर्थ होता है, वह उसे गति देने के लिए इस्तेमाल किए जानेवाले रासायनिक पदार्थों से है।

साधारण तौर पर ईंधनों को दो वर्गों में बाँट सकते हैं—ठोस एवं तरल। हमने ठोस ईंधनों पर ध्यान केंद्रित किया। ठोस ईंधन के मुख्य रूप से तीन घटक होते हैं—ऑक्सीडाइजर, ईंधन और संयोगी पदार्थ। ठोस ईंधनों को भी दो वर्गों में बाँटा जा सकता है—कंपोजिट ईंधन और डबलबेस ईंधन। कंपोजिट ईंधन में ऑक्सीडाइजर या फिर अकार्बनिक पदार्थ जैसे अमोनियम परकोलेट होते हैं और ये कार्बनिक ईंधन जैसे सिंथेटिक रबर

पिता जैनुलाबदीन

पक्षी लक्ष्मण शास्त्री

मसजिदवाली गली स्थित मेरे उस मकान का परिदृश्य, जहाँ मेरा बचपन गुजरा

भगवान् शिव का वह प्राचीन मंदिर, जहाँ हजारों श्रद्धालु दूर-दूर से आते थे। इसी गली में स्थित अपने छोटे भाई कासिम मुहम्मद की दुकान पर मैं प्रायः आकर उसकी मदद करता था

हमारे मुहल्ले की यह पुरानी मसजिद, जहाँ मेरे पिताजी मुझे और मेरे भाइयों को शाम की नमाज के लिए ले जाते थे

मेरे बड़े भाई मुस्तफा कलाम के मित्र एस.टी.आर. मणिक्कम (इनसेट में) का घर, जिसमें उन्होंने अनेक उपयोगी पुस्तकें संगृहीत कर रखी थीं। और वहाँ से मैं पढ़ने के लिए पुस्तकें लेता था

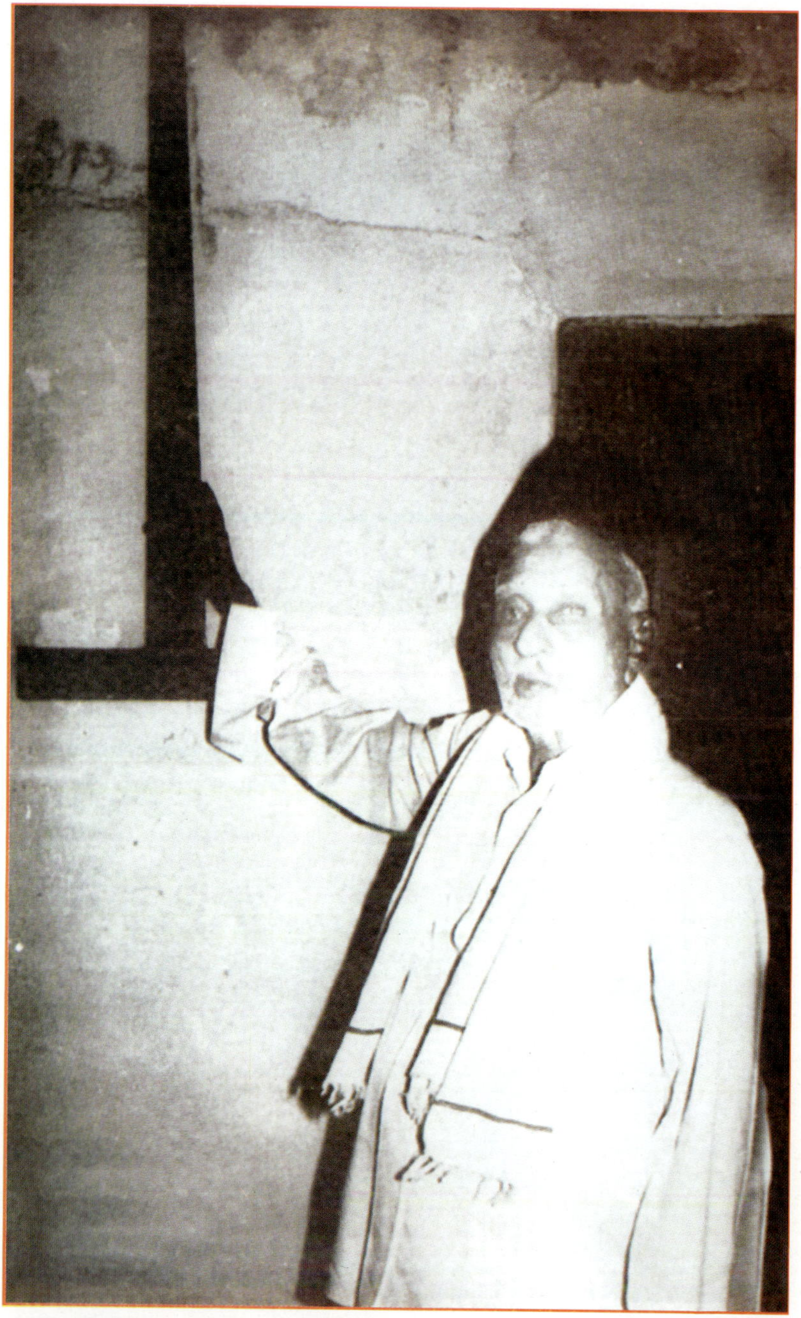

इंजीनियरिंग पढ़ते हुए मेरे द्वारा प्रयुक्त टी–स्क्वायर की ओर इशारा करते हुए मेरे भाई

परिवार के सदस्यों का मिलन

रामनाथपुरम् के श्वार्ट्ज हाई स्कूल का बाहरी दृश्य। दीवार पर लगे पट्ट पर अंकित है—
'अपना समय व्यर्थ न जाने दो। जो वक्त बीत गया, उसे सोना देकर भी वापस नहीं खरीद सकते।'

श्वार्ट्ज हाई स्कूल के मेरे गुरुजन—अयादुरै सोलोमन (बाएँ खड़े हुए) तथा
रामकृष्ण अय्यर (दाहिनी ओर बैठे हुए)

थुंबा के ईसाई समुदाय द्वारा प्रदत्त वह चर्च, जो स्पेस रिसर्च सेंटर का प्रथम कार्यालय बना

ए.डी.ई. बंगलौर द्वारा विकसित दो इंजनोंवाले हॉवरक्राफ्ट 'नंदी' का प्रथम प्रारूप

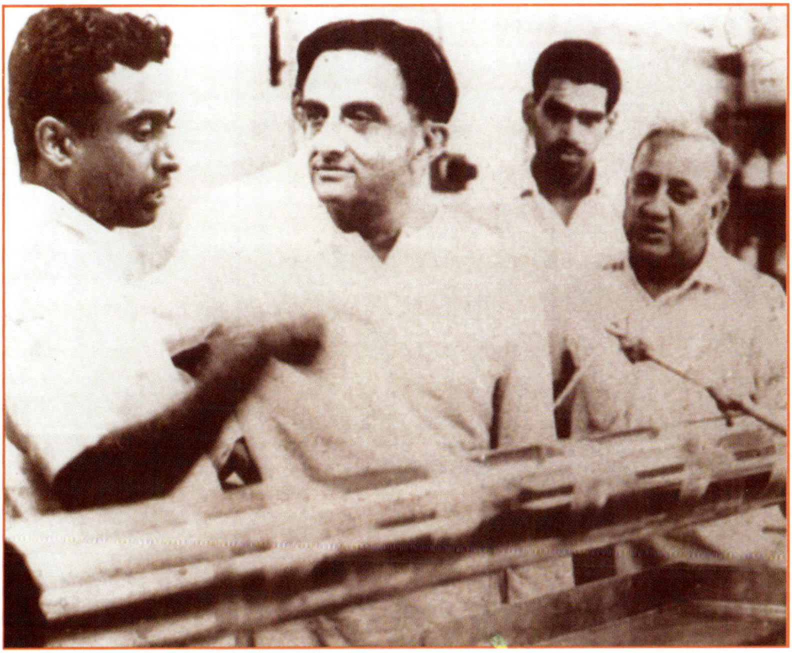

प्रो. विक्रम साराभाई के साथ—थुंबा में

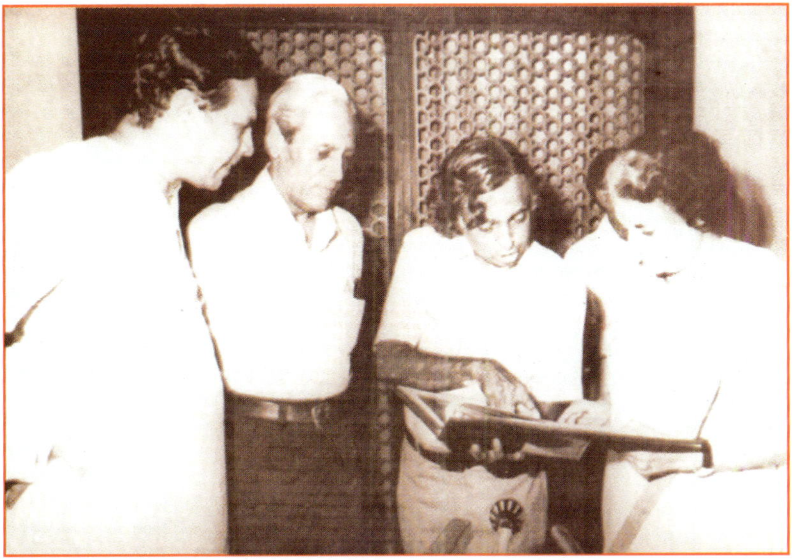

प्रो. सतीश धवन और मैं तत्कालीन प्रधानमंत्री श्रीमती इंदिरा गांधी को एस.एल.वी.-3 के परिणामों की जानकारी देते हुए

भारतीय अंतरिक्ष अनुसंधान के दो गुरुओं—प्रो. सतीश धवन एवं डॉ. ब्रह्मप्रकाश के साथ एस.एल.वी.-3 की समीक्षा बैठक में

मेरी एस.एल.वी.-3 टीम के एक सदस्य द्वारा एक प्रस्तुति

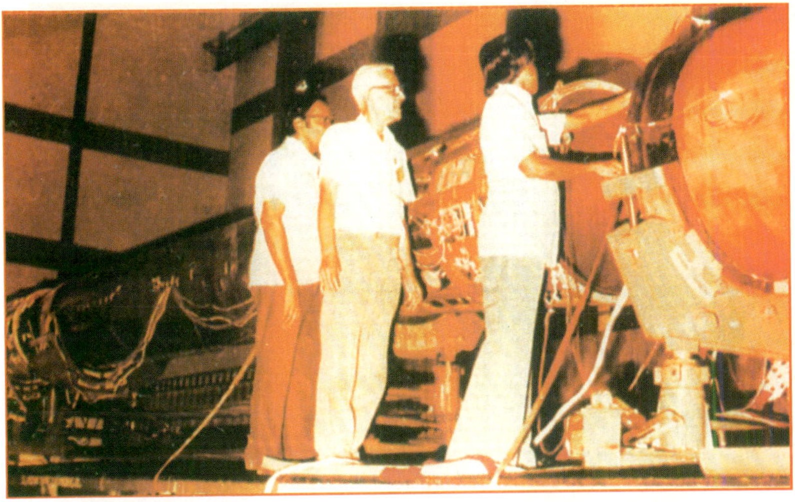

एस.एल.वी.-3 के समाकलन के अंतिम चरण का निरीक्षण करते हुए डॉ. ब्रह्मप्रकाश

'अग्नि' के सफल प्रक्षेपण के बाद आनंदित व उत्साहित जनसमूह ने कंधों पर उठा लिया

लॉञ्च पैड पर अग्नि

राष्ट्रपति डॉ. नीलम संजीव रेड्डी से 'पद्म भूषण' ग्रहण करते हुए

राष्ट्रपति डॉ. के.आर. नारायणन द्वारा 'भारत रत्न' ग्रहण करते हुए

लॉञ्च पैड पर एस.एल.वी.-3

'पृथ्वी' का सफल प्रक्षेपण

तीनों सेनाध्यक्षों के साथ

की तरह होते हैं। उस समय डबलबेस ईंधनों का सपना काफी दूर था; लेकिन फिर भी हमने इस सपने को साकार कर लिया।

यह सारी आत्मनिर्भरता और स्वदेशी निर्माण का काम धीरे-धीरे ही हुआ। हमारे पास स्वप्रशिक्षित इंजीनियरों की उत्कृष्ट टीम थी। आज मुझे लगता है कि एस.एल.वी. के विकास में हमारी अप्रशिक्षित प्रतिभा, उसकी विशेषताओं एवं समर्पण का मिला-जुला रूप ही ज्यादा महत्त्वपूर्ण पक्ष रहा। समस्याएँ लगातार आती रहीं, लेकिन मेरी टीम के सदस्यों ने कभी मुझे अपनी दस अँगुलियों से ज्यादा समस्याएँ नहीं गिनाईं। देर रात काम खत्म करने के बाद मैंने यह लिखा था—

'सुंदर हैं वे हाथ
सृजन करते जो सुख से
धीरज से
सच से
साहस से
हर क्षण, हर पल
हर दिन, हर युग।'

एस.एल.वी. पर हमारे काम के साथ-साथ ही डी.आर.डी.ओ. में जमीन से हवा में मार करनेवाली स्वदेशी मिसाइल विकसित करने का भी काम चल रहा था। राटो परियोजना बंद कर दी गई थी; क्योंकि जिन विमानों के लिए इसे डिजाइन किया गया था वे पुराने पड़ चुके थे। नए विमान जो आए थे, उनमें राटो की आवश्यकता नहीं थी। परियोजना बंद करने के साथ ही नारायणन को डी.आर.डी.ओ. में मिसाइल निर्माण के लिए टीम का नेतृत्व करने की जिम्मेदारी दी गई। इसरो में हमसे अलग उन्होंने तकनीकी विकास के बजाय एक-एक करके काम पूरा करने के दर्शन को प्राथमिकता दी। रूसी मूल की जमीन से हवा में मार करनेवाली मिसाइल एस.ए.-2 के बारे में पूरी विस्तृत जानकारी हासिल की गई, ताकि संगठन में परीक्षण मिसाइल का

एस.एल.वी. पर हमारे काम के साथ-साथ ही डी.आर.डी.ओ. में जमीन से हवा में मार करनेवाली स्वदेशी मिसाइल विकसित करने का भी काम चल रहा था। राटो परियोजना बंद कर दी गई थी; क्योंकि जिन विमानों के लिए इसे डिजाइन किया गया था वे पुराने पड़ चुके थे।

डिजाइन तैयार करने के लिए बुनियादी सुविधाएँ जुटाई जा सकें। ऐसा मानना था कि पहले एक-एक करके स्वदेशी तकनीक विकसित की जाए, इसके बाद निर्देशित मिसाइलों के क्षेत्र में अत्याधुनिक टेक्नोलॉजी तो स्वत: आ जाएगी। यह परियोजना सन् 1972 में स्वीकृत हुई और इसे 'डेविल' कोड नाम दिया गया। इस परियोजना के पहले तीन वर्षों के लिए पाँच करोड़ रुपए निर्धारित किए गए। इसमें से आधे से ज्यादा पैसा विदेशी मुद्रा में चला गया।

अब एयर कमोडोर पद पर पदोन्नत कर नारायणन को डी.आर.डी.एल. का निदेशक बना दिया गया था। हैदराबाद के दक्षिण-पूर्वी उपनगर में स्थित इस प्रयोगशाला को उन्होंने इस काम में सक्रिय किया। नारायणन बहुत ही ऊर्जावान व्यक्ति थे, जो हमेशा आगे बढ़ने में रहते थे। उन्होंने अपने आसपास उत्साही लोगों का एक समूह तैयार किया था और कई सेना अधिकारियों को इस महत्त्वपूर्ण प्रयोगशाला में रखा।

अब एयर कमोडोर पद पर पदोन्नत कर नारायणन को डी.आर.डी.एल. का निदेशक बना दिया गया था। हैदराबाद के दक्षिण-पूर्वी उपनगर में स्थित इस प्रयोगशाला को उन्होंने इस काम में सक्रिय किया। नारायणन बहुत ही ऊर्जावान व्यक्ति थे, जो हमेशा आगे बढ़ने में रहते थे। उन्होंने अपने आसपास उत्साही लोगों का एक समूह तैयार किया था और कई सेना अधिकारियों को इस महत्त्वपूर्ण प्रयोगशाला में रखा। एस.एल.वी. परियोजना में पूरी तरह लगे होने की वजह से मिसाइल पैनल की बैठकों में मेरी भागीदारी धीरे-धीरे कम होती गई और बाद में तो बैठकों में जाना बंद ही हो गया। हालाँकि नारायणन और उनकी 'डेविल' परियोजना से संबंधित सारी खबरें त्रिवेंद्रम पहुँच जाया करती थीं।

राटो परियोजना में नारायणन के साथ रहने के दौरान मैंने पाया कि वे बहुत ही कठोर परिश्रमी व्यक्ति हैं—पूरी तरह नियंत्रण, अधिकार एवं प्रभुत्व रखनेवाले। मुझे आश्चर्य हुआ करता था कि अगर उन जैसा कोई मैनेजर हो, जिसका उद्देश्य लक्ष्य-प्राप्ति ही हो—चाहे कीमत कुछ भी अदा करनी पड़े—तो आगे चलकर उसे मौन विद्रोह एवं असहयोग का सामना करना पड़ सकता है।

सन् 1975 के नए साल का पहला दिन एक नया अवसर लेकर आया। नारायणन के नेतृत्व में चल रहे काम का मूल्यांकन किया जाना था। इसके लिए उस समय रक्षामंत्री के वैज्ञानिक सलाहकार प्रो. एम.जी.के. मेनन ने डॉ. ब्रह्मप्रकाश की अध्यक्षता में कमेटी गठित की। कमेटी को 'डेविल' परियोजना पर अब तक हुए काम की समीक्षा करनी थी। इस टीम में मुझे रॉकेट वैज्ञानिक के रूप में शामिल किया गया। मुझे वायुगतिकीय तथा मिसाइल के ढाँचे एवं प्रणोदन (प्रोपल्शन) के क्षेत्र में हुई प्रगति का मूल्यांकन करना था। प्रणोदन से संबंधित पक्षों की समीक्षा के लिए मेरी सहायता कर रहे थे—बी.आर. सोमशेखर और विंग कमांडर पी. कामराजू। मूल्यांकन समिति में शामिल सदस्यों में डॉ. आर. पी. शेनॉय तथा प्रो. आई.जी. शर्मा भी थे, जिन्होंने परियोजना की इलेक्ट्रॉनिक प्रणालियों की समीक्षा की थी।

हम 1-2 जनवरी, 1975 को डी.आर.डी.एल. में मिले। यहाँ हमने इन विभिन्न केंद्रों का दौरा किया, जहाँ परियोजना के विकास कार्य चल रहे थे। हमने परियोजना में कार्यरत वैज्ञानिकों के साथ विचार-विमर्श किया। यहाँ मैं ए.वी. रंगा राव की दृष्टि, विंग कमांडर आर. गोपालास्वामी की गतिशीलता, डॉ. आई. अच्युत राव की संपूर्णता, जी. गणेशन के उत्साह, एस. कृष्णन की वैचारिक स्पष्टता और आर. बालाकृष्णन की आलोचनात्मक दृष्टि से बहुत ही प्रभावित हुआ।

हम 1-2 जनवरी, 1975 को डी.आर.डी.एल. में मिले। यहाँ हमने इन विभिन्न केंद्रों का दौरा किया, जहाँ परियोजना के विकास कार्य चल रहे थे। हमने परियोजना में कार्यरत वैज्ञानिकों के साथ विचार-विमर्श किया। यहाँ मैं ए.वी. रंगा राव की दृष्टि, विंग कमांडर आर. गोपालास्वामी की गतिशीलता, डॉ. आई. अच्युत राव की संपूर्णता, जी. गणेशन के उत्साह, एस. कृष्णन की वैचारिक स्पष्टता और आर. बालाकृष्णन की आलोचनात्मक दृष्टि से बहुत ही प्रभावित हुआ। असीमित जटिलताओं के बीच भी जे.सी. भट्टाचार्य और लेफ्टिनेंट कर्नल आर. स्वामीनाथन के चेहरे पर स्पष्टता झलक रही थी। लेफ्टिनेंट कर्नल वी.जे. सुंदरम् का उत्साह एवं परिश्रम साफ नजर आ रहा था। इस प्रकार

यह एक विलक्षण बुद्धिवाले समर्पित लोगों का ऐसा समूह था जिसमें सेना अधिकारी एवं वैज्ञानिक दोनों थे और सबने अपने आपको खुद ही अपने-अपने क्षेत्रों में प्रशिक्षित किया था, ताकि भारतीय मिसाइल को उड़ाने का मिशन सफल हो सके।

मार्च 1975 के अंत में हमने त्रिवेंद्रम में इसकी समापन बैठक बुलाई। हमारा मानना था कि तरल रॉकेट क्षेत्र को छोड़कर बाकी मिसाइल परियोजना का काम, विशेष रूप से हार्डवेयर निर्माण के क्षेत्र में, प्रगति पर है। तरल रॉकेट के क्षेत्र में कुछ समय की जरूरत और थी। पूरी मूल्यांकन समिति की सर्वसम्मति से यह राय बनी थी कि हार्डवेयर निर्माण और प्रणाली विश्लेषण में डी.आर.डी.एल. ने दोहरी उपलब्धि हासिल की है, खासतौर से ग्राउंड इलेक्ट्रॉनिक्स के डिजाइन एवं विकास में।

मार्च 1975 के अंत में हमने त्रिवेंद्रम में इसकी समापन बैठक बुलाई। हमारा मानना था कि तरल रॉकेट क्षेत्र को छोड़कर बाकी मिसाइल परियोजना का काम, विशेष रूप से हार्डवेयर निर्माण के क्षेत्र में, प्रगति पर है। तरल रॉकेट के क्षेत्र में कुछ समय की जरूरत और थी।

हमने देखा कि डिजाइन डाटा के निर्माण में एक के बाद एक प्रतिस्थापना के दर्शन ने श्रेष्ठता स्थापित की। कई डिजाइन इंजीनियर आवश्यक विश्लेषण पर पर्याप्त ध्यान देने में समर्थ नहीं थे, जैसाकि वी.एस.एस.सी. में हमें अनुभव हो गया था। प्रणाली विश्लेषण अध्ययन (सिस्टम एनालिसिस स्टडीज) इस समय शुरुआती स्तर पर थी। कुल मिलाकर नतीजे उत्कृष्ट थे। लेकिन अभी तो हमें बड़ी मंजिल तय करनी थी। मुझे स्कूल के समय की कविता याद आती है—

‘क्यों है चिंतित
सहमा, डरा, उदास, कापुरुष!
अभी कहाँ आया है अवसर,
अभी कहाँ खोया है कुछ भी।’

कमेटी ने सरकार को अपनी सिफारिश भेजी और ‘डेविल’ परियोजना आगे भी जारी रखने को कहा। हमारी सिफारिश मान ली गई और परियोजना को जारी रखा गया।

वी.एस.एस.सी. में एस.एल.वी. आकार ले रहा था। डी.आर.डी.एल., जहाँ बहुत तेजी से काम चल रहा था, के मुकाबले हम काफी धीरे चल रहे थे। टीम के नेता के अनुसरण के बजाय मेरी टीम का हर सदस्य अपने व्यक्तिगत स्तर पर सफलता की ओर बढ़ रहा था। हमारे काम के तरीके में सबसे ज्यादा जोर आपस में संवाद बनाए रखने पर था, खासकर निर्देशों के मामले में टीमों के बीच और टीम के भीतर। एक तरह से इस अति विशाल परियोजना के प्रबंधन को चलाने में संवाद ही मेरा असली 'मंत्र' था। अपनी टीम के सदस्यों से सर्वश्रेष्ठ नतीजे पाने के लिए मैंने उन्हें बार-बार संगठन के लक्ष्य एवं उद्देश्यों के बारे में बताया और इसपर विशेष रूप से जोर देता कि इन लक्ष्यों को हासिल करने में हर सदस्य के विशेष योगदान का महत्त्व होगा। इसी समय मैंने अपने अधीनस्थ काम कर रहे साथियों के हर रचनात्मक विचार को भी ग्रहण करने की कोशिश की और फिर इन्हें सही रूप में आलोचना के लिए भेजता तथा परियोजना में लागू कराता। उस समय की अपनी डायरी में मैंने कहीं लिखा है—

> ***वी.एस.एस.सी. में एस.एल.वी. आकार ले रहा था। डी.आर.डी.एल., जहाँ बहुत तेजी से काम चल रहा था, के मुकाबले हम काफी धीरे चल रहे थे। टीम के नेता के अनुसरण के बजाय मेरी टीम का हर सदस्य अपने व्यक्तिगत स्तर पर सफलता की ओर बढ़ रहा था।***

'चलो सिर उठाकर
पड़े हर कदम इत्मीनान से।
कहाँ छोड़ते हैं निशान
वक्त की रेत पर
जो पग डगमगाते
लरजते, झिझकते, घिसटते।'

ज्यादातर समय ऐसा होता कि बातचीत (कन्वर्सेशन) और संवाद (कम्युनिकेशन) के बीच भ्रम की स्थिति पैदा हो जाती। दरअसल, दो चीजें बिलकुल भिन्न हैं। मैं संवाद-पटु नहीं हूँ; लेकिन अपने को एक कुशल संवादक मानता हूँ। हँसी-मजाक या सुखद बातचीत में प्राय: कोई उपयोगी बातचीत

अथवा सूचनाएँ नहीं होतीं। यह जानना बहुत ही महत्त्वपूर्ण है कि संवाद दो पक्षों के बीच होनेवाली एक ऐसी प्रक्रिया है जिसमें दोनों पक्ष आपस में एक-दूसरे को विशिष्ट सूचना देते हैं अथवा लेते हैं।

एस.एल.वी. पर काम करने के दौरान मैं अपने साथियों के समक्ष आई समस्याओं को समझने और उनके हल निकालने के लिए जरूरी कदम उठाने के उद्देश्य से तथा आपसी समझ बढ़ाने के लिए संवाद किया करता था। प्रामाणिक संवाद किसी भी परियोजना के प्रबंधन को कुशलता से चलाने के लिए एक महत्त्वपूर्ण औजार के रूप में प्रयोग में लाया जाता है। मैंने यह कैसे किया? मैंने हमेशा तथ्यात्मक जानकारी हासिल करने की कोशिश की और कभी भी सच का मुलम्मा चढ़े गलत तथ्यों पर ध्यान नहीं दिया। एक बार स्पेस साइंस काउंसिल (एस.एस.सी.) की समीक्षा बैठक में—सामान आने में देरी के मामले पर—मैंने वी.एस.एस.सी. के लेखा एवं वित्तीय सलाहकार की उदासीनता और लालफीताशाही के रवैए के खिलाफ अपनी शिकायत उठा दी। मेरा जोर इस बात पर था कि लेखा स्टाफ के काम करने का जो तरीका है उसे बदला जाना चाहिए। मैंने यह भी माँग की कि लेखा विभाग के काम को परियोजना टीम में बाँट दिया जाए। डॉ. ब्रह्मप्रकाश मेरी इस बात से भौंचक रह गए। उन्होंने अपनी सदा सुलगती सिगरेट कुचली और बैठक से उठकर बाहर चले गए।

एस.एल.वी. पर काम करने के दौरान मैं अपने साथियों के समक्ष आई समस्याओं को समझने और उनके हल निकालने के लिए जरूरी कदम उठाने के उद्देश्य से तथा आपसी समझ बढ़ाने के लिए संवाद किया करता था। प्रामाणिक संवाद किसी भी परियोजना के प्रबंधन को कुशलता से चलाने के लिए एक महत्त्वपूर्ण औजार के रूप में प्रयोग में लाया जाता है।

उस दिन मुझे सारी रात इस बात पर पश्चात्ताप हुआ कि मेरे कठोर शब्दों से डॉ. ब्रह्मप्रकाश को पीड़ा हुई। हालाँकि मैं व्यवस्था में आई जड़ता के खिलाफ लड़ने के लिए प्रतिबद्ध था। मैंने स्वयं से व्यावहारिक प्रश्न पूछा, 'क्या कोई इन असंवेदनशील नौकरशाहों के बीच जीवित रह सकता है?' जवाब था—नहीं। तब मैंने खुद से ही एक निजी प्रश्न पूछा, 'मेरे कठोर शब्दों से डॉ. ब्रह्मप्रकाश

को जो आघात लगा क्या वह उससे बढ़कर होगा, जो उन्हें तब लगेगा जब इन नौकरशाहों के चलते एस.एल.वी. परियोजना आगे जाकर दफन हो जाएगी?' मैंने ईश्वर से प्रार्थना की और मदद माँगी। मेरे लिए यह सौभाग्य था, अगले दिन सुबह डॉ. ब्रह्मप्रकाश ने वित्तीय अधिकार परियोजना प्रबंधन को दे दिए।

कोई भी, जो टीम का नेतृत्व करने की जिम्मेदारी सँभालता है, सिर्फ तभी सफल हो सकता है जब उसे पर्याप्त स्वतंत्रता मिले तथा शक्तिशाली एवं असरदार अधिकार दिए जाएँ। यह शायद जीवन में व्यक्तिगत संतुष्टि का रास्ता भी है। जिम्मेदारी के साथ आजादी के लिए भी व्यक्तिगत खुशहाली का सिर्फ एक ठोस आधार भी यही है। अपनी निजी स्वतंत्रता को बनाए रखने के लिए कोई क्या कर सकता है? इसके लिए मैं आपको दो तरीके बताता हूँ।

आप अपनी शिक्षा और कौशल को बढ़ा सकते हैं। ज्ञान एक ऐसी वास्तविक संपत्ति है, जो आपके काम का एक सर्वाधिक महत्त्वपूर्ण हिस्सा होती है। जितना ज्यादा अद्यतन ज्ञान आपके पास होगा, आप उतने ही स्वतंत्र रहेंगे। ज्ञान को किसीके पास से ले जाया नहीं जा सकता, सिवाय इसके कि यह पुराना पड़ सकता है।

पहला, आप अपनी शिक्षा और कौशल को बढ़ा सकते हैं। ज्ञान एक ऐसी वास्तविक संपत्ति है, जो आपके काम का एक सर्वाधिक महत्त्वपूर्ण हिस्सा होती है। जितना ज्यादा अद्यतन ज्ञान आपके पास होगा, आप उतने ही स्वतंत्र रहेंगे। ज्ञान को किसीके पास से ले जाया नहीं जा सकता, सिवाय इसके कि यह पुराना पड़ सकता है। कोई भी नेता मुक्त रूप से अपनी टीम का नेतृत्व तभी कर सकता है जब उसे यह सही-सही पता हो कि उसके चारों ओर क्या-क्या हो रहा है। सही ढंग से नेतृत्व करने के लिए शिक्षा से लगातार संबद्ध रहना जरूरी है। एक सफल टीम नेता बनने के लिए जरूरी है कि शोरगुल तथा दिन भर की कामकाजी भीड़-भाड़ के बाद आप रुकें और अगले नए दिन के लिए अपने को तैयार करें।

दूसरा रास्ता व्यक्तिगत जिम्मेदारी के लिए भीतर उमंग पैदा करना है। व्यक्तिगत आजादी का जो सर्वश्रेष्ठ तरीका है, वह उन शक्तियों को पता लगाने में मदद करता है जो तुम्हें ढूँढ़ती हैं। सक्रिय रहो! जिम्मेदारी सँभालो! वह काम

करो जिसमें तुम विश्वास करते हो। अगर तुम ऐसा नहीं करते हो तो तुम अपनी किस्मत दूसरों के हवाले कर रहे हो। इतिहासकार एडिथ हैमिल्टन ने प्राचीन यूनान के लिए लिखा है—'जब उन्होंने आजादी चाही, उन्हें जिम्मेदारी से मुक्त कर दिया गया; पर फिर एथेंस की आजादी ही खत्म हो गई और फिर कभी आजाद नहीं हुआ। सच्चाई यह है कि हममें से बहुत से अपनी आजादी बढ़ाने के लिए बड़े समझौते कर लेते हैं। हम उन ताकतों के खिलाफ लड़ सकते हैं जो हमारा दमन करने की धमकी देती हैं। हम अपने उन गुणों एवं परिस्थितियों से अपने को मजबूत कर सकते हैं जो निजी आजादी को बढ़ावा देते हैं। ऐसा करते हुए हम एक ऐसा मजबूत संगठन खड़ा कर सकते हैं जो हमें अप्रत्याशित लक्ष्यों की प्राप्ति में सक्षम बनाए।'

एस.एल.वी. के काम में तेजी आने के साथ ही प्रो. धवन ने प्रगति की समीक्षा करने की नई व्यवस्था शुरू की। इसमें परियोजना में शामिल पूरी टीम को भी लिया जाता। प्रो. धवन एक लक्ष्य लेकर चलनेवाले व्यक्ति थे। वी.एस.एस.सी. में परियोजना समीक्षा संबंधी बैठकों की अध्यक्षता प्रो. धवन ही करते थे और इन बैठकों में वे बड़ी घटनाओं पर ही विचार करते थे।

एस.एल.वी. के काम में तेजी आने के साथ ही प्रो. धवन ने प्रगति की समीक्षा करने की नई व्यवस्था शुरू की। इसमें परियोजना में शामिल पूरी टीम को भी लिया जाता। प्रो. धवन एक लक्ष्य लेकर चलनेवाले व्यक्ति थे। वी.एस.एस.सी. में परियोजना समीक्षा संबंधी बैठकों की अध्यक्षता प्रो. धवन ही करते थे और इन बैठकों में वे बड़ी घटनाओं पर ही विचार करते थे। वह इसरो के एक सच्चे कप्तान थे—एक कमांडर, नेवीगेटर, व्यवस्थापक—सारी भूमिकाएँ एक ही में निभाते थे। फिर भी, जितना उन्होंने किया उससे ज्यादा करने का दावा या ढोंग कभी नहीं किया। बजाय इसके, जब उन्हें कहीं कुछ अस्पष्ट लगता तो वह सवाल पूछ लेते और खुलकर विचार-विमर्श के जरिए शंकाएँ दूर कर लेते। मैं उन्हें एक ऐसे नेता के रूप में याद करता हूँ जिनके लिए किसी टीम का दृढ़ता, लेकिन निष्पक्षता के साथ नेतृत्व करना एक नैतिक अनिवार्यता थी। अगर वह किसी भी मामले पर एक बार कोई फैसला कर लेते थे तो उसपर बिलकुल डटे रहते

थे। लेकिन कोई भी फैसला लेने से पहले वह उसे अंतिम रूप देने तक विचार, राय-मशविरे के लिए खुला रखते थे।

प्रो. धवन के साथ मुझे लंबे समय तक समय बिताने का अवसर मिला। वह अपने तर्क एवं बौद्धिकता से सुननेवाले को मोहित कर लेते थे; क्योंकि वह किसी भी विषय पर अपना विश्लेषण प्रस्तुत कर सकते थे। उनके पास डिग्रियों का असाधारण मेल था—गणित एवं भौतिकशास्त्र में बी.एस-सी., अंग्रेजी साहित्य में एम.ए., मैकेनिकल इंजीनियरिंग में बी.ई., वैमानिकी इंजीनियरिंग में एम.एस. तथा वैमानिकी एवं गणित में कैलिफोर्निया इंस्टीट्यूट ऑफ टेक्नोलॉजी से पी-एच.डी.।

उनके साथ बौद्धिक बहसें बहुत ही प्रेरक हुआ करती थीं और उनसे मुझे और मेरी टीम के सदस्यों को दिमागी ऊर्जा मिलती थी। मैंने उन्हें हमेशा आशावाद और सहानुभूति से भरा पाया। यद्यपि वह खुद प्राय: अपने को कठोर समझते थे। अगर किसीसे कोई गलती हो जाती तो उसके प्रति भी वह उदार रहते। प्रो. धवन दोषियों के खिलाफ बहुत ही सख्त रूप में फैसला सुना दिया करते थे; लेकिन उसके बाद ही वह उन्हें माफ भी कर देते थे।

सन् 1975 में इसरो सरकारी संस्था बन गई। विभिन्न केंद्रों के निदेशकों तथा अंतरिक्ष विभाग (डी.ओ.एस.) के वरिष्ठ अफसरों को मिलाकर इसरो परिषद् का गठन किया गया। यह परिषद् सरकारी शक्तियोंवाले अंतरिक्ष विभाग और काम करनेवाले केंद्रों के बीच भागीदारी प्रबंधन के फोरम के रूप में थी।

सन् 1975 में इसरो सरकारी संस्था बन गई। विभिन्न केंद्रों के निदेशकों तथा अंतरिक्ष विभाग (डी.ओ.एस.) के वरिष्ठ अफसरों को मिलाकर इसरो परिषद् का गठन किया गया। यह परिषद् सरकारी शक्तियोंवाले अंतरिक्ष विभाग और काम करनेवाले केंद्रों के बीच भागीदारी प्रबंधन के फोरम के रूप में थी। सरकारी विभागों की पारंपरिक शब्दावली में कहें तो इसरो के केंद्र अब अधीनस्थ इकाइयों या संबद्ध दफ्तरों के रूप में आ गए थे। लेकिन ऐसे शब्द न तो कभी इसरो की तरफ से और न ही कभी डी.ओ.एस. की ओर से बोले गए। भागीदारी प्रबंधन, जो प्रशासनिक शक्तियों और उन्हें लागू करनेवाली

एजेंसियों के बीच एक सक्रिय पारस्परिक संबंध बनाता है, इसरो प्रबंधन की एक उत्कृष्ट मिसाल है, जो भारत के शोध और विकास संगठनों में लंबे समय तक कायम रहेगी।

इस नई व्यवस्था में मैं टी.एन. शेषन के संपर्क में आया। शेषन उस समय डी.ओ.एस. में संयुक्त सचिव थे। तब तक मैं नौकरशाहों के बारे में रूखा एवं अव्यक्त संकोची भाव रखा करता था। इसलिए एस.एल.वी.-3 के प्रबंधन बोर्ड की बैठक में जब मैं पहली बार शेषन से मिला तो मुझे बहुत अच्छा नहीं लगा। लेकिन जल्दी ही शेषन के प्रति मेरे मन में आदर का भाव उत्पन्न हुआ। शेषन बैठकों में पूरे एजेंडे के साथ हमेशा पूरी तैयार करके जाते थे। वह अपनी विलक्षण विश्लेषण क्षमता के साथ वैज्ञानिकों के मस्तिष्कों को उत्तेजित कर दिया करते थे।

> *इस नई व्यवस्था में मैं टी.एन. शेषन के संपर्क में आया। शेषन उस समय डी.ओ.एस. में संयुक्त सचिव थे। तब तक मैं नौकरशाहों के बारे में रूखा एवं अव्यक्त संकोची भाव रखा करता था। इसलिए एस.एल.वी.-3 के प्रबंधन बोर्ड की बैठक में जब मैं पहली बार शेषन से मिला तो मुझे बहुत अच्छा नहीं लगा।*

एस.एल.वी. परियोजना के पहले तीन सालों में विज्ञान के कई रहस्यों का खुलासा हुआ। इनसान होने के नाते अज्ञानता हमेशा हमारे साथ रही है और हमेशा रहेगी भी। मेरे लिए चाहे जो कुछ भी नया होता, मैं उसके बारे में अथाह जानने के लिए जागरूक हो जाता। मैं यह मानकर चला करता था कि विज्ञान का काम हर चीज की व्याख्या करना, उसे समझाना है और प्रांत के लोगों में जानकारी का यह अभाव एक प्रक्रिया है, जो मेरे पिता एवं लक्ष्मण शास्त्री जैसे लोगों में थी। हालाँकि मैं हमेशा इस मामले में अपने वैज्ञानिक साथियों के साथ चर्चा इस डर से नहीं करता था, क्योंकि इससे कहीं उनके विचारों पर कोई असर न पड़े।

धीरे-धीरे मुझे विज्ञान एवं टेक्नोलॉजी के बीच तथा शोध एवं विकास के बीच अंतर मालूम हुआ। विज्ञान अनंत रास्ते और संभावनाएँ खोलता है। विकास एक बंद पथ के समान है और इसमें गलतियाँ होना स्वाभाविक है—और हर रोज होती हैं। लेकिन हर गलती सुधार किया करती है, अच्छा बनाने के

लिए। संभवतया सृजक ने इंजीनियरों को वैज्ञानिक से और ज्यादा उपलब्धि हासिल करवाने के लिए बनाया। वैज्ञानिक पूरी तरह शोध करते हैं और हल निकालते हैं। फिर इंजीनियर भी उन्हें एक और रोशनी दिखाते हैं—यानी एक और संभावना। मैं हमेशा अपनी टीम को वैज्ञानिक बनने से सावधान करता रहा हूँ। विज्ञान उम्मीदों एवं संभावनाओं में एक कभी न खत्म होनेवाली यात्रा की तरह है। हमें सीमित समय और सीमित पैसा दिया गया था। एस.एल.वी. का निर्माण हमारे अपने ज्ञान की सीमाओं पर आधारित था। काम में मैंने उन चीजों, तरीकों को वरीयता दी जो सबसे बेहतर विकल्प हो सकते थे। समयबद्ध परियोजना के भीतर कोई नया तरीका नहीं निकाला जा सकता था। मेरी राय में एक परियोजना टीम के नेता को हमेशा उन्हीं प्रामाणिक तकनीकियों के लिए काम करना चाहिए, जो ज्यादा-से-ज्यादा इस्तेमाल हो सकें और प्रयोग करने की कोशिश तभी करनी चाहिए जब बहुसंसाधन उपलब्ध हों।

□

: आठ :

एस.एल.वी.-3 परियोजना इस प्रकार तैयार की गई थी कि दो बड़े तकनीकी केंद्रों—वी.एस.एस.सी. और श्रीहरिकोटा रॉकेट लॉञ्च स्टेशन—में ईंधन उत्पादन, रॉकेट मोटर परीक्षण और बड़े-से-बड़े व्यासवाले रॉकेट को भी छोड़ने की पूरी-पूरी व्यवस्था हो। एस.एल.वी.-3 परियोजना में भागीदार के नाते हमने अपने लिए तीन मील पत्थर निर्धारित किए थे—सन् 1975 तक साउंडिंग रॉकेटों के माध्यम से सभी उपप्रणालियों के विकास तथा उन्हें उड़ान के योग्य बना लेना, सन् 1976 तक उपकक्षीय उड़ानें तथा सन् 1978 में अंतिम कक्षीय उड़ान। इस समय तक काम में तेजी आ गई थी। काम को लेकर उत्साह का माहौल बन गया था। जहाँ मैं गया, हमारी टीमों ने मुझे कुछ-न-कुछ नया करके बताया। देश में पहली बार कई बड़े और नए काम हो रहे थे। इस तरह के काम में बुनियादी स्तर की तकनीक का प्रयोग पहले कभी नहीं देखा गया था। मेरी टीम के सदस्यों में मुझे अब काम करने के तरीके को लेकर नए-नए आयाम विकसित होते नजर आ रहे थे।

कार्य निष्पादन के आयाम ऐसे महत्त्वपूर्ण पहलू हैं जो सृजन की ओर अग्रसर करते हैं। व्यक्ति के ज्ञान एवं कुशलता की तरह ही ये सक्षमता से कहीं ज्यादा महत्त्व रखते हैं। एक व्यक्ति को क्या आना चाहिए और वह अपने काम को सुचारु रूप से पूरा करने में कितना योग्य है, कार्य निष्पादन के तरीकों का दायरा इनकी तुलना में कहीं ज्यादा बड़ा और गहराई लिये हुए है। इसमें दृष्टिकोण, मूल्य और विशिष्टताएँ शामिल होती हैं। इनसान के व्यक्तित्व में यह कई स्तरों पर विद्यमान है। व्यवहार के स्तर पर हम कुशलता एवं ज्ञान को देख सकते हैं। सामाजिक भूमिका और स्व-छवि जैसे आयाम मध्यम स्तर पर पाए

जाते हैं। प्रेरणा एवं विशेषता जैसे गुण अंतरिम अथवा हृदय में होते हैं। यदि हम कार्य निष्पादन के उन आयामों का चयन कर लें जिनका पूरी तरह कार्य की सफलता के साथ संबंध अथवा जुड़ाव हो तो हम विचार एवं कार्य दोनों के स्तर पर कार्य पूरा करने के सर्वोत्कृष्ट तरीकों का खाका तैयार कर सकते हैं।

यद्यपि एस.एल.वी.-3 पर अभी काम चल रहा था। साथ ही इसकी उपप्रणालियों को तैयार करने का काम भी पूरा होने जा रहा था। जून 1974 में कुछ जटिल प्रणालियों के परीक्षण के लिए हमने सेंटोर साउंडिंग रॉकेट छोड़ा। इसमें एस.एल.वी. की हीटशील्ड, रेट जायरो यूनिट तथा व्हीकल ऐटिच्यूड प्रोग्रामर लगाया गया। तीनों उपप्रणालियों में जो सम्मिश्र पदार्थ, कंट्रोल इंजीनियरिंग और सॉफ्टवेयर प्रयोग में लाए गए थे, उनका देश में पहले कभी इस्तेमाल नहीं किया गया था। परीक्षण पूरी तरह सफल रहा। तब तक भारतीय अंतरिक्ष कार्यक्रम साउंडिंग रॉकेटों से आगे नहीं बढ़ा था और यहाँ तक कि जानकार लोग भी इसकी कोशिशों को देखने-समझने और स्वीकार करने को राजी नहीं थे। पहली बार हमें राष्ट्र के विश्वास से प्रेरणा मिली थी। तत्कालीन प्रधानमंत्री इंदिरा गांधी ने 24 जुलाई, 1974 को संसद् में कहा,

एस.एल.वी.-3 पर अभी काम चल रहा था। साथ ही इसकी उपप्रणालियों को तैयार करने का काम भी पूरा होने जा रहा था। जून 1974 में कुछ जटिल प्रणालियों के परीक्षण के लिए हमने सेंटोर साउंडिंग रॉकेट छोड़ा। इसमें एस.एल.वी. की हीटशील्ड, रेट जायरो यूनिट तथा व्हीकल ऐटिच्यूड प्रोग्रामर लगाया गया।

'प्रासंगिक टेक्नोलॉजी, उपप्रणालियों एवं हार्डवेयर (भारत का पहला उपग्रह प्रक्षेपण यान बनाने के लिए) के विकास तथा निर्माण का काम संतोषजनक प्रगति पर है। बहुत सारे उद्योग उपकरणों और कल-पुरजों के निर्माण में लगे हैं। भारत की पहली कक्षीय उड़ान सन् 1978 में होगी।'

सृजन के किसी भी काम की तरह एस.एल.वी.-3 को तैयार करने का काम भी कष्टसाध्य प्रक्रिया थी। एक दिन जब मेरी टीम और मैं पहले चरण की मोटर के परीक्षण के काम में पूरी तरह तल्लीन थे, तभी रामेश्वरम् से खबर आई कि मेरे बहनोई और मुझे रास्ता दिखानेवाले जनाब अहमद जलालुद्दीन अब इस दुनिया

से चले गए थे। यह खबर सुनकर कुछ मिनटों के लिए जैसे मैं थम-सा गया; कुछ सोच भी नहीं पाया, न ही कुछ महसूस कर रहा था। जब मैंने एक बार और काम में ध्यान लगाने की कोशिश की तो मैंने पाया कि मैं अपने आपमें ही कुछ बहकी-बहकी बातें कर रहा हूँ। तब मुझे महसूस हुआ कि जलालुद्दीन के साथ मेरा भी एक हिस्सा चला गया है। जैसे मेरे सामने बचपन की यादें उभर आईं—शाम को रामेश्वरम् मंदिर के आसपास घूमना, चाँदनी रात में चमकती मिट्टी और नृत्य करतीं समुद्री लहरें, अनंत आकाश से टिमटिमाते तारों का प्रकाश, मुझे समुद्र में डूबता क्षितिज दिखाते जलालुद्दीन, मेरी किताबों के लिए उनके द्वारा पैसों का बंदोबस्त करना और सांताक्रुज हवाई अड्डे पर मुझे विदा करने आना। मुझे लगा जैसेकि मैं समय और काल के भँवर में फेंक दिया गया। मेरे पिता, जो अब अपने जीवन के सौ साल से भी ज्यादा पार कर चुके थे तथा जिन्हें अपने से आधी उम्र के अपने ही दामाद का जनाजा उठाना था, मेरी बहन जोहरा की कलपती आत्मा, जिसके चार साल के बेटे के चले जाने से लगे घाव अभी भरे भी नहीं थे—ये सारे दृश्य आँसुओं से धुँधलाई मेरी आँखों के सामने तैर रहे थे और मुझे खौफनाक महसूस हो रहे थे। मैंने अपने को शांत किया और परियोजना के उप निदेशक डॉ. एस. श्रीनिवासन को अपनी गैरहाजिरी में काम देख लेने के बारे में कुछ निर्देश दिए।

बसें बदलता हुआ रात भर का सफर तय करके अगले दिन सुबह ही मैं रामेश्वरम् पहुँच पाया। इस दौरान मैंने उन सब बातों को भुलाने की भरपूर कोशिश की जो जलालुद्दीन के निधन की खबर के बाद मेरी स्मृति में उभर आई थीं। लेकिन जिस क्षण मैं घर पहुँचा, मौत जैसे मेरे पैरों के नीचे थी।

बसें बदलता हुआ रात भर का सफर तय करके अगले दिन सुबह ही मैं रामेश्वरम् पहुँच पाया। इस दौरान मैंने उन सब बातों को भुलाने की भरपूर कोशिश की जो जलालुद्दीन के निधन की खबर के बाद मेरी स्मृति में उभर आई थीं। लेकिन जिस क्षण मैं घर पहुँचा, मौत जैसे मेरे पैरों के नीचे थी। मेरे पास जोहरा एवं अपनी भानजी महबूब को कहने के लिए कुछ भी नहीं था। दोनों का विलाप जारी था। मुझे लग रहा था कि मेरे पास बहाने के लिए आँसू

भी नहीं हैं। हमने जलालुद्दीन के शरीर को कब्र में दफनाया।

मेरे पिताजी बहुत देर तक मेरा हाथ थामे रहे। उनकी आँखों में भी आँसू नहीं थे। 'क्या तुम नहीं देखते, अबुल, ईश्वर किस प्रकार अँधेरा कर देता है? क्या यही उसकी इच्छा थी? लेकिन उसने रास्ता दिखाने के लिए ही सूरज बनाया है। यही है वह जिसने तुम्हारे लिए रात बनाई और आराम के लिए नींद दी। जलालुद्दीन अब गहरी नींद में सो चुके हैं—एक स्वप्नरहित नींद में; पूरी तरह शांति में, जिसमें साधारण रूप से अचेतन है। अल्लाह की नियति के आगे हम कुछ नहीं कर सकते। वही हमारा रखवाला है। मेरे बेटे, अल्लाह में अपना भरोसा रखो।' उन्होंने अपनी झुर्रीदार पलकों को धीरे से बंद किया और ध्यानमग्न हो गए।

मुझे मौत से कभी डर नहीं लगा। आखिरकार एक दिन तो सभी को जाना है। शायद जलालुद्दीन कुछ जल्दी चले गए, बहुत ही जल्दी। मैं खुद ज्यादा समय तक घर पर रुक नहीं सका। मुझे लग रहा था कि मैं एक अजीब सी अशांति एवं चिंता में डूबता जा रहा हूँ और मेरे व्यक्तिगत जीवन तथा पेशेवर जीवन के बीच अंदरूनी विरोधाभास जन्म लेते जा रहे हैं।

मुझे मौत से कभी डर नहीं लगा। आखिरकार एक दिन तो सभी को जाना है। शायद जलालुद्दीन कुछ जल्दी चले गए, बहुत ही जल्दी। मैं खुद ज्यादा समय तक घर पर रुक नहीं सका। मुझे लग रहा था कि मैं एक अजीब सी अशांति एवं चिंता में डूबता जा रहा हूँ और मेरे व्यक्तिगत जीवन तथा पेशेवर जीवन के बीच अंदरूनी विरोधाभास जन्म लेते जा रहे हैं। थुंबा लौटने के कई दिन बाद तक मुझे अपने किए हर काम को लेकर एक ऐसी निरर्थकता का आभास होता रहा, एक वैराग्य जैसा अनुभव, जो पहले कभी नहीं हुआ था।

मैंने प्रो. धवन से विस्तार से बातचीत की। उन्होंने मुझसे कहा कि जैसे-जैसे एस.एल.वी. परियोजना का काम बढ़ता जाएगा, स्वाभाविक रूप से तुम्हारे मन को बड़ी शांति मिलती जाएगी। उन्होंने मुझे फिर से प्रौद्योगिकी की वास्तविकताओं पर और उपलब्धियों पर ध्यान केंद्रित करने के लिए प्रेरित किया।

धीरे-धीरे ड्राइंग बोर्ड से हार्डवेयर तैयार करने का काम होने लगा। शशि

कुमार ने निर्माण को लेकर सरकारी एवं निजी कार्यशालाओं का एक बहुत ही बेहतर नेटवर्क तैयार किया था। ड्राइंग मिलने के कुछ दिन के भीतर ही वे बिना विलंब के उपलब्ध क्षमता से निर्माण के काम में लग जाते। नंबूदिरी व पिल्लै ने रॉकेट मोटरों के विकास के लिए प्रोपल्शन लेबोरेटरी में दिन-रात एक कर दिया। यान के यांत्रिक एवं विद्युतीय कार्यों के लिए एम.एस.आर. देव और संडलास ने बहुत ही सावधानी से योजनाएँ तैयार की थीं। माधवन नायर एवं मूर्ति वी.एस.एस. सी. की इलेक्ट्रॉनिक प्रयोगशालाओं द्वारा विकसित की गई प्रणालियों की जाँच करते और फिर आवश्यकता तथा संभावना के अनुसार उन्हें उड़ान प्रणालियों में प्रयोग करते। यू.एस. सिंह ने पहली प्रक्षेपण भू-प्रणाली का विकास किया, जिसमें दूर मापीय, दूर नियंत्रण तथा राडार सुविधाओं की प्रणालियाँ युक्त थीं। उन्होंने उड़ान परीक्षणों के लिए श्रीहरिकोटा रॉकेट प्रक्षेपण केंद्र के साथ मिलकर एक विस्तृत कार्य योजना भी बनाई थी। डॉ. सुंदरराजन इस पूरे मिशन की प्रणालियों को अद्यतन करने में जुटे रहे। इस परियोजना के उप निदेशक और एक सक्षम तथा सुयोग्य लॉन्च व्हीकल डिजाइनर डॉ. श्रीनिवासन ने मेरे सभी बचे हुए काम पूरे कर दिए थे। जिस काम पर मैं ध्यान नहीं दे पाता, या जो बात मेरे सुनने से रह जाती, वे उसपर ध्यान दे लेते और सुझाव देकर ऐसी संभावनाएँ बना देते जिनकी मैं कल्पना भी नहीं कर पाता।

काफी कठोर परिश्रम के बाद हमने यह जाना कि परियोजना प्रबंधन की सबसे बड़ी समस्या विभिन्न व्यक्तियों एवं केंद्रों के बीच नियमित और दक्ष तालमेल बनाने की है। बिना समुचित सामंजस्य के हमारे कठोर परिश्रम का कोई मतलब नहीं रह जाएगा।

काफी कठोर परिश्रम के बाद हमने यह जाना कि परियोजना प्रबंधन की सबसे बड़ी समस्या विभिन्न व्यक्तियों एवं केंद्रों के बीच नियमित और दक्ष तालमेल बनाने की है। बिना समुचित सामंजस्य के हमारे कठोर परिश्रम का कोई मतलब नहीं रह जाएगा।

इसरो मुख्यालय में वाई.एस. राजन का साथ मेरे लिए बहुत ही सौभाग्यपूर्ण था। राजन हमेशा एक अच्छे मित्र थे और हैं। खरादियों, मिस्त्रियों, बिजली का काम करनेवालों एवं ड्राइवरों के साथ उनका काफी दोस्ताना संबंध था। दूसरी

ओर वैज्ञानिकों, इंजीनियरों, ठेकेदारों तथा नौकरशाहों से भी उनकी गहरी दोस्ती थी। आज जब मीडिया मुझे 'वैल्डर ऑफ पीपुल' कहता है तो मुझे राजन के साथ के अपने अनुभव याद आ जाते हैं। एस.एल.वी. परियोजना के मामले में विभिन्न केंद्रों में काम करनेवाले लोगों से उनके मधुर एवं आत्मीय संबंध बन गए थे।

सन् 1976 में मेरे पिताजी का इंतकाल हुआ। काफी ज्यादा उम्र होने के कारण उनका शरीर दुर्बल हो चला था और इसी कारण वे कुछ दिन से बीमार भी थे। जलालुद्दीन के निधन के बाद से उनका स्वास्थ्य और भी गिर गया था। उनमें अब जीने की इच्छा भी नहीं रह गई थी। जलालुद्दीन को अपनी दैविक शक्ति के पास लौटता देख उनकी भी इच्छा अल्लाह के पास जाने की होने लगी थी।

सन् 1976 में मेरे पिताजी का इंतकाल हुआ। काफी ज्यादा उम्र होने के कारण उनका शरीर दुर्बल हो चला था और इसी कारण वे कुछ दिन से बीमार भी थे। जलालुद्दीन के निधन के बाद से उनका स्वास्थ्य और भी गिर गया था। उनमें अब जीने की इच्छा भी नहीं रह गई थी।

जब भी मुझे पिताजी की तबीयत खराब होने के बारे में पता लगता तो मैं शहर के एक अच्छे डॉक्टर को लेकर रामेश्वरम् चला जाता। जब-जब मैं ऐसा करता तब पिताजी अनावश्यक चिंता करने के लिए मुझपर नाराज होते और डॉक्टर पर किए जानेवाले खर्च को लेकर भी मुझे सुना देते। वह कहा करते—'मेरे ठीक होने के लिए तुम्हारा आ जाना ही पर्याप्त है। तुम डॉक्टर को लाकर उसकी फीस पर पैसा क्यों खर्च करते हो?' इस समय तक उनका स्वास्थ्य इतना गिर चुका था कि डॉक्टर, देखभाल या पैसे से भी कुछ नहीं हो सकता था। मेरे पिताजी जैनुलाबदीन रामेश्वरम् की भूमि पर एक सौ दो वर्ष तक रहे। वह अपने पीछे पंद्रह पोते-पोती, एक परपोता छोड़ गए थे। कितना आदर्शवाला एवं अनुकरणीय जीवन था उनका! मेरे पिताजी हर ईमानदार-वफादार व्यक्ति के लिए एक आदर्श प्रतिमान व्यक्ति के रूप में जिए। जिस दिन उनको दफनाया गया उस दिन रात को अकेले बैठे हुए मुझे अंग्रेज कवि कीट्स की मृत्यु पर उनके मित्र औदेन द्वारा लिखी एक कविता याद आई। मुझे लगा कि यह मेरे पिताजी के लिए ही लिखी गई है—

'धरा ने पाया अपना अतिथि
पिता में मेरे देखो आज।
काटते जीवन भर की जेल
लपेटे रिश्तों की रस्सियाँ
खोलता रहा कैदियों बीच
खुदाई की नेहमत के राज।'

शब्दों में कहें तो यह एक और बुजुर्ग की मौत थी। न कोई सार्वजनिक शोक सभा आयोजित की गई, न ही कोई झंडा झुकाया गया, न ही किसी अखबार में उनके निधन की खबर छपी। वह कोई राजनेता नहीं थे, कोई अध्येता या कोई बड़े व्यवसायी भी नहीं थे। वह तो एक ऐसे साधारण एवं पारदर्शी व्यक्ति थे जैसे ईश्वर ने उन्हें बनाया हुआ होगा। मेरे पिताजी हमेशा विश्वासपूर्वक ईश्वर का अनुसरण करते रहे; सिर्फ इसलिए नहीं कि इसके अलावा उनके पास अपने को संकटमुक्त बनाने के लिए कोई रास्ता नहीं था, बल्कि इसलिए कि उन्हें ईश्वर के बताए रास्ते पर चलना था। उनका जीवन एक ऐसी प्रक्रिया थी जिसमें बुराई एवं पाशविकता भी नहीं रह पाती थीं और सभी को भद्र व फरिश्ता बनने के लिए प्रेरणा मिलती थी। मृत्यु के बाद भी वही मरा जो उनके भीतर सबसे खराब रहा होगा, जिसे मरना भी चाहिए। उनके भीतर जो सबसे अच्छा था, उसे लेकर वह स्वर्ग में ही गए।

शब्दों में कहें तो यह एक और बुजुर्ग की मौत थी। न कोई सार्वजनिक शोक सभा आयोजित की गई, न ही कोई झंडा झुकाया गया, न ही किसी अखबार में उनके निधन की खबर छपी। वह कोई राजनेता नहीं थे, कोई अध्येता या कोई बड़े व्यवसायी भी नहीं थे।

पिताजी मुझे हमेशा अबूबेन आदम की एक पौराणिक कथा सुनाया करते थे। एक रात अबू एक सपना देखकर जाग जाता है। सपने में वह देखता है कि एक फरिश्ता सोने की किताब में उन लोगों के नाम लिख रहा है जो ईश्वर से प्यार करते हैं। अबू उस फरिश्ते से पूछता है कि क्या खुद उसका नाम भी इस सूची में है। इसपर फरिश्ता नकारात्मक उत्तर देता है। तब निराश मगर खुशी से अबू कहता है—'मेरा नाम उनमें लिख दो जो उसके अनुयायियों से प्रेम करते हैं।'

फरिश्ते ने नाम लिख दिया और वह गायब हो गया। अगली रात फिर फरिश्ता आया और उन लोगों के नाम दिखाए जिन्हें ईश्वर के प्रेम से आशीर्वाद मिला था। इसमें अबू का नाम सबसे ऊपर था।

मैं अपनी माँ के पास बहुत देर तक बैठा रहा, लेकिन कुछ बोल नहीं पाया। जब मैं थुंबा लौटने के लिए उनसे विदा लेने लगा, उन्होंने भर्राई हुई आवाज में मेरे लिए दुआ की और आशीर्वाद दिया। उन्हें यह मालूम था कि उन्हें अपने पति का वह घर छोड़ना नहीं था और मैं उनके साथ वहाँ रह नहीं सकता था। हम दोनों को अपनी-अपनी जगह ही रहना था। यही नियति थी, यही प्रारब्ध था।

मैं अपनी माँ के पास बहुत देर तक बैठा रहा, लेकिन कुछ बोल नहीं पाया। जब मैं थुंबा लौटने के लिए उनसे विदा लेने लगा, उन्होंने भर्राई हुई आवाज में मेरे लिए दुआ की और आशीर्वाद दिया। उन्हें यह मालूम था कि उन्हें अपने पति का वह घर छोड़ना नहीं था और मैं उनके साथ वहाँ रह नहीं सकता था। हम दोनों को अपनी-अपनी जगह ही रहना था। यही नियति थी, यही प्रारब्ध था।

एस.एल.वी.-3 एपोजी रॉकेट के ऊपरी हिस्से का विकास डायामाँट की तरह ही तैयार किया गया था। इसका उड़ान परीक्षण फ्रांस में होना था। इसमें कई जटिल समस्याएँ आ गई थीं। इन समस्याओं को दूर करने के लिए मुझे तत्काल फ्रांस जाना था। दोपहर बाद फ्रांस के लिए मैं रवाना होता, उससे पहले ही मुझे खबर मिली कि मेरी माँ का निधन हो गया है। नागरकोइल जाने के लिए मुझे सबसे पहले जो बस मिल सकती थी, पकड़ी। वहाँ से रात भर ट्रेन का सफर करके मैं अगले दिन सुबह रामेश्वरम् पहुँचा। वे दोनों आत्माएँ, जिन्होंने मुझे स्वरूप देने के लिए आकार लिया था, मुक्त हो चुकी थीं। उनकी यात्रा के अंत का समय आ चुका था। हममें से बाकी को यह सफर जारी रखना था और जीवन का खेल पूरा होने देना था। मैंने उस मसजिद में प्रार्थना की जिसमें मेरे पिताजी मुझे हर शाम एक बार जरूर ले जाया करते थे। मैंने कहा, मेरी माँ अब अपने पति की देखरेख एवं प्यार के बिना इस दुनिया में और ज्यादा नहीं रह पाई। और इसलिए अब उन्होंने अपने पति के पास ही चले जाना बेहतर

समझा। मैंने उससे (ईश्वर) क्षमा माँगी। 'जो जिम्मेदारी मैंने उन्हें दी और जैसा जीवन मैंने उनके लिए तैयार किया था, उसे उन्होंने बड़ी सावधानी, समर्पण एवं ईमानदारी के साथ पूरा किया और वापस मेरे पास आए। तुम उनका काम पूरा होने के दिन शोक क्यों मना रहे हो? उस काम पर ध्यान केंद्रित करो जो तुम्हारे लिए पड़ा है। अपने कार्यों से परमानंद को प्राप्त करो।' ये शब्द किसीने कहे नहीं थे, लेकिन मैंने जोर से व स्पष्ट आवाज में सुना था यह। मैं बहुत ही शांति के साथ मसजिद से बाहर आया और बिना अपने घर की तरफ देखे रेलवे स्टेशन की ओर चल पड़ा। मुझे हमेशा यह बात याद आती है कि जब भी नमाज पढ़ने का वक्त होता, हमारा घर एक छोटी सी मसजिद में तब्दील हो जाता था। मेरे पिताजी एवं माँ के साथ घर के सारे लोग और बच्चे नमाज अता करते।

एस.एल.वी.-3 एपोजी रॉकेट के सफल परीक्षण के बाद फ्रांस से लौटने पर एक दिन डॉ. ब्रह्मप्रकाश ने मुझे वर्नहर फॉन ब्रॉन के पहुँचने के बारे में सूचना दी। रॉकेट विज्ञान के क्षेत्र में काम करनेवाला हर व्यक्ति फॉन ब्रॉन के बारे में जानता है, जिन्होंने वी-2 मिसाइलें तैयार की थीं और द्वितीय विश्वयुद्ध के दौरान लंदन पर इन मिसाइलों से हमला कर तबाही मचाई थी।

अगली सुबह मैं थुंबा लौट आया था—बहुत थका हुआ और भावनात्मक रूप से बहुत टूटा हुआ, लेकिन अपने महत्त्वाकांक्षी कार्य, यानी भारतीय रॉकेट के एक भाग को विदेशी भूमि से उड़ाने के प्रति पूरी तरह प्रतिबद्ध।

एस.एल.वी.-3 एपोजी रॉकेट के सफल परीक्षण के बाद फ्रांस से लौटने पर एक दिन डॉ. ब्रह्मप्रकाश ने मुझे वर्नहर फॉन ब्रॉन के पहुँचने के बारे में सूचना दी। रॉकेट विज्ञान के क्षेत्र में काम करनेवाला हर व्यक्ति फॉन ब्रॉन के बारे में जानता है, जिन्होंने वी-2 मिसाइलें तैयार की थीं और द्वितीय विश्वयुद्ध के दौरान लंदन पर इन मिसाइलों से हमला कर तबाही मचाई थी। युद्ध के अंतिम दौर में फॉन ब्रॉन को मित्र देशों की सेना ने बंदी बना लिया था। इसके बाद उनके काम को देखते हुए उन्हें नासा में रॉकेट कार्यक्रम में बड़ी जिम्मेदारी सौंपी गई। अमेरिकी सेना के लिए काम करते हुए फॉन ब्रॉन ने जुपिटर मिसाइल बनाई, जो पहली आई.आर.बी.एम. (इंटरमीडिएट

रेंज बैलेस्टिक मिसाइल) थी और इसकी क्षमता तीन हजार किलोमीटर तक मार करने की थी। जब डॉ. ब्रह्मप्रकाश ने मुझसे फॉन ब्रॉन का मद्रास (अब चेन्नई) में स्वागत करने और मद्रास से उन्हें थुंबा लाने को कहा तो स्वाभाविक था, मैं रोमांचित हो उठा।

तब तक वी-2 मिसाइल रॉकेट एवं मिसाइल के इतिहास में उस समय तक की सबसे बड़ी उपलब्धि थी। यह फॉन ब्रॉन और उनकी टीम के सदस्यों की कड़ी मेहनत का प्रतिफल था। इस मिसाइल को ब्रॉन की टीम ने सन् 1920 में वी.एफ.आर. (सोसाइटी फॉर स्पेस फ्लाइट) में तैयार किया था। नागरिक कोशिशों से जो शुरू हुआ था, जल्दी ही वह एक सरकारी सेना के रूप में सामने आया और फॉन ब्रॉन को जर्मन मिसाइल प्रयोगशाला का निदेशक बना दिया गया। जून 1942 में पहली वी-2 मिसाइल का परीक्षण किया गया, जो असफल रहा। परीक्षण स्थल के एक ओर गिरकर ही इसमें विस्फोट हो गया। लेकिन 16 अगस्त, 1942 को अंततः ध्वनि की रफ्तार से भी तेज गति की मिसाइल बन ही गई। जर्मनी के नार्दोसेन के पास एक भूमिगत उत्पादन इकाई में अप्रैल से अक्तूबर 1944 के दौरान ब्रॉन की देखरेख में ही दस हजार से ज्यादा वी-2 मिसाइलों का उत्पादन किया गया। मैं एक ऐसे व्यक्ति के साथ यात्रा करूँगा जो एक वैज्ञानिक, एक डिजाइनर, एक प्रोडक्शन इंजीनियर, एक प्रशासक, एक तकनीकी प्रबंधक—यानी एक में ही सबकुछ है, सोचकर मैं रोमांचित था।

तब तक वी-2 मिसाइल रॉकेट एवं मिसाइल के इतिहास में उस समय तक की सबसे बड़ी उपलब्धि थी। यह फॉन ब्रॉन और उनकी टीम के सदस्यों की कड़ी मेहनत का प्रतिफल था। इस मिसाइल को ब्रॉन की टीम ने सन् 1920 में वी.एफ.आर. (सोसाइटी फॉर स्पेस फ्लाइट) में तैयार किया था।

मद्रास से त्रिवेंद्रम हम एवरो एयरक्राफ्ट में गए। इस यात्रा में करीब नब्बे मिनट का समय लगा। फॉन ब्रॉन ने मुझसे हमारे काम के बारे में पूछा और इस तरह सुना जैसे वे कोई रॉकेट विज्ञान के छात्र हों। मुझे कभी भी यह उम्मीद नहीं थी कि आधुनिक रॉकेट विज्ञान के जन्मदाता इतने विनम्र, ग्रहणशील एवं

प्रोत्साहन देनेवाले होंगे। पूरी उड़ान के दौरान मुझे उनका साथ बहुत ही अच्छा महसूस हुआ। यह कल्पना कर पाना कठिन था कि मैं मिसाइलों के इतने बड़े ज्ञाता से बात कर रहा हूँ, क्योंकि वह एक अनात्मशंसी व्यक्ति थे। उनके पूछने पर मैंने बताया कि एस.एल.वी. की लंबाई व व्यास का अनुपात यानी एल./डी. बाईस रखा गया है। इसपर उन्होंने मुझे सावधान किया और कहा कि इससे एयरो इलैस्टिक संबंधी समस्याएँ खड़ी हो सकती हैं, जिन्हें उड़ान के दौरान टाला जाना बहुत जरूरी है। ऐसे होते हैं विवेकशील ज्ञानी!

> ***'अपने कार्य जीवन का एक बड़ा हिस्सा जर्मनी में बिताने के बाद अब आप अमेरिका में कैसा महसूस करते हैं?' यह सवाल मैंने ब्रॉन से पूछा, जो अपोलो मिशन में 'शनि' रॉकेट तैयार करने के बाद अमेरिका में एक पूजनीय हस्ती बन गए थे। अपोलो मिशन के इस रॉकेट ने ही मनुष्य को चाँद पर उतारा था।***

'अपने कार्य जीवन का एक बड़ा हिस्सा जर्मनी में बिताने के बाद अब आप अमेरिका में कैसा महसूस करते हैं?' यह सवाल मैंने ब्रॉन से पूछा, जो अपोलो मिशन में 'शनि' रॉकेट तैयार करने के बाद अमेरिका में एक पूजनीय हस्ती बन गए थे। अपोलो मिशन के इस रॉकेट ने ही मनुष्य को चाँद पर उतारा था। 'अमेरिका एक विशाल संभावनाओंवाला देश है; लेकिन वे हर चीज पर गैर अमेरिकीपन संदेह एवं अपमान की दृष्टि से देखते हैं। वे बहुत ही गहराई तक एन.आई.एच. (नॉट इनवेंटेड-हियर) मनोविकार से ग्रस्त हैं और वे विदेशी तकनीकियों को बहुत ही तुच्छ समझते हैं। अगर तुम रॉकेट विज्ञान में कुछ भी करना चाहते हो, इसे अपने आप ही करो।' ब्रॉन ने मुझे सलाह दी। उन्होंने टिप्पणी करते हुए कहा, 'एस.एल.वी.-3 एक विशुद्ध भारतीय डिजाइन है और आपके सामने अपनी समस्याएँ ही आ सकती हैं। लेकिन तुम्हें यह हमेशा याद रखना चाहिए कि हम सिर्फ सफलताओं से ही नहीं बनते हैं, हमारा निर्माण असफलताओं से भी होता है।'

रॉकेट के विकास में आवश्यक कठोर परिश्रम और उसके लिए प्रतिबद्धता के विषय पर बातचीत में ब्रॉन मुसकराए और बोले, 'रॉकेट विज्ञान में कठोर

परिश्रम ही पर्याप्त नहीं है। यह कोई खेल नहीं है, जिसमें थोड़ी सी मेहनत से ही तुम्हें सम्मान मिल सकता है। यहाँ न सिर्फ तुम्हें लक्ष्य को पाना है बल्कि इसे जितना जल्दी संभव हो सके, हासिल करने के तरीके भी निकालने हैं।

'संपूर्ण प्रतिबद्धता का अर्थ केवल कड़ी मेहनत नहीं है। इसमें पूर्णरूप से शामिल होने का पक्ष बहुत महत्त्वपूर्ण है। चट्टान की दीवार खड़ी करना एक कमरतोड़ मेहनत का काम है। कुछ लोग ऐसे होते हैं जो सारी जिंदगी चट्टान की दीवारें खड़ी करते हैं और जब वे मर जाते हैं, मीलों लंबी दीवार होती है, जिसे मौन प्रशंसा मिलती है कि कितनी कड़ी मेहनत से इन लोगों ने इसे तैयार किया। लेकिन दूसरे वे लोग हैं जो चट्टान की दीवारें बनाते हैं और हर वक्त एक चट्टान को दूसरी के ऊपर रखकर अपने मस्तिष्क की कल्पना-दृष्टि को कोई-न-कोई रूप देने में लगे रहते हैं। यह एक छत भी हो सकती है, जिसपर गुलाब की क्यारियाँ चढ़ रही हों और गरमी के दिनों के लिए उसपर बाहर कुरसियाँ डली हों। या फिर चट्टान की दीवार सेब का बाग या फिर चहारदीवारी के रूप में भी हो सकती है। जब ये लोग काम खत्म करते हैं तो उनके पास एक दीवार से कहीं कुछ ज्यादा होता है। यह लक्ष्य ही है जो अंतर पैदा करता है। तुम रॉकेट विज्ञान को अपना पेशा, अपनी जीविका मत बनाओ—इसे अपना धर्म समझो, अपना मिशन बनाओ।' फॉन ब्रॉन में क्या मैंने प्रो. विक्रम साराभाई को देखा? यह सोचकर मुझे बहुत प्रसन्नता होती है कि मुझे ऐसा लगा।

संपूर्ण प्रतिबद्धता का अर्थ केवल कड़ी मेहनत नहीं है। इसमें पूर्णरूप से शामिल होने का पक्ष बहुत महत्त्वपूर्ण है। चट्टान की दीवार खड़ी करना एक कमरतोड़ मेहनत का काम है। कुछ लोग ऐसे होते हैं जो सारी जिंदगी चट्टान की दीवारें खड़ी करते हैं और जब वे मर जाते हैं, मीलों लंबी दीवार होती है, जिसे मौन प्रशंसा मिलती है कि कितनी कड़ी मेहनत से इन लोगों ने इसे तैयार किया।

तीन साल लगातार परिवार में तीन मौतें हो जाने के कारण मुझे अपने काम के प्रति अब पूरी से भी ज्यादा प्रतिबद्धता की जरूरत थी। मैंने अपना सबकुछ एस.एल.वी. को तैयार करने में लगा डाला। मुझे लगा जैसेकि मैंने वह रास्ता

तलाश लिया है जिसपर मुझे आगे बढ़ना है। मेरे लिए एस.एल.वी. ईश्वर का मिशन और उसकी प्रगति मेरा उद्देश्य बन गया। इस दौरान मैंने अपनी सब दूसरी गतिविधियाँ, जो थोड़ी-बहुत हुआ करती थीं, भी रोक दीं। अब न मैं शाम को बैडमिंटन खेलता, न ही साप्ताहिक या दूसरी छुट्टियाँ करता, न परिवार, न रिश्तेदारी और यहाँ तक कि दोस्तों के यहाँ भी आना-जाना छूट गया।

अपने मिशन में सफल होने के लिए आपको अपने लक्ष्य के प्रति एकाग्र-चित्त होकर समर्पित होना चाहिए। मेरे जैसे लोग प्राय: 'कार्याधिक्य' से ग्रस्त कहे जाते हैं। लेकिन मुझे इसपर आपत्ति है, क्योंकि यह एक प्रकार की रोगात्मक स्थिति अथवा बीमारी का सूचक है; जबकि वचनबद्धता, एकाग्रचित्त लक्ष्य प्राप्त करने के साधन हैं। यदि मैं वह करता हूँ जिसके लिए मेरी इच्छा दुनिया में कुछ भी होने से ज्यादा करने की है और जो मुझे खुशी प्रदान करती है, तो ऐसा काम करने को मतिभ्रंश नहीं कहा जा सकता।

अपने मिशन में सफल होने के लिए आपको अपने लक्ष्य के प्रति एकाग्र-चित्त होकर समर्पित होना चाहिए। मेरे जैसे लोग प्राय: 'कार्याधिक्य' से ग्रस्त कहे जाते हैं। लेकिन मुझे इसपर आपत्ति है, क्योंकि यह एक प्रकार की रोगात्मक स्थिति अथवा बीमारी का सूचक है; जबकि वचनबद्धता, एकाग्रचित्त लक्ष्य प्राप्त करने के साधन हैं।

जो लोग अपने पेशे में शीर्ष पर पहुँचना चाहते हैं, उनके भीतर पूर्ण वचनबद्धता का मूलभूत गुण होना बहुत जरूरी है। पूरी क्षमता के साथ काम करने की इच्छा के बाद मुश्किल से ही कोई और इच्छा जन्म ले पाती है। मेरे साथ जो लोग थे उन्हें प्रति हफ्ते चालीस घंटे काम करने का पैसा मिलता था। मैं ऐसे लोगों को भी जानता हूँ जो हर हफ्ते साठ, अस्सी और यहाँ तक कि सौ घंटे तक काम करते थे; क्योंकि उन्हें अपना काम रोमांच पैदा करनेवाला, चुनौती भरा एवं अच्छा प्रतिफल देनेवाला लगता था। सभी सफल पुरुषों व महिलाओं में पूर्ण वचनबद्धता का गुण जरूर पाया जाता है। क्या आप कुछ देखने या करने से इसलिए इनकार कर रहे हैं, क्योंकि यह आपको उस व्यवस्था से सामना करवाता है जिसमें आपका विश्वास है? क्या आप उन तनावों को झेल सकने में सक्षम हैं जो आपके जीवन में पैदा हो

रहे हैं ? एक ऊर्जावान और एक किंकर्तव्यविमूढ़ अथवा भ्रमित व्यक्ति के बीच का फर्क वस्तुत: उनके अनुभवों को व्यवहार में लाने के तरीकों में अंतर का है। आदमी के जीवन में मुश्किलें आनी जरूरी हैं; क्योंकि वे न सिर्फ उसकी प्रगति अपितु उसके स्वास्थ्य के लिए जरूरी हैं।

जब आप एक बार ऐसा कर चुके हों, अपने कार्य के प्रति अपने को वचनबद्ध बना चुके हों और ऊर्जावान हो चुके हों तब आपको अच्छे स्वास्थ्य और अपार ऊर्जा की भी आवश्यकता होगी। शीर्ष पर पहुँचने के लिए दृढ़ इच्छा शक्ति जरूरी होती है, चाहे वह माउंट एवरेस्ट हो या आपके कार्यक्षेत्र का शीर्ष। हर व्यक्ति अलग-अलग ऊर्जा लेकर जनमा है और जो सबसे पहले प्रयास करेगा और अपनी ऊर्जा का इस्तेमाल करेगा, वही सबसे जल्दी अपने जीवन को सुव्यवस्थित कर पाएगा।

सन् 1979 में छह सदस्यों की एक टीम दूसरे चरण की जटिल नियंत्रण प्रणाली का उड़ान रूपांतर तैयार करने में लगी थी। इस प्रणाली का स्थैतिकी परीक्षण व मूल्यांकन किया जाना था। परीक्षण के पंद्रह मिनट पहले प्रणाली की उलटी गिनती पर टीम की नजर लगी हुई थी। प्रणाली के बारह वाल्वों में से एक वाल्व जाँच के दौरान सही नहीं पाया गया। इससे चिंतित होकर टीम के सदस्य वाल्व में आई गड़बड़ी देखने परीक्षण स्थल पर गए। तभी अचानक लाल धुएँवाले नाइट्रिक एसिड (आर.एफ.एन.ए.) का टैंक फट गया और नाइट्रिक एसिड टीम के सदस्यों पर जा गिरा। टीम के सदस्य गंभीर रूप से जल गए। घायल साथियों को इस हालत में देखना एक जबरदस्त आघात लगने जैसा अनुभव था। कुरुप एवं मैं तुरंत ही त्रिवेंद्रम मेडिकल कॉलेज अस्पताल गए और अपने जख्मी साथियों को भरती कर लेने का अनुरोध

सन् 1979 में छह सदस्यों की एक टीम दूसरे चरण की जटिल नियंत्रण प्रणाली का उड़ान रूपांतर तैयार करने में लगी थी। इस प्रणाली का स्थैतिकी परीक्षण व मूल्यांकन किया जाना था। परीक्षण के पंद्रह मिनट पहले प्रणाली की उलटी गिनती पर टीम की नजर लगी हुई थी। प्रणाली के बारह वाल्वों में से एक वाल्व जाँच के दौरान सही नहीं पाया गया।

किया। उस वक्त अस्पताल में छह बिस्तर तक खाली नहीं थे।

इन छह घायल साथियों में एक शिवरामकृष्णन नायर भी थे। उनके शरीर पर कई जगह एसिड गिरा था। जैसे-तैसे हमें अस्पताल में एक बिस्तर उपलब्ध हो गया। शिवरामकृष्णन दर्द से कराह रहे थे। मैं उनके सिरहाने बैठा रहा। तड़के तीन बजे करीब शिवरामकृष्णन होश में आए। होश में आने के बाद पहला शब्द ही उन्होंने इस दुर्घटना पर अफसोस जाहिर करने के लिए बोला और मुझे इस बात के लिए आश्वस्त किया कि दुर्घटना के कारण परीक्षण कार्यक्रम में जो देरी हो गई है, उसे वे जल्दी ही ठीक कर देंगे। इस गंभीर हालत में भी काम के प्रति उनकी जो चिंता व आशा थी, वह मुझे भीतर तक छू गई।

शिवरामकृष्णन जैसे लोग दुर्लभ ही हैं। ऐसे लोग हमेशा कुछ और ज्यादा हासिल करने के लिए लगातार मेहनत करते हैं और उनके सामाजिक व पारिवारिक जीवन भी अपने सपने में समाहित कर लेते हैं। इन हुतात्माओं को अपने किए का अच्छा प्रतिफल अवश्य मिलता है—एक ऐसा अंतर्निहित आनंद, जो जीवन में प्रवाहित होता रहता है।

शिवरामकृष्णन जैसे लोग दुर्लभ ही हैं। ऐसे लोग हमेशा कुछ और ज्यादा हासिल करने के लिए लगातार मेहनत करते हैं और उनके सामाजिक व पारिवारिक जीवन भी अपने सपने में समाहित कर लेते हैं। इन हुतात्माओं को अपने किए का अच्छा प्रतिफल अवश्य मिलता है—एक ऐसा अंतर्निहित आनंद, जो जीवन में प्रवाहित होता रहता है। इस घटना से मुझमें टीम के लोगों के प्रति एक बड़ा विश्वास पैदा हो गया था, एक ऐसी टीम जो सफलता व असफलता में एक चट्टान की भाँति खड़ी रह सकती है।

मैंने एक शब्द 'प्रवाह' का प्रयोग, बिना इसके अर्थ की व्याख्या किए, कई जगह किया है। आखिर यह प्रवाह है क्या? यह आनंद क्या है? मैं उन्हें जादुई क्षण कह सकता हूँ। मैं क्षणों एवं उत्तमता के बीच एक ऐसी अनुरूपता देखता हूँ, जिसे आप बैडमिंटन खेलते वक्त या जॉगिंग करते वक्त महसूस करते हैं। प्रवाह एक ऐसी अनुभूति है जिसका हमें उस समय अनुभव होता है जब हम अपने काम में पूरी तरह मशगूल होते हैं। प्रवाह के दौरान काम आंतरिक प्रेरणा

से ही होता चला जाता है, जिसमें काम करनेवाले की चेतना का दखल जरूरी नहीं होता। कोई जल्दी नहीं होती है; घबराहट पैदा करनेवाली कोई माँगें नहीं होती हैं। भूत व भविष्य गायब हो जाता है। स्वयं एवं कार्य के बीच का फर्क मिट जाता है। हम सभी एस.एल.वी. के प्रवाह में थे। तभी तो काफी कठोर परिश्रम करते हुए भी हम काफी आराम में, ऊर्जावान एवं तरोताजा थे। यह कैसे हो पाया? किसने इस प्रवाह को बनाया?

शायद यह एक ऐसा सोद्देश्यपूर्ण संगठन था जिसमें हम किसी महती लक्ष्य को हासिल करने के लिए काम कर रहे थे। हम सबसे व्यापक संभावित लक्ष्य स्तर को तय करते और फिर कई विकल्पों, तरीकों से उस लक्ष्य को प्राप्त करने की दिशा में काम करते। इस प्रकार समस्याओं को हल करने के लिए जो सर्जनात्मक परिवर्तन आते वही हमें प्रवाह में बनाए रखते।

जब एस.एल.वी.-3 का ठोस आकार सामने आने लगा तभी एकाग्रता एवं योग्यता भी सुस्पष्ट रूप से बढ़ती गई। मैं पूरे विश्वास में एस.एल.वी.-3 परियोजना को सफल होते देख सकता था, जो मेरा पावन सपना था। प्रवाह नियंत्रित सृजन का ही एक उप-उत्पाद है। पहली जरूरत इस बात की होती है कि आप उस काम को पूरी मेहनत के साथ करें जो आपके समक्ष एक चुनौती के रूप में है और जिसे करने के लिए आपका दिल आपको इजाजत देता है।

जब एस.एल.वी.-3 का ठोस आकार सामने आने लगा तभी एकाग्रता एवं योग्यता भी सुस्पष्ट रूप से बढ़ती गई। मैं पूरे विश्वास में एस.एल.वी.-3 परियोजना को सफल होते देख सकता था, जो मेरा पावन सपना था। प्रवाह नियंत्रित सृजन का ही एक उप-उत्पाद है। पहली जरूरत इस बात की होती है कि आप उस काम को पूरी मेहनत के साथ करें जो आपके समक्ष एक चुनौती के रूप में है और जिसे करने के लिए आपका दिल आपको इजाजत देता है। हो सकता है, यह कोई बहुत जबरदस्त चुनौती न हो। लेकिन एक ऐसा काम जिसे लेकर आपको यह लगने लगे कि जो आप आज कर रहे हैं वह आपके द्वारा कल किए गए काम से कहीं ज्यादा अच्छा है अथवा आपने पहले इसे

करने की कोशिश की थी। प्रवाह बनाए रखने के लिए एक और महत्त्वपूर्ण चीज है—अनवरत समय। मेरे अनुभव में आधे घंटे से कम समय में प्रवाह की स्थिति में आना बहुत ही मुश्किल है और यह तब असंभव हो जाता है जब बीच-बीच में दखल उत्पन्न होते रहें।

क्या यह संभव है कि आप किसी भी तरह की युक्ति से प्रवाह की स्थिति में उसी प्रकार से आ सकते हैं जैसे हम तुरंत ही अपने लिए कुछ सीखने के लिए कर लेते हैं ? इसका जवाब है—हाँ। और इसका जो रहस्य है वह यह कि पिछली बार या पहले कभी आप प्रवाह में रह चुके हों; क्योंकि हर व्यक्ति में स्पंदन उत्पन्न करने के लिए भीतर एक अद्वितीय प्राकृतिक आवृत्ति होती है। अगर यह सामान्य रूप से आपके भीतर है तो आप इसे पहचान सकते हैं। अगर आपमें से यह निकल गई है तो आप प्रवाह की स्थिति उत्पन्न कर सकते हैं।

मैंने इस अवस्था को कई बार अनुभव किया है—एस.एल.वी. मिशन में करीब-करीब हर दिन। प्रयोगशाला के दिनों में भी अनेक बार मैंने प्रयोगशाला को खाली पाया और अनुभव किया। कई बार मैं और मेरी टीम के सदस्य काम में इस कदर लगे रहते थे कि हम दोपहर का खाना ही नहीं खा पाते और न ही हमें लगता कि हम भूखे हैं।

मैंने इस अवस्था को कई बार अनुभव किया है—एस.एल.वी. मिशन में करीब-करीब हर दिन। प्रयोगशाला के दिनों में भी अनेक बार मैंने प्रयोगशाला को खाली पाया और अनुभव किया। कई बार मैं और मेरी टीम के सदस्य काम में इस कदर लगे रहते थे कि हम दोपहर का खाना ही नहीं खा पाते और न ही हमें लगता कि हम भूखे हैं।

ऐसे कई अवसरों का विश्लेषण करने पर मैंने पाया कि जब परियोजना का काम पूरा होने के करीब था तब यह प्रवाह बना हुआ था या फिर परियोजना जब उस चरण में पहुँच गई थी जब हमारे पास पूरे आँकड़े इकट्ठे हो गए थे और हम समस्याओं का हल निकालने की तैयारी शुरू करने वाले थे। मैंने यह भी महसूस किया कि ऐसा उन दिनों में हुआ जब दफ्तर में अपेक्षित शांति रही, कोई बैठकें या चिल्लाने का माहौल नहीं रहा। इस तरह की स्थितियाँ धीरे-धीरे बनती गईं और सन् 1979 के मध्य में एस.एल.वी. का सपना पूरा हुआ।

एस.एल.वी.-3 का पहला प्रायोगिक उड़ान परीक्षण हमने 10 अगस्त, 1979 को निर्धारित किया था। इस अभियान का मुख्य उद्देश्य श्रीहरिकोटा प्रक्षेपण केंद्र में पूर्णरूप से समेकित प्रक्षेपण यान विकसित करना था तथा उड़ान प्रणालियों—जैसे स्टेज मोटर्स, निर्देशन व नियंत्रण प्रणाली और इलेक्ट्रॉनिक प्रणाली को जाँचना था। साथ ही नई प्रणालियों—जैसे चैकआउट, ट्रैकिंग, टेलीमीटरी एवं आँकड़ों संबंधी सुविधाएँ भी इस केंद्र में विकसित करनी थीं। इस प्रकार तेईस मीटर लंबा, चार चरणोंवाला एस.एल.वी. रॉकेट सुबह सात बजकर अट्ठावन मिनट पर छोड़ा गया। इसका वजन सत्रह टन था। प्रक्षेपण के फौरन बाद ही इसकी प्रणालियों ने अपने काम शुरू कर दिए।

पहले चरण ने पूर्ण सफलता से अपना काम किया। इस चरण को दूसरे चरण में परिवर्तित होना था। हम एस.एल.वी.-3 को उड़ता हुआ देखने की उम्मीदें लिये हुए थे। लेकिन अचानक ही एक गड़बड़ी आ गई और उम्मीदों को धक्का लगा। रॉकेट का दूसरा चरण नियंत्रण से बाहर हो गया। 317 सेकंड के बाद ही उड़ान बंद हो गई और मेरे चौथे चरण सहित पूरा यान श्रीहरिकोटा से पाँच सौ साठ किलोमीटर दूर समुद्र में आ गिरा।

पहले चरण ने पूर्ण सफलता से अपना काम किया। इस चरण को दूसरे चरण में परिवर्तित होना था। हम एस.एल.वी.-3 को उड़ता हुआ देखने की उम्मीदें लिये हुए थे। लेकिन अचानक ही एक गड़बड़ी आ गई और उम्मीदों को धक्का लगा। रॉकेट का दूसरा चरण नियंत्रण से बाहर हो गया। 317 सेकंड के बाद ही उड़ान बंद हो गई और मेरे चौथे चरण सहित पूरा यान श्रीहरिकोटा से पाँच सौ साठ किलोमीटर दूर समुद्र में आ गिरा।

इस घटना से हम सबको गहरा धक्का लगा। मुझे नाराजगी और निराशा दोनों हुईं। अचानक ही मुझे महसूस हुआ कि मेरे पैर इस कदर थम गए हैं कि उनमें दर्द हो रहा है। यह समस्या मेरे शरीर में नहीं थी बल्कि मेरे मस्तिष्क में कुछ घटित हो रहा था।

मेरे हॉवर क्राफ्ट 'नंदी' की असामयिक मौत, राटो परियोजना का बीच में ही छोड़ दिया जाना, एस.एल.वी. डायामाँट के चौथे चरण को रोक देना—ये

सब मेरी आँखों के सामने आ गए। पिछले कुछ वर्षों में मैं जैसे-तैसे इन झटकों से उबरा और नए सपने सँजोए। उस दिन मैं हर झटके को लेकर काफी निराशा एवं अवसाद में था।

'आपको इसका क्या कारण लगता है ?' किसीने मुझसे ब्लॉक हाउस में यह पूछा। मैंने इसका जवाब ढूँढ़ने की कोशिश की; लेकिन मैं काफी थका हुआ भी था। मैंने निरर्थक समझते हुए इसका कारण ढूँढ़ने की कोशिश छोड़ दी। प्रक्षेपण जल्दी सुबह ही हुआ था, पूरी रात उलटी गिनती चली थी। पिछले एक हफ्ते से मुश्किल से ही थोड़ा सो पाया था। मानसिक व शारीरिक रूप से थका हुआ मैं अपने कमरे में गया और बिस्तर पर कटे पेड़-सा जा गिरा।

मेरे कंधे पर हाथ रखकर किसीने मुझे जगाया। दोपहर खत्म हो चुकी थी और शाम होने जा रही थी। मैंने देखा, डॉ. ब्रह्मप्रकाश मेरे पास बैठे हुए हैं। 'खाने का क्या हो रहा है ?' उन्होंने पूछा। उनका यह स्नेह व चिंता मुझे गहराई तक छू गई। मुझे बाद में पता चला कि इससे पहले भी दो बार डॉ. ब्रह्मप्रकाश मेरे कमरे में आए थे, लेकिन मुझे सोता देखकर लौट गए थे। वह पूरे समय यह प्रतीक्षा करते रहे कि मैं उठ जाऊँ और फिर उनके साथ दोपहर का भोजन करूँ। मैं उदास तो था, लेकिन अकेलापन नहीं लग रहा था। डॉ. ब्रह्मप्रकाश के साथ ने मेरे भीतर एक नया विश्वास जगाया। खाना खाते वक्त उन्होंने बहुत कम ही बातचीत की और सावधानीपूर्वक एस.एल.वी.-3 के जिक्र तक से बचते हुए बहुत ही शालीनता से मुझे दिलासा दी।

□

: नौ :

कठिनाई भरे उस दौर में डॉ. ब्रह्मप्रकाश ने मेरी काफी सहायता की। दुःखों को झेल जाने की उनमें जो अद्भुत क्षमता थी, वह हम सबके लिए एक मिसाल थी। व्यवहार में डॉ. ब्रह्मप्रकाश ने घायल योद्धा के इलाज का सिद्धांत बताते हुए कहा, 'किसी तरह उसे जीवित घर ले आओ। फिर वह स्नेह की दवा से जरूर ठीक हो जाएगा।' उन्होंने पूरी एस.एल.वी. टीम को अपने पास बुलाया और मुझे दिखाते हुए कहा कि एस.एल.वी.-3 की असफलता का दुःख मुझे अकेले को नहीं है। वह बोले, 'तुम्हारे सारे साथी तुम्हारे सामने खड़े हैं।' इससे मुझे काफी भावात्मक सहारा, प्रोत्साहन एवं मार्गदर्शन मिला।

11 अगस्त, 1979 को एस.एल.वी. की उड़ान के बाद की समीक्षा बैठक में सत्तर से ज्यादा वैज्ञानिकों ने भाग लिया। इसमें मिशन की असफलता के तकनीकी कारणों का पूरा ब्योरा तैयार किया गया। बाद में उड़ान के बाद की स्थिति के विश्लेषण के लिए बनी एस.के. अतिथन कमेटी ने यान में आई गड़बड़ियों के कारणों का खुलासा किया। इसमें यह सामने आया कि यान में जो गड़बड़ी आई उसका कारण दूसरे चरण की नियंत्रण प्रणाली का खराब हो जाना था। दूसरे चरण की उड़ान के दौरान कोई नियंत्रण बल काम नहीं कर रहा था, जिससे यान वायुगतिकीय रूप से अस्थिर हो गया और इस वजह से अपेक्षित ऊँचाई एवं वेग प्राप्त नहीं कर पाया और जब तक यान का अगला चरण शुरू हो पाता, इससे पहले ही वह समुद्र में गिर गया।

दूसरे चरण की गड़बड़ी का और गहराई से विश्लेषण करने पर एक और कारण सामने आया। ईंधन शक्ति के लिए ऑक्सीडाइजर के रूप में इस्तेमाल किया गया लाल धुएँवाला नाइट्रिक एसिड बड़ी मात्रा में निकल गया था। नाइट्रिक

एसिड बह जाने से हुआ यह कि जब नियंत्रण बल की आवश्यकता पड़ी तो केवल ईंधन ही मिल पाया और नाइट्रिक एसिड नहीं। इस कारण प्रणाली को आवश्यक नियंत्रण बल नहीं मिला। परीक्षण के आठ मिनट पूर्व (टी-8) की पहली कमांड के बाद संदूषण के कारण ऑक्सीडाइजर टैंक का एक वाल्व खुला रह गया और उससे नाइट्रिक एसिड निकल गया।

ये नतीजे इसरो के शीर्ष वैज्ञानिकों की बैठक में प्रो. धवन के समक्ष रखे गए और इन्हें स्वीकार किया गया। हर कोई इस मिशन की असफलता के इन तकनीकी कारणों से सहमत था और पूरे मामले में सभी का संतोष इस बात का था कि असफलता से बचने के लिए कदम उठाए गए थे। हालाँकि मैं अभी भी इन कारणों को लेकर संतुष्ट नहीं था और बेचैनी महसूस कर रहा था। मेरे मामले में जिम्मेदारी का स्तर इस बात से तय किया जाता कि मैं बिना किसी देरी या इधर-उधर ध्यान दिए बिना निर्णय लेने की प्रक्रिया की योग्यता रखता हूँ। मैं खड़ा हुआ और प्रो. धवन से बोला, 'सर, हालाँकि इस असफलता के लिए मेरे साथियों ने तकनीकी गड़बड़ी को दोषी ठहराया है, तो भी अंतिम चरण की उलटी गिनती के दौरान नाइट्रिक एसिड रिसाव को अनदेखा करने की जिम्मेदारी मैं अपने ऊपर लेता हूँ। एक मिशन डायरेक्टर के रूप में मुझे प्रक्षेपण रोक देना चाहिए था और संभव था तो उड़ान को सुरक्षित बचा लेने का प्रयत्न करना था। अन्य देशों में ऐसी स्थिति में मिशन डायरेक्टर को अपने काम से हाथ धोना पड़ जाता है। इसलिए एस.एल.वी.-3 की असफलता का जिम्मा मैं अपने ऊपर लेता हूँ।' थोड़े समय के लिए पूरे हॉल में सन्नाटा छा गया। प्रो. धवन खड़े हुए और बोले, 'मुझे कलाम को पृथ्वी की कक्षा में स्थापित करके ही छोड़ना है।' यह कहते हुए वह उठे और बैठक खत्म करने का संकेत देते हुए बाहर चले गए। विज्ञान के लक्ष्य हमें बड़ी खुशी

ये नतीजे इसरो के शीर्ष वैज्ञानिकों की बैठक में प्रो. धवन के समक्ष रखे गए और इन्हें स्वीकार किया गया। हर कोई इस मिशन की असफलता के इन तकनीकी कारणों से सहमत था और पूरे मामले में सभी का संतोष इस बात का था कि असफलता से बचने के लिए कदम उठाए गए थे।

तो देते ही हैं, साथ ही दुःख, तकलीफ एवं हृदय-विदारक क्षण भी हमारे सामने आते हैं। मेरे मस्तिष्क में ऐसी कई घटनाएँ दर्ज हैं। जॉन केपलर, जिसके तीन कक्षीय गति नियम अंतरिक्ष शोध का मूल आधार बने, को सूर्य के चारों ओर ग्रहों की गति के बारे में दो नियम बनाने के बाद तीसरा नियम प्रतिपादित करने में करीब सत्रह साल लग गए थे। ग्रहों की गति का यह तीसरा नियम दीर्घ वृत्ताकार कक्षा के आकार एवं ग्रह को सूर्य के चारों ओर परिक्रमा करने में लगनेवाले समय के बीच संबंध स्थापित करने को लेकर था। इस दौरान उसे न जाने कितनी बार असफलताओं और निराशा का सामना करना पड़ा होगा। मानव का चंद्रमा पर कदम रखने का विचार सर्वप्रथम रूस के गणितज्ञ कोंस्तेतिन तिस्लोकोस्की ने दिया था, जो कि चार दशक बाद साकार हो पाया और वह भी अमेरिकनों के हाथों। प्रो. चंद्रशेखर को अपनी खोज 'चंद्रशेखर लिमिट' के बाद नोबल पुरस्कार के लिए पचास साल इंतजार करना पड़ा। सन् 1930 के दशक में कैंब्रिज विश्वविद्यालय से जब उन्होंने स्नातक किया था, तभी यह खोज कर ली थी। अगर उसी समय उनकी खोज को मान्यता दे दी जाती तो 'ब्लैक होल' की खोज कई दशक पहले ही सामने आ जाती। चंद्रमा पर पहला यान उतारने के लिए रॉकेट बनाने के पहले फॉन ब्रॉन को कितनी ही असफलताओं का सामना करना पड़ा था। झटकों से उबरने के लिए मुझे इन सब विचारों ने काफी मदद की।

सन् 1930 के दशक में कैंब्रिज विश्वविद्यालय से जब उन्होंने स्नातक किया था, तभी यह खोज कर ली थी। अगर उसी समय उनकी खोज को मान्यता दे दी जाती तो 'ब्लैक होल' की खोज कई दशक पहले ही सामने आ जाती। चंद्रमा पर पहला यान उतारने के लिए रॉकेट बनाने के पहले फॉन ब्रॉन को कितनी ही असफलताओं का सामना करना पड़ा था।

नवंबर 1979 के शुरू में डॉ. ब्रह्मप्रकाश रिटायर हो गए। वी.एस.एस.सी. में संकट के वक्त में वे हमेशा मेरे रक्षक, हितैषी बने रहे। टीम भावना से काम करने की शक्ति में उनका जो विश्वास था, उससे एस.एल.वी. परियोजना के प्रबंधन में एक प्रेरणा मिली थी, जो बाद में देश की सभी वैज्ञानिक परियोजनाओं के लिए भी प्रेरणा का स्रोत और मूल ढाँचा बनी। डॉ. ब्रह्मप्रकाश एक बहुत ही

बुद्धिमान परामर्शदाता थे, जिन्होंने मुझे अपने मिशन के लक्ष्य के बारे में जब-जब जरूरत पड़ी, अमूल्य मार्गदर्शन दिया।

डॉ. ब्रह्मप्रकाश ने मुझमें न सिर्फ विशेषताओं को ही निखारा, जो मैंने प्रो. साराभाई से प्राप्त की थीं, बल्कि उन विशेषताओं को नया आयाम देने में मेरी मदद भी की। जल्दबाजी को लेकर वे मुझे हमेशा सावधान करते रहते थे। वह मुझसे कहा करते—'बड़ी वैज्ञानिक परियोजनाएँ उन पहाड़ों के समान हैं जिसपर थोड़ी-थोड़ी कोशिशों, जो संभव हो सकें, तथा बिना इच्छा के चढ़ा जाना चाहिए। तुम्हारी स्वयं की प्रकृति को ही वास्तविक गति का पता लगाना चाहिए। अगर तुम अनवरत चल रहे हो, गति और बढ़ेगी। अगर तुम तनावग्रस्त और बहुत ही उत्तेजित हो, धीरे हो जाओगे। तुम पहाड़ पर उस साम्यावस्था में चढ़ो जिसमें न थकान हो, न बेचैनी हो।' जब तुम्हारी परियोजना का हर काम ठीक तरह से न सिर्फ पूरा हो जाए बल्कि अपने में एक असाधारण घटना बन जाए, तभी तुम उसे दिखाने का काम करो। अपने जीवन में मैंने पहली बार डॉ. ब्रह्मप्रकाश को एक आदर्श प्रबंधक के रूप में देखा था। डॉ. ब्रह्मप्रकाश की इस सलाह की गूँज इमर्सन की इस कविता में प्रतिध्वनित होती है, जो ब्रह्मा पर लिखी गई है—

डॉ. ब्रह्मप्रकाश ने मुझमें न सिर्फ विशेषताओं को ही निखारा, जो मैंने प्रो. साराभाई से प्राप्त की थीं, बल्कि उन विशेषताओं को नया आयाम देने में मेरी मदद भी की। जल्दबाजी को लेकर वे मुझे हमेशा सावधान करते रहते थे। वह मुझसे कहा करते—'बड़ी वैज्ञानिक परियोजनाएँ उन पहाड़ों के समान हैं जिसपर थोड़ी-थोड़ी कोशिशों, जो संभव हो सकें, तथा बिना इच्छा के चढ़ा जाना चाहिए।

'कातिल सोचे उसने मारा
या मकतूल कहे वह गुजरा
दोनों ही अनजान
ना जानें
मैं बनाऊँ, पालूँ और मारूँ।'

हर स्तर पर एस.एल.वी.-3 टीम को कुछ असाधारण एवं उत्साही लोगों का साथ और सहयोग मिलता रहा। सुधाकर और शिवरामकृष्णन के साथ एक साथी शिवकामीनाथन भी थे। वे त्रिवेंद्रम से श्रीहरिकोटा एक सी बैंड ट्रांसपोंडर लेकर आए थे, जिसे एस.एल.वी.-3 में लगाया जाना था। ट्रांसपोंडर रॉकेट प्रणाली में लगाया जानेवाला वह यंत्र है जो कि राडार संकेत देता है, जिनसे यान को उड़ान की शुरुआत से लेकर अपने अंतिम स्थान तक पहुँचने के लिए रास्ता निर्धारित करने में मदद मिलती है। एस.एल.वी.-3 के प्रक्षेपण काम इस उपकरण (ट्रांसपोंडर) के आने और रॉकेट में लगाने पर निर्भर था। मद्रास हवाई अड्डे पर उतरते वक्त विमान, जिसमें शिवकामी यात्रा कर रहे थे, फिसल गया और रन वे को लाँघता हुआ आगे निकल गया। विमान में से तेज धुआँ उठा। शिवकामी के अलावा हर व्यक्ति विमान के आपातकालीन द्वार से बाहर कूद रहा था और अपने को बचाने के लिए संघर्ष कर रहा था। शिवकामी विमान में तब तक रुके रहे जब तक कि उन्होंने सामान में से ट्रांसपोंडर नहीं निकाल लिया। वह विमान में रहे कुछ ही लोगों में से थे जो धुएँ में घिरे रहे और उन्होंने ट्रांसपोंडर को अपने सीने से लगाए रखा।

उन्हीं दिनों की एक और घटना मुझे याद आती है जब एस.एल.वी.-3 के निर्माण के वक्त प्रो. धवन दौरे पर आए थे। प्रो. धवन, माधवन नायर और मैं एस.एल.वी.-3 के संयोजन से संबंधित कुछ महत्त्वपूर्ण पहलुओं पर विचार-विमर्श कर रहे थे। यान एक प्रक्षेपक (लॉञ्चर) पर क्षैतिज स्थिति में रखा हुआ था।

उन्हीं दिनों की एक और घटना मुझे याद आती है जब एस.एल.वी.-3 के निर्माण के वक्त प्रो. धवन दौरे पर आए थे। प्रो. धवन, माधवन नायर और मैं एस.एल.वी.-3 के संयोजन से संबंधित कुछ महत्त्वपूर्ण पहलुओं पर विचार-विमर्श कर रहे थे। यान एक प्रक्षेपक (लॉञ्चर) पर क्षैतिज स्थिति में रखा हुआ था। जब हम इस यान के चारों ओर घूम-घूमकर उसकी तैयारी की जाँच कर रहे थे तभी मेरी नजर आग बुझाने के लिए काम आनेवाले पानी के बड़े तोरणों (वाटर पोर्ट्स) पर पड़ी। कुछ कारणों से मुझे इन जल तोरणों का एस.एल.वी.-3 के सामने की ओर होना ठीक नहीं लगा। मैंने माधवन नायर को सुझाव दिया कि

हम इस जल तोरण को इस प्रकार घुमा सकें कि यह पूरा 180^0 घूम जाए। इससे पानी की धार सीधे रॉकेट पर पड़ने की संभावना काफी कम रह जाएगी, जो कि पूरे रॉकेट को नष्ट कर सकती है। माधवन नायर इन जल तोरणों को सुरक्षित कर ही पाए थे कि अचानक तेज पानी की धार इन जल तोरणों से निकल पड़ी। पानी छोड़ने के परिणाम से अनभिज्ञ यान का सुरक्षा अधिकारी अग्निशमन प्रणाली की जाँच कर रहा था। लेकिन उसे जरा भी इस बात का ज्ञान नहीं था कि इस तेज धार से पूरे रॉकेट को नुकसान पहुँच सकता है। यह एक दूरदृष्टि का सबक था या फिर किसी दैवी शक्ति ने बचाया?

दूसरे एस.एल.वी.-3 के प्रक्षेपण के तीस घंटे पहले, यानी 17 जुलाई, 1980 को सारे अखबार हर तरह की भविष्यवाणियों से भरे पड़े थे। एक अखबार ने लिखा था—'परियोजना निदेशक का कुछ पता नहीं चल रहा है और उनसे कोई संपर्क नहीं हो सका है।' कई लोगों ने पहले एस.एल. वी.-3 की उड़ान का इतिहास ढूँढ़ने को प्राथमिकता दी और बताया कि किस प्रकार ईंधन की कमी के कारण रॉकेट के तीसरे चरण ने काम करना बंद कर दिया था और रॉकेट समुद्र में जा गिरा तथा पूरा मिशन असफल रहा।

दूसरे एस.एल.वी.-3 के प्रक्षेपण के तीस घंटे पहले, यानी 17 जुलाई, 1980 को सारे अखबार हर तरह की भविष्यवाणियों से भरे पड़े थे। एक अखबार ने लिखा था—'परियोजना निदेशक का कुछ पता नहीं चल रहा है और उनसे कोई संपर्क नहीं हो सका है।' कई लोगों ने पहले एस.एल.वी.-3 की उड़ान का इतिहास ढूँढ़ने को प्राथमिकता दी और बताया कि किस प्रकार ईंधन की कमी के कारण रॉकेट के तीसरे चरण ने काम करना बंद कर दिया था और रॉकेट समुद्र में जा गिरा तथा पूरा मिशन असफल रहा। कुछ अखबारों ने छापा कि एस.एल.वी.-3 के संभावित सैन्य अनुप्रयोग क्या हो सकते हैं, जिसमें कि हम मध्यम दूरी तक मार कर सकनेवाली मिसाइलें 'आई.आर.बी.एम.' बना सकने की क्षमता हासिल कर सकते हैं। कुछ अखबारों ने ऐसे सामान्य पूर्वानुमान व्यक्त किए जो देश को कष्ट पहुँचानेवाले थे और एस.एल.वी.-3 से संबंधित थे। मुझे मालूम था कि अगले दिन का प्रक्षेपण

देश के अंतरिक्ष कार्यक्रम का भविष्य तय करने जा रहा है। या तो अब या कभी नहीं। वास्तव में पूरे देश की निगाहें हमपर टिकी हुई थीं।

अगले दिन यानी 18 जुलाई, 1980 को सुबह आठ बजकर तीन मिनट पर श्रीहरिकोटा रॉकेट प्रक्षेपण केंद्र से एस.एल.वी.-3 ने उड़ान भरी। छह सौवें सेकंड पर मैंने देखा कि रोहिणी उपग्रह को कक्षा में प्रवेश कराने के लिए चौथे चरण के इंजन से मिलनेवाले जरूरी वेग के बारे में कंप्यूटर पर आँकड़े आ रहे हैं। अगले दो मिनट में रोहिणी पृथ्वी की निचली कक्षा में स्थापित हो गया था। मैंने कर्कश आवाज में चिल्लाते हुए जो महत्त्वपूर्ण शब्द उस समय कहे, शायद ही जीवन में कभी कहे होंगे—'मिशन डायरेक्टर की सभी स्टेशनों को सूचना है। महत्त्वपूर्ण घोषणा के लिए तैयार रहें। सभी चरणों ने मिशन की जरूरतें पूरी कर ली हैं। चौथे चरण के इंजन ने रोहिणी उपग्रह को कक्षा में प्रवेश कराने के लिए आवश्यक वेग दे दिया है।'

सारा देश खुशी से रोमांचित था। भारत अब दुनिया के उन चुनिंदा देशों की पंक्ति में शामिल हो गया था जिनके पास उपग्रह प्रक्षेपण की क्षमता थी। सारे अखबारों में यह खबर सुर्खियों में थी। रेडियो व दूरदर्शन ने विशेष कार्यक्रम प्रसारित किए थे। संसद् में मेजें थपथपाकर बधाई दी गई।

हर जगह लोग खुशी से चिल्ला उठे थे। जैसे ही मैं ब्लॉक हाउस के बाहर आया, मेरे साथियों ने मुझे कंधे पर उठा लिया और मेरा जुलूस निकाला।

सारा देश खुशी से रोमांचित था। भारत अब दुनिया के उन चुनिंदा देशों की पंक्ति में शामिल हो गया था जिनके पास उपग्रह प्रक्षेपण की क्षमता थी। सारे अखबारों में यह खबर सुर्खियों में थी। रेडियो व दूरदर्शन ने विशेष कार्यक्रम प्रसारित किए थे। संसद् में मेजें थपथपाकर बधाई दी गई। यह राष्ट्र के एक सपने के साथ ही देश के इतिहास के एक महत्त्वपूर्ण अध्याय की भी शुरुआत थी। अपनी सहज विनम्रता त्याग इसरो के अध्यक्ष प्रो. सतीश धवन ने बाजोश ऐलान किया कि अब हम अंतरिक्ष में खोज की पूरी योग्यता से युक्त हो गए हैं। तत्कालीन प्रधानमंत्री इंदिरा गांधी ने भी फोन पर बधाई दी। लेकिन सबसे महत्त्वपूर्ण प्रतिक्रिया उस भारतीय वैज्ञानिक समुदाय की थी जिसमें हर कोई रोमांचित था और शत-प्रतिशत स्वदेशी प्रयास पर गर्व कर रहा था।

मेरे भीतर मिली-जुली प्रतिक्रिया हो रही थी। इस सफलता को हासिल करके मैं काफी खुश था, क्योंकि पिछले दो दशकों में पहली बार पूर्ण सफलता मिली थी। लेकिन दु:खी इसलिए था, क्योंकि मुझे प्रेरणा देते रहनेवाले, मेरी खुशी में हिस्सा बँटानेवाले अब इस दुनिया में नहीं थे—मेरे पिता, मेरे बहनोई जलालुद्दीन और प्रो. साराभाई।

एस.एल.वी.-3 उड़ान को सफल बनाने का सबसे पहला श्रेय अंतरिक्ष कार्यक्रम के पितामह प्रो. विक्रम साराभाई को जाता है, जिन्होंने इसके लिए कोशिशें शुरू की थीं, साथ ही वी.एस.एस.सी. के उन सैकड़ों साथियों को भी, जिनकी इच्छाशक्ति ने इस सफलता को साकार कर दिखाया और साथ ही प्रो. धवन एवं डॉ. ब्रह्मप्रकाश को, जिन्होंने इस परियोजना का नेतृत्व किया।

एस.एल.वी.-3 उड़ान को सफल बनाने का सबसे पहला श्रेय अंतरिक्ष कार्यक्रम के पितामह प्रो. विक्रम साराभाई को जाता है, जिन्होंने इसके लिए कोशिशें शुरू की थीं, साथ ही वी.एस.एस.सी. के उन सैकड़ों साथियों को भी, जिनकी इच्छाशक्ति ने इस सफलता को साकार कर दिखाया और साथ ही प्रो. धवन एवं डॉ. ब्रह्मप्रकाश को, जिन्होंने इस परियोजना का नेतृत्व किया।

उस दिन हमने एक रात्रिभोज का आयोजन किया था। धीरे-धीरे आयोजन का शोरगुल धीमा पड़ता गया। मैं अपने कमरे में सोने चला गया। जरा भी ऊर्जा नहीं रह गई थी। कमरे की खुली खिड़की से बादलों के बीच चाँद को देखता रहा।

एस.एल.वी.-3 की सफलता के महीने भर के भीतर ही मैं एक निमंत्रण पर बंबई के नेहरू विज्ञान केंद्र में गया। वहाँ मुझे एस.एल.वी.-3 से जुड़े अपने अनुभवों पर बोलना था। वहीं मेरे पास दिल्ली से प्रो. धवन का फोन आया। उन्होंने अगली सुबह ही मुझे दिल्ली में अपने पास पहुँचने को कहा। हमें प्रधानमंत्री इंदिरा गांधी से मिलना था। नेहरू विज्ञान केंद्र के मेरे मेजबान ने मेरे दिल्ली जाने के टिकट का तो इंतजाम करा दिया था, लेकिन मेरे साथ एक छोटी समस्या और भी थी। यह समस्या मेरे कपड़ों को लेकर थी। मैं रोजाना की तरह ही सादा कपड़ों और हवाई चप्पलों में था:, जिनका कि मैं आज तक भी आदी

हूँ। प्रधानमंत्री से मिलने जाने के लिए कम-से-कम एक स्तरीय कपड़े तो पहनने जरूरी थे। मैंने प्रो. धवन को इस समस्या के बारे में बताया तो उन्होंने मुझसे कहा कि कपड़ों के बारे में तुम्हें चिंता करने की जरूरत नहीं है। वह बोले, 'तुम तो अपनी सफलता से सजे हो।'

अगली सुबह प्रो. धवन और मैं संसद् भवन की एनेक्सी में पहुँचे। प्रधानमंत्री की अध्यक्षता में विज्ञान एवं टेक्नोलॉजी के संसदीय पैनल की बैठक होनी थी। कमरे में लोकसभा एवं राज्यसभा के लगभग तीस सदस्य थे। प्रो. एम.जी.के. मेनन और डॉ. नाग चौधरी भी यहाँ उपस्थित थे। श्रीमती इंदिरा गांधी ने सदस्यों को एस.एल.वी.-3 की सफलता के बारे में बताया और हमारी उपलब्धि की भूरि-भूरि प्रशंसा की। प्रो. धवन ने उपस्थित सदस्यों को देश के अंतरिक्ष कार्यक्रम के क्षेत्र में उत्साह बढ़ाने के लिए धन्यवाद दिया और इसरो के वैज्ञानिकों एवं इंजीनियरों के प्रति अपना आभार व्यक्त किया। अचानक मैंने देखा कि श्रीमती गांधी मेरी ओर मुसकराती हुई बोलीं, 'कलाम! हम तुम्हें यहाँ सुनना पसंद करेंगे।' प्रो. धवन पहले बोल ही चुके थे। प्रधानमंत्री की ओर से ऐसे अनुरोध की मुझे तो कल्पना तक नहीं थी।

अगली सुबह प्रो. धवन और मैं संसद् भवन की एनेक्सी में पहुँचे। प्रधानमंत्री की अध्यक्षता में विज्ञान एवं टेक्नोलॉजी के संसदीय पैनल की बैठक होनी थी। कमरे में लोकसभा एवं राज्यसभा के लगभग तीस सदस्य थे। प्रो. एम.जी.के. मेनन और डॉ. नाग चौधरी भी यहाँ उपस्थित थे।

हिचकिचाते हुए मैं उठा और बोला, 'राष्ट्र निर्माताओं की उपस्थिति के बीच मैं अपने को वाकई सम्मानित महसूस कर रहा हूँ। मैं तो सिर्फ यही जानता हूँ कि हम देश में एक रॉकेट प्रणाली किस तरह तैयार कर सकते हैं, जिसे पच्चीस हजार किलोमीटर प्रति घंटे की रफ्तार से छोड़ा जा सके।' कमरा तालियों की आवाज से गूँज उठा। एस.एल.वी.-3 जैसी परियोजना पर काम करने और देश की वैज्ञानिक ताकत साबित करने का अवसर देने के लिए मैंने सदस्यों को धन्यवाद दिया। पूरे कमरे में खुशी की लहर दौड़ रही थी।

एस.एल.वी.-3 परियोजना सफलतापूर्वक पूरी हो जाने के बाद वी.एस.एस.

सी. के संसाधनों को पुनर्गठित किया जाना था और इसके लक्ष्यों को भी फिर से परिभाषित किया जाना था। मैंने इस परियोजना से अवकाश लेने की इच्छा व्यक्त की। इसके बाद मेरी टीम के ही सदस्य वेद प्रकाश संडलास एस.एल. वी.-3 परियोजना के निदेशक बने। इस परियोजना का अगला लक्ष्य इसी श्रेणी का परिचालन उपग्रह प्रक्षेपण यान (ऑपरेशनल सैटेलाइट लॉन्च व्हीकल) तैयार करना था। एस.एल.वी.-3 को तकनीकी दृष्टि से और विकसित करके ऑगमेंटेड सैटेलाइट लॉन्च व्हीकल्स (ए.एस.एल.वी.) करने का काम कुछ समय से चल रहा था। इसका उद्देश्य एस.एल.वी.-3 की पेलोड क्षमता (ले जानेवाले भार की क्षमता) चालीस किलो से बढ़ाकर डेढ़ सौ किलो करना था। मेरी टीम के एम.एस.आर. देव को ए.एस.एल.वी. परियोजना का निदेशक नियुक्त किया गया। इसके बाद नौ सौ किलोमीटर ऊँची कक्षा में पहुँचने के लिए पी.एस.एल. वी. बनाया जाना था। जियो सैटेलाइट लॉन्च व्हीकल (जी.एस.एल.वी.) पर भी विचार चल रहा था। मैंने एयरो स्पेस डायनेमिक्स एवं डिजाइन ग्रुप के निदेशक का काम सँभाला, ताकि भविष्य के प्रक्षेपण यानों के डिजाइन तैयार कर सकूँ और उनके तकनीकी विकास पर काम हो सके।

भविष्य की प्रक्षेपण यान प्रणालियों के आकार व भार के मद्देनजर तथा परियोजनाओं पर काम करने के लिए आवश्यक उच्च विशेष तकनीक की सुविधाएँ वी.एस.एस.सी. के मौजूदा ढाँचे में नहीं थीं। वी.एस.एस.सी. की गतिविधियों के विस्तार के लिए नई जगहें तलाशी गईं—वत्तीयूरकाबू और वालियामाला। डॉ. श्रीनिवासन ने सुविधाओं के बारे में विस्तृत योजना तैयार की। जबकि मैंने शिवाथानु पिल्लै के साथ मिलकर एस.एल.वी.-3 के उपयोग का विश्लेषण तैयार किया और मिसाइलों के उपयोग के लिए प्रक्षेपण यानों का दुनिया के मौजूदा प्रक्षेपण

भविष्य की प्रक्षेपण यान प्रणालियों के आकार व भार के मद्देनजर तथा परियोजनाओं पर काम करने के लिए आवश्यक उच्च विशेष तकनीक की सुविधाएँ वी.एस.एस.सी. के मौजूदा ढाँचे में नहीं थीं। वी.एस.एस.सी. की गतिविधियों के विस्तार के लिए नई जगहें तलाशी गईं—वत्तीयूरकाबू और वालियामाला।

यानों से तुलनात्मक अध्ययन किया। हमने यह स्थापित किया कि एस.एल. वी.-3 रॉकेट प्रणाली चार हजार किलोमीटर तक के दायरे में उपग्रहों को कक्षा में छोड़ने की देश की जरूरत पूरी कर सकती है। हमने दावा किया कि एस.एल. वी.-3 उपप्रणालियों के साथ 1.8 मीटर व्यास और छत्तीस टन ईंधन का अतिरिक्त बूस्टर भी विकसित किया जा सकता है, जो पाँच हजार किलोमीटर से ज्यादा जानेवाले तथा एक हजार किलोग्राम भार के पेलोड ले जाने की क्षमता से युक्त होगा और अंतरमहाद्वीपीय बैलेस्टिक मिसाइल (आई.सी.बी.एम.) की जरूरत पूरी कर सकेगा। इस प्रस्ताव पर हालाँकि कभी विचार नहीं हुआ। फिर भी इससे रि-एंट्री एक्सपेरिमेंट (रैक्स) का सूत्रपात हुआ, जो आगे चलकर 'अग्नि' के रूप में सामने आया।

मैंने कभी भी दूसरों की बुद्धि का फायदा नहीं उठाया। मेरा जीवन, जैसाकि मेरा स्वभाव बताता है, कभी भी उपलब्धि हासिल करनेवाले बेरहम व्यक्ति, बुद्धिहीन एवं क्रूर अफसर या शोषण करनेवाले या कल्पनाओं में उड़नेवाले व्यक्ति जैसा नहीं रहा; बल्कि एक ऐसे इनसान का रहा, जो विचारवान् हो।

एस.एल.वी.-3 की अगली उड़ान एस.एल.वी.-3 डी 1—31 मई, 1981 को हुई। दर्शक दीर्घा से मैंने इस उड़ान को देखा था। यह पहला अवसर था जब मैं नियंत्रण कक्ष के बाहर से यान का प्रक्षेपण देख रहा था।

क्या नए वातावरण के ठंडेपन से मुझे आघात लगा था? शायद हाँ, लेकिन मुझे, जो बदल नहीं पाया, उसे स्वीकार करने में कोई हिचक नहीं थी।

मैंने कभी भी दूसरों की बुद्धि का फायदा नहीं उठाया। मेरा जीवन, जैसाकि मेरा स्वभाव बताता है, कभी भी उपलब्धि हासिल करनेवाले बेरहम व्यक्ति, बुद्धिहीन एवं क्रूर अफसर या शोषण करनेवाले या कल्पनाओं में उड़नेवाले व्यक्ति जैसा नहीं रहा; बल्कि एक ऐसे इनसान का रहा, जो विचारवान् हो। एस.एल.वी.-3 दबावों और जोड़तोड़ से नहीं बना था बल्कि यह एक सामूहिक प्रयास का परिणाम था। तब यह अप्रसन्नता का भाव क्यों? क्या यह वी.एस.एस.सी. के शीर्ष स्तर का प्रयास था या एक सार्वभौम सच्चाई? एक वैज्ञानिक के नाते मैं वास्तविकता के कारणों का पता लगाने के लिए प्रशिक्षित किया गया था। विज्ञान में वास्तविकता वह होती है

जिसका अस्तित्व होता है और वास्तविकता यह कि मैं मीडिया के केंद्र में आ गया था और इस वजह से मेरे वरिष्ठ साथियों के बीच ईर्ष्या का पात्र बन गया था। यह जलन एक कटु वास्तविकता थी, जिसके कारणों को मुझे दूर करना था। लेकिन क्या इनको दूर किया जा सकता है ?

क्या एस.एल.वी.-3 की उड़ान के बाद के मेरे अनुभव मुझे गंभीर संकट में डाल रहे थे ? हाँ और ना। हाँ, क्योंकि एस.एल.वी.-3 की सफलता का हक उस हर व्यक्ति को नहीं मिल पाया था जो इसका हकदार था बल्कि जिन लोगों ने थोड़ा-बहुत कुछ किया था। 'ना' इसलिए, क्योंकि किसी भी व्यक्ति के लिए परिस्थितियाँ सिर्फ तभी गंभीर बनती हैं जब आंतरिक आवश्यकता असंभव बनती महसूस होती है। और वह निश्चित ही यह मामला नहीं थी। दरअसल, द्वंद्व की अवधारणा इस बुनियादी विचार पर ही बनती है। सिंहावलोकन में मैं सिर्फ यही कह सकता हूँ कि मुझे अपने कार्यान्वयन एवं नवीनीकरण की जरूरत के बारे पूरी तरह पता था।

जनवरी 1981 में हाई एल्टीच्यूड लेबोरेटरी, जो अब डिफेंस इलेक्ट्रॉनिक्स एप्लीकेशन लेबोरेटरी (डी.ई.ए.एल.) है, में देहरादून के डॉ. भागीरथ राव ने मुझे एस.एल.वी.-3 पर व्याख्यान देने के लिए बुलाया। मशहूर नाभिकीय वैज्ञानिक प्रो. राजा रामन्ना, जिनका मैं हमेशा प्रशंसक रहा और जो उस समय रक्षामंत्री के वैज्ञानिक सलाहकार थे, ने उस समारोह की अध्यक्षता की।

जनवरी 1981 में हाई एल्टीच्यूड लेबोरेटरी, जो अब डिफेंस इलेक्ट्रॉनिक्स एप्लीकेशन लेबोरेटरी (डी.ई.ए.एल.) है, में देहरादून के डॉ. भागीरथ राव ने मुझे एस.एल.वी.-3 पर व्याख्यान देने के लिए बुलाया। मशहूर नाभिकीय वैज्ञानिक प्रो. राजा रामन्ना, जिनका मैं हमेशा प्रशंसक रहा और जो उस समय रक्षामंत्री के वैज्ञानिक सलाहकार थे, ने उस समारोह की अध्यक्षता की। वे भारत के नाभिकीय ऊर्जा पैदा करने की कोशिशों और शांतिपूर्ण कार्यों के लिए किए गए पहले परमाणु परीक्षण पर बोले। क्योंकि मैं एस.एल.वी.-3 से बहुत ही करीब से जुड़ा हुआ था, इसलिए स्वाभाविक था कि इस बारे में बात करते वक्त मैं पूरी तरह प्रवाह में था। समारोह के बाद प्रो.

राजा रामन्ना ने मुझे चाय पर निजी बातचीत के लिए बुलाया।

प्रो. रामन्ना के प्रति मुझमें श्रद्धा हमेशा से ही थी और अब मुझे उन्हें निकट से देखने का अवसर मिला था। पहली चीज जिसने मुझे प्रभावित किया, वह यह थी कि जब मैं प्रो. रामन्ना से मिला तो बातचीत के दौरान मुझे एक विशुद्ध सच्ची खुशी का आभास हुआ। उनकी बातचीत में एक उत्सुकता थी, एक बहुत ही शालीन व दोस्ताना व्यवहार था। शाम को मुझे प्रो. साराभाई से पहली मुलाकात की यादें ताजा हो आईं; जैसे समय एवं काल में कोई दूरी नहीं रह गई हो। प्रो. साराभाई के भीतर की दुनिया बहुत ही सादा थी और बाहरी दुनिया बहुत ही आसान। उनके साथ काम करनेवाला हममें से हरेक व्यक्ति सृजन के लिए एकचित्त होकर काम करता और उन परिस्थितियों में रहता जो लक्ष्य के लिए जरूरी तौर पर उपलब्ध होतीं। प्रो. साराभाई की दुनिया में हमारे वे सपने बिलकुल खरे उतरते। हममें से हरेक के लिए यह न तो बहुत ही ज्यादा था और न ही बहुत कम। हम इसे अपनी जरूरतों के हिसाब से बाँट लेते थे।

अब मेरे भीतर की दुनिया बहुत सादी या आसान नहीं रह गई थी। भीतर से यह जितनी जटिल हो चुकी थी बाहर से उतनी ही मुश्किल भरी थी। रॉकेट विज्ञान में मेरी कोशिशों और स्वदेशी रॉकेट निर्माण का लक्ष्य हासिल करने में जहाँ बाहरी दिक्कतें बाधा बनीं वहीं भीतर की लड़खड़ाहट से जटिलता भी आई।

अब मेरे भीतर की दुनिया बहुत सादी या आसान नहीं रह गई थी। भीतर से यह जितनी जटिल हो चुकी थी बाहर से उतनी ही मुश्किल भरी थी। रॉकेट विज्ञान में मेरी कोशिशों और स्वदेशी रॉकेट निर्माण का लक्ष्य हासिल करने में जहाँ बाहरी दिक्कतें बाधा बनीं वहीं भीतर की लड़खड़ाहट से जटिलता भी आई। मुझे पता था कि अपने रास्ते पर चलते रहने के लिए मुझे विशेष कोशिशों की जरूरत है। मेरे भूत के साथ वर्तमान का तालमेल पहले ही से जोखिम में पड़ चुका था। वर्तमान का भविष्य के साथ क्या तालमेल होगा, यह मैं दिमाग में पहले ही स्पष्ट कर चुका था, जब मैं प्रो. रामन्ना के पास चाय पर गया था।

मुख्य बिंदु पर आने में उन्होंने बहुत ज्यादा समय नहीं लगाया। डी.आर.

डी.एल. में नारायणन और उसकी टीम की महत्त्वपूर्ण उपलब्धियों के बावजूद मिसाइल कार्यक्रम ठप पड़ा हुआ था। सैन्य रॉकेटों के सारे कार्यक्रम में जड़ता आ गई थी और निष्क्रियता बनी हुई थी। डी.आर.डी.ओ. में किसी ऐसे व्यक्ति की जरूरत थी जो मिसाइल कार्यक्रम का नेतृत्व कर सके। मिसाइल डिजाइन से लेकर परीक्षण तक का सारा काम बंद पड़ा था। प्रो. रामन्ना ने मुझसे साफ-साफ पूछा कि क्या मैं डी.आर.डी.एल. में जाना पसंद करूँगा और निर्देशित मिसाइल विकास कार्यक्रम (जी.एम.डी.पी.) को आकार देने की जिम्मेदारी अपने कंधों पर लेना चाहूँगा। प्रो. रामन्ना के इस प्रस्ताव ने मेरे भीतर भावनाएँ जगा दी थीं। मुझे रॉकेट विज्ञान के अपने ज्ञान को सामने रखने और उसके प्रयोग का फिर दोबारा ऐसा मौका कब मिलेगा?

प्रो. रामन्ना के मन में मेरे लिए जो श्रद्धा थी, उससे मैं अपने को सम्मानित महसूस कर रहा था। पोखरण परमाणु परीक्षण के पीछे वह ही मार्गदर्शक प्रेरणा स्रोत थे। मैं इससे काफी रोमांचित था कि प्रो. रामन्ना ने भारत की तकनीकी क्षमता को दुनिया को बताने में मदद की थी। मुझे पता था कि मैं उन्हें मना नहीं कर पाऊँगा।

प्रो. रामन्ना के मन में मेरे लिए जो श्रद्धा थी, उससे मैं अपने को सम्मानित महसूस कर रहा था। पोखरण परमाणु परीक्षण के पीछे वह ही मार्गदर्शक प्रेरणा स्रोत थे। मैं इससे काफी रोमांचित था कि प्रो. रामन्ना ने भारत की तकनीकी क्षमता को दुनिया को बताने में मदद की थी। मुझे पता था कि मैं उन्हें मना नहीं कर पाऊँगा। प्रो. रामन्ना ने मुझे इस बारे में प्रो. धवन से बात करने की सलाह दी, ताकि वे इसरो से डी.आर.डी.एल. में मेरे तबादले की रूपरेखा बना सकें।

मैं 14 जनवरी, 1981 को प्रो. धवन से मिला। उनके चेहरे पर प्रसन्नता का भाव झलक गया था। उन्होंने कहा, 'उन्होंने मेरे व्यक्ति के काम के मूल्य को समझा, इससे मैं बहुत खुश हूँ।' फिर वे मुसकराए। मैं कभी भी किसी ऐसे व्यक्ति से नहीं मिला जिसकी मुसकराहट प्रो. धवन जैसी हो—एक सफेद मुलायम बादल जैसी। आप उसे जिस तरह देखना चाहें, देख सकते हैं।

मैं ताज्जुब में पड़ गया था कि इसे कैसे आगे बढ़ाना चाहिए। 'क्या मुझे इस

पद के लिए औपचारिक रूप से आवेदन करना चाहिए ताकि डी.आर.डी.एल. नियुक्ति का आदेश भेज सके?' मैंने इस बारे में प्रो. धवन से बात की। 'नहीं, उनपर दबाव मत बनाओ। मेरी दिल्ली यात्रा के दौरान मुझे शीर्ष प्रबंधन से बात करने दो।' प्रो. धवन ने कहा। 'मैं जानता हूँ, तुम्हारा एक पैर हमेशा डी.आर. डी.ओ. में रहा है और अब तुम्हारा झुकाव पूरी तरह उनकी तरफ हो गया है।' प्रो. धवन मुझसे जो कह रहे थे, उसमें शायद सच्चाई तो थी, लेकिन मेरा दिल हमेशा इसरो में ही लगा था। क्या वाकई वे इस बात से अनभिज्ञ थे?

सन् 1981 का गणतंत्र दिवस चौंका देनेवाली खुशी लेकर आया। 25 जनवरी की शाम प्रो. यू.आर. राव के सचिव महादेवन ने मुझे दिल्ली से फोन करके बताया कि गृह मंत्रालय ने मुझे पद्म भूषण सम्मान से सम्मानित करने की घोषणा की है। इसके बाद अगला फोन प्रो. धवन का आया और उन्होंने मुझे बधाई दी। प्रो. धवन के फोन से मुझे उल्लास भरे आनंद का अनुभव हुआ, क्योंकि यह मेरे गुरु का फोन था। प्रो. धवन को भी पद्म विभूषण से सम्मानित किए जाने पर मैं बहुत ही आनंदित हुआ था। मैंने पूरे हृदय के साथ उन्हें बधाई दी थी। फिर मैंने डॉ. ब्रह्मप्रकाश को फोन किया और उन्हें धन्यवाद दिया। डॉ. ब्रह्मप्रकाश ने इस औपचारिकता के लिए मुझे डाँटते हुए कहा, 'मुझे लग रहा है जैसे मेरे बेटे को यह सम्मान मिला है।' डॉ. ब्रह्मप्रकाश का यह स्नेह मुझे इतना गहरे तक छू गया कि मैं अपनी भावनाओं को और ज्यादा नियंत्रण में नहीं रख सका।

सन् 1981 का गणतंत्र दिवस चौंका देनेवाली खुशी लेकर आया। 25 जनवरी की शाम प्रो. यू.आर. राव के सचिव महादेवन ने मुझे दिल्ली से फोन करके बताया कि गृह मंत्रालय ने मुझे पद्म भूषण सम्मान से सम्मानित करने की घोषणा की है। इसके बाद अगला फोन प्रो. धवन का आया और उन्होंने मुझे बधाई दी।

मेरे कमरे में बिस्मिल्लाह खान की शहनाई का संगीत बज रहा था। यह संगीत मुझे एक दूसरे काल, एक दूसरी जगह ले गया। मुझे लग रहा था कि मैं रामेश्वरम् गया और अपनी माँ से लिपट गया। मेरे पिताजी अपनी अंगुलियों से मेरे बालों को सहला रहे हैं। मेरे मार्गदर्शक जलालुद्दीन ने मसजिदवाली

गली में जमा भीड़ को यह खबर सुनाई है। मेरी बहन जोहरा ने मेरे लिए विशेष मिठाई बनाई है। पक्षी लक्ष्मण शास्त्री ने मेरे माथे पर तिलक लगाया है। फादर सोलोमन ने मुझे पवित्र क्रॉस छूकर आशीर्वाद दिया है। मैंने देखा कि प्रो. साराभाई उपलब्धियों को देखकर मुसकरा रहे हैं। एक छोटा वृक्ष, जो उन्होंने बीस साल पहले लगाया था, अब एक बड़ा वृक्ष वन गया है, जिसके फलों का आनंद देशवासी ले रहे हैं।

मुझे पद्म भूषण मिलने की वी.एस.एस.सी. में मिली-जुली प्रतिक्रिया हुई। कुछ लोग थे, जिन्होंने मेरी खुशी में हिस्सा बाँटा। कुछ लोग थे, जिन्हें लगा कि इस सम्मान के लिए मैं अनुचित रूप से चुना गया हूँ। मेरे कुछ बहुत ही करीबी साथी ईर्ष्यालु हो गए। कुछ लोग क्यों जीवन के मूल्यों को नहीं देख पाते? जीवन में खुशी, संतुष्टि और सफलता हमारे सही चुनाव पर निर्भर करती है। जीवन में कुछ ऐसी शक्तियाँ हैं जो आपके लिए व आपके खिलाफ काम कर रही हैं। हरेक को हर कदम पर इनमें भेद कर सही चुनाव करना होता है। मेरे अंतर्मन ने मुझसे कहा कि बहुत दिनों से महसूस हो रही, पर उपेक्षित नवीकरण की जरूरत का सही वक्त अब आ गया है। सोचा, अभी तक के लेख भरी स्लेट पोंछकर फिर से नए सवाल लिखूँ। क्या पहले किए सो सवाल सही थे? अपनी प्रगति को परखना बड़ा मुश्किल होता है। जीवन के इम्तिहान में परचा भी खुद बनाना होता है और उत्तर भी खुद ही लिखने होते हैं। यहाँ तक कि उन्हें जाँचना भी खुद ही को होता है। पूर्वग्रहों से इतर, इसरो में किया अठारह सालों का लंबा प्रवास बिना पीड़ा के छूटना असंभव था। अपने रूठे साथियों के लिए लेविस कैरोल की कुछ पंक्तियाँ बड़ी उपयुक्त लगीं—

मुझे पद्म भूषण मिलने की वी.एस.एस.सी. में मिली-जुली प्रतिक्रिया हुई। कुछ लोग थे, जिन्होंने मेरी खुशी में हिस्सा बाँटा। कुछ लोग थे, जिन्हें लगा कि इस सम्मान के लिए मैं अनुचित रूप से चुना गया हूँ। मेरे कुछ बहुत ही करीबी साथी ईर्ष्यालु हो गए। कुछ लोग क्यों जीवन के मूल्यों को नहीं देख पाते?

'है मुझे मंजूर
लेना खून का इलजाम सिर पर
है मुझे स्वीकार कहलाना दीवाना
(कौन है जो होश में रहता हमेशा?)
पर कहे कोई कि मैंने छला उसको
कल्पना में भी किसीकी
है असंभव हो कभी अपराध मेरा।'

□

III

आराधना

(1981—1991)

कौशल, महत्त्वाकांक्षा,
सपने अपने
कसौटी पर कसो।
जब तक
कि दुर्बलता बने शक्ति,
कि अँधियारा उठे जगमग,
कि अन्याय हरे नीति।

—लेविस कैरोल

: दस :

इस समय मेरी सेवाओं को लेकर इसरो एवं डी.आर.डी.ओ. के बीच थोड़ी सी रस्साकशी चल रही थी। इसरो मुझे छोड़ने में थोड़ा हिचकिचा रहा था और डी.आर.डी.ओ. मुझे अपने यहाँ लेना चाह रहा था। कई महीने गुजर गए, इसरो और डी.आर.डी.ओ. के बीच पत्र-व्यवहार चलता रहा और रक्षा अनुसंधान एवं विकास प्रतिष्ठान तथा अंतरिक्ष विभाग के सचिवालयों के बीच आपसी सहमति से रास्ता निकालने के लिए बैठकें होती रहीं। इसी बीच प्रो. राजा रामन्ना रक्षामंत्री के वैज्ञानिक सलाहकार पद से रिटायर हो गए। हैदराबाद की डिफेंस मैटेलर्जिकल रिसर्च लेबोरेटरी (डी.एम.आर.एल.) के निदेशक डॉ. वी.एस. अरुणाचलम प्रो. रामन्ना के स्थान पर रक्षामंत्री के वैज्ञानिक सलाहकार नियुक्त किए गए। डॉ. अरुणाचलम अपने आत्मविश्वास के लिए मशहूर थे और वैज्ञानिक नौकरशाही में कृत्रिमता और भद्रता का जरूरी भर ध्यान रखते थे। इसी बीच मुझे पता चला कि तब रक्षामंत्री आर. वेंकटरामन ने प्रो. धवन के साथ मेरे मिसाइल लेबोरेटरी में काम सँभालने के मामले पर चर्चा की। प्रो. धवन को भी रक्षा मंत्रालय में शीर्ष स्तर पर किसी निर्णयात्मक कदम की प्रतीक्षा थी। आखिरकार साल भर बाद, यानी फरवरी 1982 में मुझे डी.आर.डी.एल. का निदेशक नियुक्त करने का फैसला लिया गया।

इसरो में प्रो. धवन मेरे कमरे में आ जाया करते थे और अंतरिक्ष प्रक्षेपण परियोजनाओं के बारे में घंटों बातचीत करते रहते। ऐसे महान् वैज्ञानिक के साथ काम करना बड़े सौभाग्य की बात थी। इसरो छोड़ने के पहले प्रो. धवन ने मुझे सन् 2000 तक के भारत के अंतरिक्ष कार्यक्रम की रूपरेखा पर वार्त्ता देने को कहा। इसरो के करीब-करीब सारे लोग—प्रबंधक, वैज्ञानिक और कर्मचारी—सभी मेरी

यह वार्त्ता सुनने आए। एक अभिनव विदाई समारोह था वह।

डॉ. वी.एस. अरुणाचलम से मैं सन् 1976 में उस समय मिला था जब एस.एल.वी. के लिए मैं अल्युमिनियम मिश्रधातु के सिलसिले में डी.एम.आर.एल. गया था। इसे एक निजी चुनौती के रूप में लेते हुए डॉ. अरुणाचलम ने देश में पहली बार अपनी तरह का ढलवाँ अल्युमिनियम तैयार किया। यह काम उन्होंने सिर्फ दो महीने के भीतर कर डाला था। अपनी ऊर्जा और उत्साह से मुझे आश्चर्यचकित करने में वे कभी भी पीछे नहीं रहे। इस नौजवान धातु विज्ञानी ने बहुत ही कम समय में धातु निर्माण विज्ञान को धातु निर्माण की नई प्रौद्योगिकी दी और फिर सामरिक रूप से बड़ी महत्त्वपूर्ण मिश्र धातुओं का विकास किया। लंबे एवं भव्य व्यक्तित्ववाले डॉ. अरुणाचलम हमेशा बिजली के डायनामो की तरह गतिमान रहते थे। मैंने उन्हें हमेशा एक असाधारण दोस्त और साथ काम करनेवाले विलक्षण साथी के रूप में पाया।

डॉ. वी.एस. अरुणाचलम से मैं सन् 1976 में उस समय मिला था जब एस.एल.वी. के लिए मैं अल्युमिनियम मिश्रधातु के सिलसिले में डी.एम.आर.एल. गया था। इसे एक निजी चुनौती के रूप में लेते हुए डॉ. अरुणाचलम ने देश में पहली बार अपनी तरह का ढलवाँ अल्युमिनियम तैयार किया।

अप्रैल 1982 में मैं डी.आर.डी.एल. गया। उस वक्त एस.एल. बंसल डी.आर.डी.एल. के निदेशक थे। उन्होंने मुझे पूरी प्रयोगशाला दिखाई और वरिष्ठ वैज्ञानिकों से परिचय कराया। डी.आर.डी.एल. में उस समय पाँच परियोजनाओं पर काम चल रहा था और सोलह क्षमता निर्माण परियोजनाएँ चल रही थीं। इसके अलावा भविष्य में स्वदेशी मिसाइल तैयार करने की टेक्नोलॉजी विकसित करने को लेकर भी इस प्रयोगशाला में कई काम हो रहे थे। मैं दो 30 टन तरल ईंधनवाले रॉकेट इंजन के निर्माण की कोशिशों को देखकर विशेष रूप से प्रभावित हुआ।

इसी समय अन्ना विश्वविद्यालय, मद्रास ने मुझे 'डॉक्टर ऑफ साइंस' की मानद उपाधि से सम्मानित किया। एयरोनॉटिकल इंजीनियरिंग में डिग्री हासिल करने के करीब बीस साल बाद यह मानद उपाधि मुझे मिली थी। मुझे इस बात

की खुशी थी कि अन्ना विश्वविद्यालय ने रॉकेट विज्ञान के क्षेत्र में मेरे काम को मान्यता दी; लेकिन जिस बात से मुझे सबसे ज्यादा खुशी हुई वह यह कि शैक्षिक जगत् में हमारे कार्य के मूल्य को समझा गया और उसे मान्यता मिली। संयोगवश मुझे यह मानद उपाधि जिस दीक्षांत समारोह में दी गई उसकी अध्यक्षता प्रो. राजा रामन्ना ने की थी।

मैंने 1 जून, 1982 को डी.आर.डी.एल. के निदेशक का पद सँभाला। बहुत ही जल्दी मैंने महसूस किया कि डेविल मिसाइल परियोजना को समेट दिए जाने की कसक अभी भी यहाँ है। कई विलक्षण वैज्ञानिक अभी तक असंतोष से उबर नहीं पाए हैं। वैज्ञानिक जगत् के बाहर के लोगों के लिए यह समझना काफी मुश्किल है कि जब किसी वैज्ञानिक के परवान चढ़ते हुए काम या प्रगति की दिशा में बढ़ रही परियोजना के काम को अचानक बंद कर दिया जाता है और ठंडे बस्ते में डाल दिया जाता है तो वैज्ञानिकों को कितनी पीड़ा होती है। डी.आर.डी.एल. में जो आम मनोदशा थी और काम करने की गति थी, उसे देखकर मुझे सैमुअल टेलर कोलरिज की यह कविता याद आ गई—

वैज्ञानिक जगत् के बाहर के लोगों के लिए यह समझना काफी मुश्किल है कि जब किसी वैज्ञानिक के परवान चढ़ते हुए काम या प्रगति की दिशा में बढ़ रही परियोजना के काम को अचानक बंद कर दिया जाता है और ठंडे बस्ते में डाल दिया जाता है तो वैज्ञानिकों को कितनी पीड़ा होती है।

‘दिन गुजरते दिन
फँसे हम
बिना साँस, बिना गति।
एकदम जड़
बिना जीवन, बिना भाव।
जैसे किसी समंदर की तसवीर पर
बनी कोई नाव।’

मैंने पाया कि मेरे ज्यादातर वरिष्ठ साथी अपनी खंड-खंड हो चुकी उम्मीदों की पीड़ा में जी रहे थे। दूर-दूर तक यह महसूस किया जा रहा था

कि रक्षा मंत्रालय के वरिष्ठ अधिकारियों ने इस प्रयोगशाला के वैज्ञानिकों के साथ धोखा किया है। मुझे यह साफ हो चला था कि उम्मीदों और दृष्टि को बढ़ाने के लिए डेविल परियोजना के प्रेत का अंतिम संस्कार कर दिया जाना बड़ा जरूरी था।

करीब एक महीने बाद जब नौसेनाध्यक्ष एडमिरल ए.एस. डॉसन डी.आर.डी.एल. आए तो उनकी इस यात्रा को मैंने अपनी टीम के साथ एक अवसर के रूप में इस्तेमाल किया। कुछ समय से टैक्टिकल कोर व्हीकल परियोजना (टी.सी.वी. परियोजना) का काम लटका हुआ था। इसकी कल्पना एक ऐसे कोर व्हीकल के रूप में की गई थी जिसमें जमीन से हवा में मार करनेवाली मिसाइल दागने के लिए जरूरी प्रणालियाँ हों, साथ ही विकिरण-रोधी हवा से जमीन पर मार कर सकनेवाली मिसाइल, जिसे हेलीकॉप्टर या किसी लड़ाकू विमान में लगाकर दागा जा सकता हो। मैंने एडमिरल डॉसन को इसकी समुद्र में युद्ध के दौरान भूमिका पर जोर दिया। मैंने सिर्फ इसकी तकनीकी बारीकियाँ ही नहीं बल्कि युद्धक्षेत्र में भी इसकी क्षमताओं के बारे में बताया। मैंने उन्हें इसकी उत्पादन योजना के बारे में भी पूरी बातें बताईं। मेरे नए साथियों के लिए संदेश प्रबल एवं साफ था—ऐसा कुछ मत बनाओ जिसे बाद में बेच नहीं सको और सिर्फ एक चीज को बनाने में ही अपना जीवन मत लगाओ। मिसाइल विकास एक बहुआयामी व्यापार है। अगर तुम लंबे समय तक एक ही दिशा में काम करते रहोगे तो अटककर रह जाओगे।

करीब एक महीने बाद जब नौसेनाध्यक्ष एडमिरल ए.एस. डॉसन डी.आर. डी.एल. आए तो उनकी इस यात्रा को मैंने अपनी टीम के साथ एक अवसर के रूप में इस्तेमाल किया। कुछ समय से टैक्टिकल कोर व्हीकल परियोजना (टी.सी.वी. परियोजना) का काम लटका हुआ था।

डी.आर.डी.एल. में मेरे शुरू के कुछ महीने बहुत ही आकर्षण भरे रहे। सेंट जोसेफ में मैंने पढ़ा था कि इलेक्ट्रॉन एक कण की तरह भी दिख सकता है और तरंग के रूप में भी; यह आप पर निर्भर करता है कि इसे आप किस

रूप में देखते हैं। अगर आप कण के रूप में प्रश्न पूछेंगे तो उत्तर भी उसी रूप में मिलेगा। अगर तरंग के संदर्भ में सवाल पूछेंगे तो जवाब भी उस संदर्भ में मिलेगा। मैंने न सिर्फ अपने लक्ष्यों की व्याख्या की और उन्हें स्पष्ट किया बल्कि उन्हें अपने कार्य तथा अपने बीच ही आपस में बाँटा भी। मुझे अभी तक याद है कि एक बार मीटिंग में मैंने रेनॉल्ड फिशर का उद्धरण दिया था—'चीनी की जिस मिठास का हम स्वाद लेते हैं वह न तो चीनी का गुण है और न ही हमारा। चीनी के साथ जो पारस्परिक क्रिया की प्रक्रिया है, हम तो उसे अनुभव के रूप में प्राप्त कर रहे हैं।'

उस समय तक जमीन से जमीन पर मार कर सकनेवाली मिसाइल पर काफी कुछ अच्छा काम हो चुका था। यह मिसाइल अपने ऊर्ध्वाधर पथ पर प्रक्षेपित की जा सकती थी। डी.आर.डी.एल. के कार्यदल का संकल्प देखकर मैं चकित था। अपनी पुरानी परियोजनाओं को ठंडे बस्ते में डाल दिए जाने या बंद कर दिए जाने के बावजूद अब ये साथी आगे काम करने के लिए काफी उत्सुक थे। मैंने विभिन्न उपप्रणालियों की समीक्षा की व्यवस्था की, ताकि किसी विशेष नतीजे पर पहुँचा जा सके। इसके साथ ही मैंने इंडियन इंस्टीट्यूट ऑफ साइंस, इंडियन इंस्टीट्यूट ऑफ टेक्नोलॉजी, काउंसिल फॉर साइंटिफिक एंड इंडस्ट्रियल रिसर्च, टाटा इंस्टीट्यूट ऑफ फंडामेंटल रिसर्च और दूसरे शैक्षिक संस्थानों से विशेषज्ञ लोगों को डी.आर.डी.एल. में बुलाना शुरू किया। मुझे लगा कि डी.आर.डी.एल. के दमघोंटू कार्य-केंद्रों को ताजा हवा की जरूरत है। एक बार जब हमने पूरी तरह खिड़की खोल दी, वैज्ञानिक प्रतिभा का प्रकाश इसमें आना शुरू हो गया, बयार भर गई। कोलरिज की एक और कविता मुझे याद पड़ती है—

उस समय तक जमीन से जमीन पर मार कर सकनेवाली मिसाइल पर काफी कुछ अच्छा काम हो चुका था। यह मिसाइल अपने ऊर्ध्वाधर पथ पर प्रक्षेपित की जा सकती थी। डी.आर.डी.एल. के कार्यदल का संकल्प देखकर मैं चकित था। अपनी पुरानी परियोजनाओं को ठंडे बस्ते में डाल दिए जाने या बंद कर दिए जाने के बावजूद अब ये साथी आगे काम करने के लिए काफी उत्सुक थे।

'हौले-हौले
बढ़ी नाव,
उठती लहरों पर
धीरे-धीरे
चढ़ी परवान।'

सन् 1983 की शुरुआत में प्रो. धवन डी.आर.डी.एल. में आए। मैंने उन्हें खुद की दी हुई वह सलाह याद दिलाई, जो एक दशक से भी ज्यादा समय पहले उन्होंने मुझे दी थी। 'तुम्हारी कल्पनाएँ साकार हो सकें, इसके लिए पहले तुम्हें सपने सँजोने होंगे। कुछ लोग जीवन में जो चाहते हैं, उसे अर्जित करने के लिए उस दिशा में लगातार चलते जाते हैं; जबकि कुछ लोग घिसटनेवाली स्थिति में ही रहते हैं और कभी नहीं बढ़ पाते; क्योंकि उन्हें यह पता ही नहीं रहता कि वे चाहते क्या हैं और न ही यह जानते हैं कि अपेक्षित लक्ष्य कैसे हासिल किया जाए।' यह तो इसरो का सौभाग्य है कि उसे प्रो. साराभाई और प्रो. धवन जैसी हस्तियों का नेतृत्व मिला, जिन्होंने इसरो के लक्ष्य तय किए और उसके मिशनों को अपने जीवन से भी ज्यादा व्यापक बनाया तथा संपूर्ण कार्यदल के लिए प्रेरणा का स्रोत बने रहे। डी.आर.डी.एल. ऐसा खुशनसीब नहीं रहा। इस अनूठी प्रयोगशाला ने ऐसी विकलांग भूमिका निभाई जो साउथ ब्लॉक में अपनी मौजूदा क्षमताओं, अस्तित्व तथा उम्मीदों को नहीं बना पाई। मैंने प्रो. धवन को यहाँ के बहुत ही ऊँचे दर्जे के, लेकिन थोड़े किंकर्तव्यविमूढ़ वैज्ञानिकों की टीम के बारे में बताया। प्रो. धवन ने अपनी चिर परिचित मुसकराहट के साथ जवाब दिया, जिसकी कई तरह से व्याख्या की जा सकती थी।

सन् 1983 की शुरुआत में प्रो. धवन डी.आर.डी.एल. में आए। मैंने उन्हें खुद की दी हुई वह सलाह याद दिलाई, जो एक दशक से भी ज्यादा समय पहले उन्होंने मुझे दी थी। 'तुम्हारी कल्पनाएँ साकार हो सकें, इसके लिए पहले तुम्हें सपने सँजोने होंगे।

डी.आर.डी.एल. में शोध एवं विकास की गतिविधियों को गति देने के लिए यह जरूरी था कि वैज्ञानिक, तकनीकी एवं टेक्नोलॉजी से संबंधित समस्याओं को तेजी से निबटाने के लिए जल्दी फैसले लिये जाएँ। मैंने अपने पूरे जीवन

में वैज्ञानिक मसलों पर खुलेपन को पूरे उत्साह से महत्त्व दिया। बंद कमरों में होनेवाली चर्चाओं और गुपचुप जोड़-तोड़ से चलाए जानेवाले प्रबंधन में मैंने यह बहुत करीब से देखा था कि चीजें किस तरह क्षय एवं विखंडित होती जाती हैं। मैंने इस तरह की कोशिशों की हमेशा उपेक्षा की और विरोध किया। इसलिए पहला बड़ा फैसला हमने वरिष्ठ वैज्ञानिकों का एक फोरम बनाने का लिया, ताकि इस फोरम में महत्त्वपूर्ण मामलों पर विचार-विमर्श एवं बहस हो सके और सामूहिक कोशिशों से ही सबकुछ हो। उस तरह डी.आर.डी.एल. में मिसाइल टेक्नोलॉजी कमेटी नाम की एक उच्च स्तरीय समिति बना दी गई। इसमें भागीदारी के माध्यम से अच्छे प्रबंधन की धारणा पर जोर दिया गया और इस बात की भरपूर कोशिश की गई कि प्रयोगशाला की प्रबंधन गतिविधियों में मध्यम दर्जे के वैज्ञानिकों एवं इंजीनियरों की पूरी-पूरी भागीदारी बन सके।

दिनोंदिन की बहस और हफ्तों-हफ्तों के चिंतन से अंततः एक लंबी अवधि का 'गाइडेड मिसाइल डेवलपमेंट प्रोग्राम' यानी आई.जी.एम.डी.पी. तैयार किया गया। मैंने कहीं पढ़ा था—'जहाँ तुम जा रहे हो उसके बारे में जानो। दुनिया में यह जानना इतना महत्त्वपूर्ण नहीं है कि हम कहाँ खड़े हैं, बल्कि यह देखो कि हम किस दिशा में जा रहे हैं।' पश्चिमी देशों की तकनीकी ताकत, जो अगर हमारे पास नहीं है तो हमें भी यह सामर्थ्य हासिल करनी होगी—और यही संकल्प हमारी शक्ति बना। स्वदेशी मिसाइलों के उत्पादन के लिए एक स्पष्ट और सुपरिभाषित मिसाइल विकास कार्यक्रम तैयार करने के उद्देश्य से मेरी अध्यक्षता में एक कमेटी बनाई गई। इस कमेटी के सदस्यों में मेरे अलावा भारत डायनेमिक्स लिमिटेड, हैदराबाद के प्रमुख जेड.पी. मार्शल, एन.आर. अय्यर, ए.के. कपूर और के.एस. वेंकटरामन थे। हमने राजनीतिक मामलों की मंत्रिमंडलीय समिति (सी.सी.पी.ए.) के लिए

दिनोंदिन की बहस और हफ्तों-हफ्तों के चिंतन से अंततः एक लंबी अवधि का 'गाइडेड मिसाइल डेवलपमेंट प्रोग्राम' यानी आई.जी.एम. डी.पी. तैयार किया गया। मैंने कहीं पढ़ा था—'जहाँ तुम जा रहे हो उसके बारे में जानो। दुनिया में यह जानना इतना महत्त्वपूर्ण नहीं है कि हम कहाँ खड़े हैं, बल्कि यह देखो कि हम किस दिशा में जा रहे हैं।'

एक दस्तावेज तैयार किया। तीनों रक्षा सेवाओं के प्रतिनिधियों से सलाह-मशविरे के बाद इसे अंतिम रूप दिया गया। इसमें बारह साल के लिए तीन सौ नब्बे करोड़ रुपए के खर्च का अनुमान व्यक्त किया गया था।

विकास कार्यक्रम प्राय: उत्पादन के चरण में आकर अटक जाते हैं और इसका मूल कारण पैसे की कमी होता है। हमने दो मिसाइलों के विकास एवं उत्पाद के लिए पैसा चाहा था। एक नीची ऊँचाई पर तुरंत मार करनेवाली टैक्टिकल कोर व्हीकल मिसाइल और दूसरी जमीन से जमीन पर मध्यम दूरी तक मार कर सकनेवाली मिसाइल। दूसरे चरण में हमने जमीन से हवा में मार करनेवाली ऐसी मिसाइल तैयार करने की योजना बनाई थी, जो एक साथ कई लक्ष्यों पर वार कर सके। टैंक भेदी मिसाइलों के निर्माण के क्षेत्र में उल्लेखनीय काम करने के लिए डी.आर.डी.एल. की अपनी ख्याति थी। हमने तीसरी पीढ़ी की टैंक भेदी निर्देशित मिसाइल विकसित करने का भी प्रस्ताव रखा था, जो टैंक भस्म करने की क्षमताओं से युक्त होती। प्रस्ताव से मेरे साथी खुश थे। काफी पहले शुरू किए गए कामों को फिर से शुरू करने का उन्हें अवसर दिखाई दिया था। लेकिन मैं पूरी तरह संतुष्ट नहीं था। मैं अपने रि-एंट्री एक्सपेरिमेंट लॉञ्च व्हीकल (रेक्स) के बिसरे सपने को साकार करने के लिए लगा हुआ था। मैंने अपने साथियों को उस तकनीकी विकास परियोजना पर काम शुरू करने को कहा जिसमें हीट शील्डों के डिजाइन के लिए आँकड़े उपलब्ध किए जा सकें। ये शील्डें भविष्य की लंबी दूरी तक मार करनेवाली मिसाइलों के निर्माण में काम आनी थीं।

विकास कार्यक्रम प्राय: उत्पादन के चरण में आकर अटक जाते हैं और इसका मूल कारण पैसे की कमी होता है। हमने दो मिसाइलों के विकास एवं उत्पाद के लिए पैसा चाहा था। एक नीची ऊँचाई पर तुरंत मार करनेवाली टैक्टिकल कोर व्हीकल मिसाइल और दूसरी जमीन से जमीन पर मध्यम दूरी तक मार कर सकनेवाली मिसाइल।

मैं साउथ ब्लॉक में एक बैठक में गया। बैठक की अध्यक्षता रक्षामंत्री आर. वेंकटरामन ने की। इस बैठक में तीनों सेनाओं के प्रमुख—जनरल कृष्णाराव, एयर चीफ मार्शल दिलबाग सिंह और एडमिरल डॉसन भी मौजूद थे। कैबिनेट

सचिव कृष्णा राव साहिब, रक्षा सचिव एस.एम. घोष और सचिव (व्यय) आर. गणपति भी इस बैठक में थे। हमारी क्षमताओं, संभाव्यता, आवश्यक बुनियादी तकनीकी ढाँचे की उपलब्धता, व्यवहार्यता, कार्यक्रम तथा लागत को लेकर हरेक के भीतर तरह-तरह की शंकाएँ नजर आ रही थीं। पूरे प्रश्नोत्तर सत्र के दौरान डॉ. अरुणाचलम चट्टान की तरह डटे रहे। वैज्ञानिकों के बीच होनेवाले प्राय: इस तरह के मतभेदों को लेकर सदस्य आशंकित थे। यद्यपि कुछ सवाल हमारे महत्त्वाकांक्षी प्रस्तावों को लेकर भी थे। बैठक के अंत में रक्षामंत्री वेंकटरामन ने हमें शाम को—यानी तीन घंटे बाद मिलने को कहा।

बीच का समय हमने क्रमचय व संचय पर काम करने में लगाया। अगर सिर्फ सौ करोड़ रुपए ही मंजूर किए हैं तो हम इसका निर्धारण किस प्रकार करेंगे। माना कि वे हमें दो सौ करोड़ रुपए देते हैं, तब हम क्या करेंगे? जब हम शाम को रक्षामंत्री से मिले तब मैं झुक गया था और लग रहा था कि हम किसी भी दर पर कुछ पैसा लेने जा रहे हैं।

बीच का समय हमने क्रमचय व संचय पर काम करने में लगाया। अगर सिर्फ सौ करोड़ रुपए ही मंजूर किए हैं तो हम इसका निर्धारण किस प्रकार करेंगे। माना कि वे हमें दो सौ करोड़ रुपए देते हैं, तब हम क्या करेंगे? जब हम शाम को रक्षामंत्री से मिले तब मैं झुक गया था और लग रहा था कि हम किसी भी दर पर कुछ पैसा लेने जा रहे हैं। लेकिन जब उन्होंने सुझाव दिया कि हमें चरणों में मिसाइल तैयार करने के बजाय इंटीग्रेटेड गाइडेड मिसाइल डेवलपमेंट प्रोग्राम (समग्र निर्देशित मिसाइल विकास कार्यक्रम) शुरू करना चाहिए तो हमें भरोसा नहीं हुआ कि हम क्या सुन रहे हैं।

रक्षामंत्री के सुझाव से हम एकदम भौंचक रह गए थे। थोड़ा रुकने के बाद डॉ. अरुणाचलम ने जवाब दिया—'इसपर फिर से विचार के लिए हम कुछ समय चाहते हैं, सर।' 'आप कल सुबह फिर आइए।' रक्षामंत्री ने जवाब दिया। मुझे प्रो. साराभाई के उत्साह और दृष्टि का ध्यान आ रहा था। उस रात डॉ. अरुणाचलम और मैंने मिलकर फिर से पूरी योजना पर काम किया।

हमने अपने प्रस्ताव में कुछ बहुत ही महत्त्वपूर्ण विस्तार एवं सुधार किए

थे। इनमें डिजाइन, निर्माण, प्रणाली संयोजन, योग्यता, परीक्षण उड़ानें, मूल्यांकन, अद्यतन करने, उत्पादन गुणवत्ता, विश्वसनीयता और वित्तीय व्यवहार्यता जैसे सभी महत्त्वपूर्ण पक्षों पर हर दृष्टि से फिर से विचार किया गया। हमने तब इन सबको देश की सशस्त्र सेनाओं की जरूरत पूरी करने के लिए सबको एक कार्यसूत्र में बाँधा। डिजाइन, विकास एवं उत्पादन की अवधारणा पर हमने काम किया और हर स्तर पर उपयोगकर्ता तथा जाँच एजेंसियों की भागीदारी का प्रस्ताव रखा। हम अपनी सेनाओं को समकालीन मिसाइलें उपलब्ध कराना चाह रहे थे, न कि पुराने हो चुके हथियार। हमारे लिए यह एक बहुत बड़ी चुनौती थी, जो हमें दी गई थी।

> ***जब हम अपना काम खत्म कर चुके थे तब तक दिन निकल चुका था। नाश्ते पर अचानक मुझे याद आया कि उसी दिन शाम को मुझे अपनी भतीजी जमीला की शादी में रामेश्वरम् पहुँचना है। मैंने सोचा कि कुछ भी करने के लिए पहले ही काफी देरी हो चुकी है। अगर मैं दिन में विमान से मद्रास चला भी जाता हूँ तो वहाँ से रामेश्वरम् कैसे पहुँचूँगा।***

जब हम अपना काम खत्म कर चुके थे तब तक दिन निकल चुका था। नाश्ते पर अचानक मुझे याद आया कि उसी दिन शाम को मुझे अपनी भतीजी जमीला की शादी में रामेश्वरम् पहुँचना है। मैंने सोचा कि कुछ भी करने के लिए पहले ही काफी देरी हो चुकी है। अगर मैं दिन में विमान से मद्रास चला भी जाता हूँ तो वहाँ से रामेश्वरम् कैसे पहुँचूँगा। मद्रास और मदुरै के बीच भी कोई हवाई सेवा नहीं थी, जिससे कि मुझे शाम को रामेश्वरम् की ट्रेन मिल जाती। मेरे भीतर एक अपराध बोध की कसक-सी आ गई थी। मैंने अपने आपसे पूछा—क्या परिवार के प्रति वायदों एवं दायित्वों को भूल जाना उचित है? जमीला मेरे लिए एक बेटी से कहीं ज्यादा थी। दिल्ली में कामकाजी व्यवस्था और चिंता के कारण जमीला की शादी से दूर रहने के कारण मैं काफी दु:खी था। मैंने नाश्ता खत्म किया और मीटिंग के लिए चला गया।

जब हम रक्षामंत्री वेंकटरामन से मिले और उन्हें अपना संशोधित प्रस्ताव दिखाया तो वे काफी प्रसन्न हुए। मिसाइल विकास परियोजना का प्रस्ताव एक

ही रात में बदलकर व्यापक नतीजोंवाले इंटीग्रेटेड प्रोग्राम (समग्र कार्यक्रम) के ब्लू प्रिंट में तब्दील हो गया था। इस नए समग्र कार्यक्रम में व्यापक तथा आधुनिकतम टेक्नोलॉजी का इस्तेमाल होना था और इसमें वह सबकुछ था जो पिछली शाम रक्षामंत्री के मस्तिष्क में था तथा उन्होंने हमें बताया था। रक्षामंत्री के प्रति मेरे भीतर काफी सम्मान था, फिर भी मुझे यह पक्का विश्वास नहीं था कि हमारे पूरे प्रस्ताव को मंजूरी मिल जाएगी। लेकिन उन्होंने मंजूरी दे दी। मैं काफी खुश था।

रक्षामंत्री उठे और मीटिंग खत्म होने का संकेत दिया। मेरी ओर मुड़ते हुए वे बोले, 'चूँकि मैं तुम्हें यहाँ लाया हूँ, मेरी उम्मीद थी कि तुम ऐसा ही कुछ करके लाओगे। मैं तुम्हारा काम देखकर काफी खुश हूँ।' एक ही क्षण में सन् 1982 में डी.आर.डी.एल. में निदेशक पद पर मेरी नियुक्ति की मंजूरी को लेकर जो रहस्य अभी तक बना हुआ था, वह सामने आ गया। तो यह रक्षामंत्री ही थे जो मुझे डी.आर.डी.एल. में लाए थे। धन्यवाद देने जैसे ही दरवाजे की ओर मुड़ा तो मैंने सुना कि डॉ. अरुणाचलम रक्षामंत्री को आज शाम रामेश्वरम् में जमीला की शादी के बारे में बता रहे हैं। मैं भौंचक रह गया कि क्या डॉ. अरुणाचलम को रक्षामंत्री के समक्ष यह मामला लाना चाहिए था। उनके जैसे व्यक्तित्ववाला एवं महिमामय साउथ ब्लॉक में बैठा कोई व्यक्ति भला रामेश्वरम् की मसजिदवाली गली के एक छोटे से घर में होने जा रही शादी के बारे में कोई चिंता क्योंकर करेगा?

रक्षामंत्री उठे और मीटिंग खत्म होने का संकेत दिया। मेरी ओर मुड़ते हुए वे बोले, 'चूँकि मैं तुम्हें यहाँ लाया हूँ, मेरी उम्मीद थी कि तुम ऐसा ही कुछ करके लाओगे। मैं तुम्हारा काम देखकर काफी खुश हूँ।' एक ही क्षण में सन् 1982 में डी.आर.डी.एल. में निदेशक पद पर मेरी नियुक्ति की मंजूरी को लेकर जो रहस्य अभी तक बना हुआ था, वह सामने आ गया।

एक महान् वार्त्ताकार के रूप में मैंने डॉ. अरुणाचलम का हमेशा आदर किया है। उनमें कल्पनाशीलता, ज्ञान एवं संतुलित सूझबूझ तथा भाषा पर अधिकार—इनका अद्‍भुत समन्वय था, जिसे उन्होंने इस अवसर पर प्रदर्शित कर

दिया था। जब रक्षामंत्री ने मेरे लिए मद्रास से मदुरै तक जाने के लिए भारतीय वायुसेना के हेलीकॉप्टर का इंतजाम कर दिया था, ताकि मैं इंडियन एयरलाइंस की नियमित उड़ान से मद्रास उतरकर हेलीकॉप्टर से मदुरै जा सकूँ, तो मैं अभिभूत हो गया। डॉ. अरुणाचलम ने कहा, 'यह तुमने अपनी पिछले छह महीने की कड़ी मेहनत से अर्जित किया है।' मद्रास की उड़ान के दौरान मैंने अपने हवाई टिकट के पीछे ही लिखा—

'जिसने कभी न गर्दिश देखी
जिसने कभी न फाका खाया
क्या खोजेगा? क्या पाएगा?
रामेश्वरम् अगर आएगा।'

विमान जैसे ही दिल्ली से मद्रास पहुँचा, वहीं पास ही में एयरफोर्स का हेलीकॉप्टर भी उतरा था। कुछ ही मिनटों में मैं मदुरै के रास्ते पर था। वायुसेना के कमांडर ने मुझे सही समय पर रेलवे स्टेशन पहुँचा दिया था, जहाँ रामेश्वरम् के लिए ट्रेन प्लेटफॉर्म से छूटने ही वाली थी। जमीला की शादी के ठीक समय मैं रामेश्वरम् पहुँच गया था। अपने भाई की बेटी को मैंने पिता के प्यार के समान आशीर्वाद दिया।

विमान जैसे ही दिल्ली से मद्रास पहुँचा, वहीं पास ही में एयरफोर्स का हेलीकॉप्टर भी उतरा था। कुछ ही मिनटों में मैं मदुरै के रास्ते पर था। वायुसेना के कमांडर ने मुझे सही समय पर रेलवे स्टेशन पहुँचा दिया था, जहाँ रामेश्वरम् के लिए ट्रेन प्लेटफॉर्म से छूटने ही वाली थी। जमीला की शादी के ठीक समय मैं रामेश्वरम् पहुँच गया था। अपने भाई की बेटी को मैंने पिता के प्यार के समान आशीर्वाद दिया।

रक्षामंत्री ने हमारे प्रस्ताव को कैबिनेट के समक्ष न सिर्फ रखा बल्कि इसकी पुरजोर वकालत भी की। हमारे प्रस्ताव पर उनकी सिफारिशों को मान लिया गया और इस उद्देश्य के लिए तीन सौ अट्ठासी करोड़ रुपए की अप्रत्याशित राशि मंजूर कर दी गई। इस प्रकार भारत के प्रख्यात इंटीग्रेटेड गाइडेड मिसाइल डेवलपमेंट प्रोग्राम (आई.जी.एम.डी.पी.) की शुरुआत हुई।

जब मैंने डी.आर.डी.एल. में मिसाइल टेक्नोलॉजी कमेटी को सरकारी मंजूरी का पत्र दिखाया तो सबमें एक गजब का उत्साह-सा भर गया। भारत की स्वावलंबन की भावना के अनुरूप ही प्रस्तावित परियोजनाओं को नाम दिए गए। जमीन से जमीन पर मार करनेवाली मिसाइल प्रणाली को 'पृथ्वी' और टैक्टिकल कोर व्हीकल को 'त्रिशूल' (भगवान् शिव का अस्त्र) नाम दिया गया। जमीन से हवा में मार करनेवाली रक्षा प्रणाली को 'आकाश' और टैंकरोधी मिसाइल परियोजना को 'नाग' नाम दिया गया। मैंने अपने मन में सँजोए रेक्स (रि-एंट्री एक्सपेरिमेंट) के बहुप्रतीक्षित सपने को 'अग्नि' नाम दिया। डॉ. अरुणाचलम डी.आर.डी.एल. आए और 27 जुलाई, 1983 को उन्होंने आई.जी.एम.डी.पी. की औपचारिक रूप से शुरुआत की। यह एक ऐसी बड़ी घटना थी जिसमें डी.आर.डी.एल. के हरेक कर्मचारी ने हिस्सा लिया। भारतीय अंतरिक्ष शोध से जुड़े हर व्यक्ति को इसमें आमंत्रित किया गया था। दूसरी प्रयोगशालाओं और संगठनों से बड़ी संख्या में वैज्ञानिकों, अकादमिक संस्थानों से प्रोफेसरों, सशस्त्र सेनाओं के प्रतिनिधियों—जो अब हमारे व्यावसायिक भागीदार थे, को इस मौके पर बुलाया गया था। जितने भागीदारों को हमने आमंत्रित किया था उनके लिए जगह पूरी नहीं पड़ पाई थी, तो इसके लिए एक क्लोज्ड सर्किट टी.वी. नेटवर्क स्थापित किया गया था, ताकि समारोह में भाग ले रहे लोगों के बीच संवाद हो सके। 18 जुलाई, 1980 को जब एस.एल.वी.-3 के द्वारा रोहिणी को पृथ्वी की कक्षा में स्थापित किया गया था तो वह मेरे कर्म जीवन का दूसरा महत्त्वपूर्ण दिन था।

□

: ग्यारह :

आई.जी.एम.डी.पी. की शुरुआत भारतीय वैज्ञानिक जगत् में एक नई चमक लाने जैसा था। दुनिया के कुछ विशिष्ट राष्ट्रों के पास ही मिसाइल तकनीक थी। लोग यह देखने के लिए उत्सुक थे कि इस समय भारत के पास क्या है। हम वह हासिल करने जा रहे थे जिसका हमने वायदा किया था। देश में आई.जी. एम.डी.पी. का महत्त्व वाकई अद्वितीय था और भारतीय शोध एवं विकास प्रतिष्ठानों में जो नियम व मानक थे वे इस परियोजना के लिए निर्धारित किए गए समय के लिए बिलकुल अव्यावहारिक थे। मैं यह अच्छी तरह जानता था कि इस कार्यक्रम के लिए पैसा मंजूर कराने का सबसे अच्छा यही तरीका है कि दस फीसदी काम हो चुका हो। इसे प्राप्त करना एक बिलकुल अलग मामला होगा। आपके पास जितना ज्यादा पैसा होगा उतना ही ज्यादा आपको काम जारी रखना होगा। अब तक काम चालू करने के लिए हमें आवश्यक राशि एवं स्वतंत्रता दे दी गई थी। मुझे अपनी टीम को लेकर आगे बढ़ना था और जो वायदे मैंने किए थे उन्हें पूरा कर दिखाना था।

इस मिसाइल कार्यक्रम को डिजाइन से लेकर इसे तैनात करने के चरणों तक पहुँचाने के लिए क्या-क्या जरूरतें थीं? श्रेष्ठ मानव शक्ति उपलब्ध थी, पैसा मंजूर हो चुका था और कुछ ढाँचागत सुविधाएँ भी थीं। तब फिर कमी क्या थी? इन तीन ठोस चीजों के अलावा किसी परियोजना को सफल बनाने की और क्या जरूरतें होती हैं? अपने एस.एल.वी.-3 के अनुभवों से मेरा मानना है कि मुझे इसका जवाब पता है। मूल कठिनाई यह थी कि हमारे देश के प्रतिष्ठान मिसाइल प्रौद्योगिकी में प्रवीणता हासिल करने जा रहे थे। बाहर, दूसरे देशों से मुझे कोई उम्मीद नहीं थी। टेक्नोलॉजी एक सामूहिक गतिविधि है। हमें नेतृत्व

करनेवाले ऐसे लोगों की जरूरत थी जो मिसाइल कार्यक्रम में न सिर्फ अपने मन व प्राण से लग सकें बल्कि दूसरे सैकड़ों वैज्ञानिकों और इंजीनियरों को भी साथ लेकर चल सकें। हमें यह भी मालूम था कि प्रयोगशालाओं में फैले आपसी अंतर्विरोधों और प्रक्रियागत विसंगतियों से निबटने की भी तैयारी करनी थी। हमें सार्वजनिक क्षेत्र की इकाइयों के मौजूदा रवैए का भी विरोध करना था, जो यह मानकर चल रही थीं कि उनके काम के आगे कोई भी नहीं टिक सकता। पूरी व्यवस्था—इसके लोग, प्रक्रियाएँ, बुनियादी ढाँचा, सभी को अपने आपमें विस्तार करना होगा। हमने कुछ ऐसा हासिल करने का फैसला किया जो हमारी सामूहिक राष्ट्रीय क्षमताओं से कहीं बाहर था और मुझे इस बारे में कहीं कोई भ्रम नहीं था कि जब तक हमारी टीम समानुपात या संभाव्यता के आधार पर काम नहीं करेगी तब तक कुछ भी हासिल नहीं हो पाएगा।

डी.आर.डी.एल. की जो सबसे ज्यादा उल्लेखनीय विशेषता थी, वह यह कि यहाँ बड़ी संख्या में विलक्षण प्रतिभा के वैज्ञानिक थे; पर दुर्भाग्यवश उनमें से कई कठोर एवं विद्रोही स्वभाववाले थे। परिस्थितिवश उनके पास ऐसा पर्याप्त संचित अनुभव नहीं था जो उन्हें अपने स्वयं के फैसलों के बारे में आत्मविश्वास से परिपूर्ण बनाता। कुल मिलाकर वे तमाम मामलों पर विचार-विमर्श तो बहुत उत्साह से करते, लेकिन अंततः मानते जरा सी बात। वे बाहरी विशेषज्ञों के ज्ञान और ताकत में भी निर्विवाद रूप से भरोसा करते, जो कभी-कभी अंधविश्वास में बदल जाता।

डी.आर.डी.एल. की जो सबसे ज्यादा उल्लेखनीय विशेषता थी, वह यह कि यहाँ बड़ी संख्या में विलक्षण प्रतिभा के वैज्ञानिक थे; पर दुर्भाग्यवश उनमें से कई कठोर एवं विद्रोही स्वभाववाले थे। परिस्थितिवश उनके पास ऐसा पर्याप्त संचित अनुभव नहीं था जो उन्हें अपने स्वयं के फैसलों के बारे में आत्मविश्वास से परिपूर्ण बनाता।

डी.आर.डी.एल. में एक बहुत ही मजेदार व्यक्ति से मैं मिला। उसका नाम था—ए.वी. रंगाराव। वह एक अच्छे वाक्पटु और आकर्षक व्यक्तित्ववाले भद्र पुरुष थे। वह आमतौर से गले में लाल रंग की टाई, चैक का कोट और ढीली-ढाली पैंट पहनते थे। हैदराबाद के गरमी भरे मौसम में भी वह यही सब

पहनते थे और इसमें भी पूरी आस्तीनवाली शर्ट तथा जूते। सफेद, घनी दाढ़ी और दाँतों के बीच पाइप दबाए तथा चारों ओर एक गजब की भव्यता लिये हुए रंगाराव बस थोड़े से दंभी थे।

मैंने रंगाराव से मौजूदा प्रबंध व्यवस्था में मानव संसाधनों के भरपूर इस्तेमाल के बारे में राय-मशविरा किया। रंगाराव उन वैज्ञानिकों के साथ कई मीटिंगों में हिस्सा ले चुके थे, जो स्वदेशी मिसाइल टेक्नोलॉजी विकसित करने और आई.जी.एम.डी.पी. के विभिन्न पहलुओं को स्पष्ट करने के लिए होती रही थीं। लंबे विचार-विमर्श तथा वैज्ञानिकों के वैचारिक आदान-प्रदान के बाद हमने प्रयोगशाला को तकनीकी प्रधान ढाँचे के रूप में पुनर्गठित करने का फैसला किया। परियोजनाओं के लिए विभिन्न कार्यों को शुरू करने के लिए हमें एक सुव्यवस्थित ढाँचा तैयार करने की जरूरत थी। चार महीने से भी कम समय में चार सौ वैज्ञानिकों ने मिसाइल कार्यक्रम पर काम करना शुरू कर दिया।

इस दौरान मेरे सामने सबसे महत्त्वपूर्ण काम परियोजना निदेशकों के चयन करने का था, जो मिसाइल परियोजनाओं का नेतृत्व कर सकें। हमारे पास बड़ी संख्या में प्रतिभावान् वैज्ञानिक थे। दरअसल यह एक समृद्ध बाजार की तरह था। सवाल यह था कि किसे लिया जाए—एक योजनाकार को, एक घुमक्कड़ को या एक तानाशाह को, या फिर किसी टीम के व्यक्ति को?

इस दौरान मेरे सामने सबसे महत्त्वपूर्ण काम परियोजना निदेशकों के चयन करने का था, जो मिसाइल परियोजनाओं का नेतृत्व कर सकें। हमारे पास बड़ी संख्या में प्रतिभावान् वैज्ञानिक थे। दरअसल यह एक समृद्ध बाजार की तरह था। सवाल यह था कि किसे लिया जाए—एक योजनाकार को, एक घुमक्कड़ को या एक तानाशाह को, या फिर किसी टीम के व्यक्ति को? मैं एक ऐसा सही नेता चाहता था जो स्पष्ट रूप से लक्ष्य को ध्यान में रखे और विभिन्न केंद्रों के काम करनेवाले अपनी टीम के सदस्यों की पूरी ऊर्जा को इस प्रकार इस्तेमाल करे कि हर व्यक्ति अपने लक्ष्य के प्रति काम में जुटा रहे।

यह एक बहुत ही मुश्किल काम था। पिछले दो दशकों के दौरान इसरो की बड़ी परियोजनाओं में काम करने के दौरान मैंने कुछ नियम सीख लिये

थे। गलत चुनाव भविष्य के पूरे कार्यक्रम को चौपट कर देता। मैंने तमाम बड़े वैज्ञानिकों और इंजीनियरों से विस्तृत विचार-विमर्श किया। मैं चाहता था कि ये पाँच परियोजना निदेशक दूसरे पच्चीस परियोजना निदेशकों और भविष्य के टीम नेताओं को प्रशिक्षित करें।

मेरे कई वरिष्ठ साथियों—जिनका नाम लेना यहाँ उचित नहीं होगा, क्योंकि यह मेरी सिर्फ कल्पना भी हो सकती है—ने इस दौरान मुझसे दोस्ती बढ़ाने की कोशिशें की थीं। मैंने उनकी दोस्ती का सम्मान किया, लेकिन किसी भी तरह के करीबी संबंधों को टाला। मित्र के प्रति वफादारी के माध्यम से कोई भी आसानी से गलत काम कर सकता है, जो अमूमन संगठन के हित में नहीं होता है।

शायद मेरे एकाकी रहने के पीछे मुख्य उद्देश्य प्रेम की पीड़ा से भागने की इच्छा थी, जिसे मैं रॉकेट बनाने की तुलना में काफी मुश्किल समझता हूँ। देश में रॉकेट विज्ञान को प्रोत्साहित करने के लिए जीवन में मेरी सारी इच्छाएँ बस इसी सच्चाई के रूप में साकार हुईं।

शायद मेरे एकाकी रहने के पीछे मुख्य उद्देश्य प्रेम की पीड़ा से भागने की इच्छा थी, जिसे मैं रॉकेट बनाने की तुलना में काफी मुश्किल समझता हूँ। देश में रॉकेट विज्ञान को प्रोत्साहित करने के लिए जीवन में मेरी सारी इच्छाएँ बस इसी सच्चाई के रूप में साकार हुईं।

मुझे कुछ समय लगा और इस फैसले पर विचार करने में काफी मशक्कत करनी पड़ी कि इन पाँचों परियोजनाओं का नेतृत्व किसे करना चाहिए। अपना फैसला लेने के पहले मैंने कई वैज्ञानिकों के कामकाज की शैली और उनका तरीका देखा। मुझे लगता है कि मेरे कुछ अवलोकन आपको रुचिकर लगेंगे।

किसी भी व्यक्ति के काम करने की शैली का बुनियादी पक्ष यह है कि वह काम की योजना किस प्रकार बनाता है और कार्यों को कितने सुव्यवस्थित ढंग से करता है। एक ओर तो एक ऐसा चौकस योजनाकार है जो कोई भी कदम उठाने से पूर्व हर बात की हर स्तर पर सावधानी से जाँच करता है, अपनी तीक्ष्ण दृष्टि से वह गलती होने की संभावना का भी पता लगा लेता है, वह सारी संभावनाओं को साथ लेकर चलने की कोशिश करता है तो दूसरी ओर एक

बहुत ही तेज चलनेवाला व्यक्ति है, जो बिना किसी योजना के बेतरतीब ढंग से काम करता है। एक विचार से प्रेरित होकर तेज चलनेवाला कभी भी कार्यवाही के लिए तैयार रहता है।

व्यक्ति की कार्यशैली का दूसरा पहलू नियंत्रण का है। ऊर्जा एवं ध्यान दिया जाना यह सुनिश्चित करता है कि काम सही दिशा में चल रहा है। एक ओर तो एक सख्त नियंत्रक होता है, कड़ा प्रशासक होता है, जो नियमों एवं नीतियों का पूरे जोश के साथ पालन करता है और दूसरी ओर ऐसे लोग होते हैं जो आजादी और लचीलेपन के साथ चलते हैं। उनमें नौकरशाही का गुण कम होता है। वे अपने अधीनस्थों को आसानी से काफी छूट दे देते हैं। मैं ऐसे नेतृत्वशाली लोग चाहता था जो मध्य मार्गी हों, जो बिना सख्ती के नियंत्रण कर सकें।

व्यक्ति की कार्यशैली का दूसरा पहलू नियंत्रण का है। ऊर्जा एवं ध्यान दिया जाना यह सुनिश्चित करता है कि काम सही दिशा में चल रहा है। एक ओर तो एक सख्त नियंत्रक होता है, कड़ा प्रशासक होता है, जो नियमों एवं नीतियों का पूरे जोश के साथ पालन करता है और दूसरी ओर ऐसे लोग होते हैं जो आजादी और लचीलेपन के साथ चलते हैं।

मैं ऐसे आदमी चाहता था जिनमें संभावनाओं के साथ बढ़ने की क्षमता हो, सभी संभव विकल्प तलाशने का धैर्य हो, नई परिस्थितियों में पुराने सिद्धांतों-नियमों से काम लेने की सूझबूझ हो, जिनमें आगे बढ़ने के लिए अपना रास्ता तैयार करने का कौशल हो। मैं चाह रहा था कि इन्हें इस प्रकार से समायोजित किया जाए जिससे ये एक-दूसरे की टीमों में अपने-अपने अधिकारों का मिल-बाँटकर प्रयोग करें, अच्छा काम दें, नए-नए विचारों का समावेश करें, प्रतिभावान् लोगों को सम्मान मिले और बुद्धिमत्तापूर्ण सलाह पर गौर हो। समस्याओं, चीजों को मिल-बैठकर आम राय से हल करने की योग्यता हो, भूल-चूक की जवाबदेही तय हो। इन सबके अलावा उन्हें सफलता एवं असुविधा दोनों के योग्य बनना चाहिए।

'पृथ्वी' परियोजना के नेतृत्व के लिए चल रही मेरी खोज कर्नल वी.जे. सुंदरम के साथ खत्म हुई। कर्नल सुंदरम भारतीय सेना की ई.एम.ई. कोर में थे।

एयरोनॉटिकल इंजीनियरिंग में स्नातकोत्तर और मैकेनिकल वाइब्रेशन (यांत्रिक कंपन्नों) के विशेषज्ञ सुंदरम डी.आर.डी.एल. के ढाँचा समूह (स्ट्रक्चर्स ग्रुप) के प्रमुख थे। मैंने उनमें पाया कि वह विरोधाभासी दृष्टिकोण को हल करने के लिए नए प्रयोग करने को तत्पर रहते थे। सामूहिक कार्य में वह एक प्रयोगकर्ता एवं प्रवर्तक के रूप में थे। काम करने के वैकल्पिक तरीकों का मूल्यांकन करने में भी उनमें अद्‌भुत क्षमता थी। वे आगे बढ़ने की नई परियोजनाओं के लक्ष्यों के बारे में, जिनसे कुछ समाधान निकल सकें, हमेशा विचार करते थे; जिनके बारे में पहले कभी नहीं सोचा गया था। वह अधीनस्थ प्रतिरोध भी दरसा सकते हैं, अगर लक्ष्य को लेकर उनकी दृष्टि स्पष्ट नहीं हो। इस तरह एक टीम के नेता की महत्ता असरदार तरीके से कार्य दिशा-निर्देश देने में होती है। मुझे लगा, 'पृथ्वी' के परियोजना निदेशक को सबसे पहले उत्पादन एजेंसियों और सशस्त्र बलों के साथ फैसले लेने होंगे; सुंदरम का चुनाव सबसे ज्यादा सही रहेगा जो उन ठोस फैसलों को देख सके।

'त्रिशूल' के लिए मैं ऐसे व्यक्ति की तलाश में था जिसे न सिर्फ इलेक्ट्रॉनिक्स एवं मिसाइल युद्ध की ठोस जानकारी हो बल्कि जो टीम के सदस्यों में आपसी समझ बढ़ाने के लिए पेचीदगियों को भी समझा सके और टीम का समर्थन प्राप्त कर सके। इसके लिए मुझे कमांडर एस.आर. मोहन उपयुक्त लगे, जिनमें काम को लगन के साथ करने की जादुई शक्ति थी। कमांडर मोहन नौसेना से रक्षा शोध एवं विकास में आए थे।

'त्रिशूल' के लिए मैं ऐसे व्यक्ति की तलाश में था जिसे न सिर्फ इलेक्ट्रॉनिक्स एवं मिसाइल युद्ध की ठोस जानकारी हो बल्कि जो टीम के सदस्यों में आपसी समझ बढ़ाने के लिए पेचीदगियों को भी समझा सके और टीम का समर्थन प्राप्त कर सके। इसके लिए मुझे कमांडर एस.आर. मोहन उपयुक्त लगे, जिनमें काम को लगन के साथ करने की जादुई शक्ति थी। कमांडर मोहन नौसेना से रक्षा शोध एवं विकास में आए थे।

'अग्नि', जो मेरा सपना थी, के लिए किसी ऐसे व्यक्ति की जरूरत थी जो इस परियोजना में कभी-कभी मेरे दखल को बरदाश्त कर सके। यह बात मुझे

आर.एन. अग्रवाल में नजर आई। वह मद्रास इंस्टीट्यूट ऑफ टेक्नोलॉजी के विलक्षण छात्रों में से थे। वह डी.आर.डी.एल. में वैमानिकी परीक्षण सुविधाओं का प्रबंधन सँभाल रहे थे।

तकनीकी जटिलताओं के कारण 'आकाश' एवं 'नाग' को तब भविष्य की मिसाइलों के रूप में तैयार करने पर विचार किया गया। इनकी गतिविधियाँ करीब आधे दशक बाद तेजी पर होने की उम्मीद थी। इसलिए मैंने 'आकाश' के लिए प्रह्लाद और 'नाग' के लिए एन.आर. अय्यर को चुना। दो और नौजवानों—वी.के. सारस्वत एवं ए.के. कपूर को क्रमशः सुंदरम तथा मोहन का सहायक नियुक्त किया गया।

तकनीकी जटिलताओं के कारण 'आकाश' एवं 'नाग' को तब भविष्य की मिसाइलों के रूप में तैयार करने पर विचार किया गया। इनकी गतिविधियाँ करीब आधे दशक बाद तेजी पर होने की उम्मीद थी। इसलिए मैंने 'आकाश' के लिए प्रह्लाद और 'नाग' के लिए एन.आर. अय्यर को चुना। दो और नौजवानों—वी.के. सारस्वत एवं ए.के. कपूर को क्रमशः सुंदरम तथा मोहन का सहायक नियुक्त किया गया।

उन दिनों डी.आर.डी.एल. कोई ऐसा मंच नहीं था जहाँ सामान्य महत्त्व के मुद्दों पर खुली चर्चा एवं सार्थक बहस हो सके। यह याद रखा जाना चाहिए कि वैज्ञानिक बुनियादी रूप से भावनात्मक अतिरेक से ग्रस्त व्यक्ति होते हैं। एक बार जब वे ठोकर खा जाते हैं तो उनके लिए अपने आपको उससे उबारना काफी मुश्किल होता है। किसी भी पेशे अथवा व्यवसाय में झटके एवं असंतोष तो हमेशा लगते रहते हैं—और विज्ञान के क्षेत्र में तो थोड़े ज्यादा ही। हालाँकि मैंने कभी नहीं चाहा कि मेरे किसी भी वैज्ञानिक साथी को असंतोष का सामना करना पड़े, जिससे कि उसे प्रतिकूल नकारात्मक फैसले लेने पड़ें। इस तरह की संभाव्य घटनाओं को टालने के लिए एक विज्ञान परिषद् का गठन किया गया, जो कि एक पंचायत जैसी ही थी। इसमें वैज्ञानिक आपस में मिल-बैठकर ही फैसले लेते। हर तीसरे महीने सभी वैज्ञानिक—कनिष्ठ एवं वरिष्ठ, मशहूर व नए—साथ बैठते और मन के गुबार निकाल लेते।

परिषद् की पहली बैठक बहुत ही धुआँधार रही थी। थोड़ी देर तक बेमन से पूछे सवाल-जवाब और अविश्वास-संदेह व्यक्त करने के बाद एक वरिष्ठ वैज्ञानिक एम.एन. राव ने सीधा एक सवाल दागा—'किस आधार पर आपने इन पाँच पांडवों को चुना है (उनका मतलब परियोजना निदेशकों से था) ?' मैं वाकई यह प्रश्न पूछ लिये जाने की उम्मीद कर रहा था। मैंने उन्हें बताना चाहा कि इन पाँचों पांडवों का सकारात्मक सोचवाली द्रौपदी से विवाह करा दिया है। बजाय इसके मैंने राव को भविष्य में विश्वास करने को कहा। मैंने कहा, 'मैंने इन पाँचों परियोजना निदेशकों को सिर्फ आज के लिए ही नहीं चुना, मैंने इन्हें दीर्घ अवधि कार्यक्रम के लिए जिम्मा सौंपा है, जहाँ रोजाना नए-नए तूफान आएँगे।'

उत्पादनकारी नेता क्या-क्या करता है? मेरी राय में एक उत्पादनकारी नेता को स्टाफ के मामले में बहुत ही दक्ष होना चाहिए। नेता को संगठन के भीतर नियमित रूप से नया खून प्रवाहित करते रहना चाहिए। पेचीदगियों, समस्याओं से निबटने और नई अवधारणाओं को समझने की क्षमता भी उसमें होनी चाहिए।

मैंने राव से कहा, 'आनेवाला हर कल इन जैसे उत्साही लोगों—अग्रवाल, प्रह्लाद, अय्यर व सारस्वत को नए-नए लक्ष्य हासिल करने और अपने लक्ष्य के प्रति वचनबद्ध रहने के लिए अवसर देता है।'

उत्पादनकारी नेता क्या-क्या करता है? मेरी राय में एक उत्पादनकारी नेता को स्टाफ के मामले में बहुत ही दक्ष होना चाहिए। नेता को संगठन के भीतर नियमित रूप से नया खून प्रवाहित करते रहना चाहिए। पेचीदगियों, समस्याओं से निबटने और नई अवधारणाओं को समझने की क्षमता भी उसमें होनी चाहिए। इस तरह जटिलताओं को दूर करने के लिए क्या कितना सही है, कितना गलत का आशु विश्लेषण ही एक महत्त्वपूर्ण साधन है। नेता में यह क्षमता भी होनी चाहिए कि वह अपनी टीम के भीतर जोश भर सके। उसे संगठन के माहौल को उत्साहवर्धक बनाए रखना चाहिए और उसके सारे कार्यों से 'किया जा सकता है का दृष्टिकोण' बयान होना चाहिए। उसे निष्पक्ष रूप से समुचित श्रेय एवं इनाम देना चाहिए, सार्वजनिक प्रशंसा करनी चाहिए, लेकिन आलोचना निजी रूप से करनी चाहिए।

एक नौजवान वैज्ञानिक की ओर से एक बहुत ही मुश्किल प्रश्न आया—'आप इन परियोजनाओं को डेविल की तरह होने से कैसे रोकने जा रहे हैं?' मैंने उसे आई.जी.एम.डी.पी. के पीछे काम से लेकर उसे तैनात करने तक का जो दर्शन था वह स्पष्ट किया। डिजाइन की शुरुआत से ही उत्पादन केंद्रों एवं उपयोगकर्ता एजेंसियों की जो भागीदारी पक्की कर दी गई थी और मिसाइल प्रणालियाँ सफलतापूर्वक युद्धक्षेत्र में तैनात हो जाने तक किसीका भी पीछे हटने का सवाल ही नहीं था।

जब टीमों के गठन की प्रक्रिया और कार्य आयोजन का काम पूरा हुआ तब मुझे अतिरिक्त कर्मचारी एवं आई.जी.एम.डी.पी. के लक्ष्यों को हासिल करने के लिए जरूरी सुविधाएँ जुटाने की जरूरत महसूस हुई। मैंने पाया कि आई.जी.एम.डी.पी. की बढ़ती जरूरतों के हिसाब से डी.आर.डी.एल. में जगह काफी कम पड़ेगी। कुछ सुविधाएँ पास की जगह पर विकसित की जा सकती हैं।

जब टीमों के गठन की प्रक्रिया और कार्य आयोजन का काम पूरा हुआ तब मुझे अतिरिक्त कर्मचारी एवं आई.जी.एम.डी.पी. के लक्ष्यों को हासिल करने के लिए जरूरी सुविधाएँ जुटाने की जरूरत महसूस हुई। मैंने पाया कि आई.जी.एम.डी.पी. की बढ़ती जरूरतों के हिसाब से डी.आर.डी.एल. में जगह काफी कम पड़ेगी। कुछ सुविधाएँ पास की जगह पर विकसित की जा सकती हैं। मिसाइल संयोजन एवं चेकआउट सुविधा, जो डेविल के दौरान तैयार की गई थी, एक सौ बीस वर्गमीटर के शेड में सीमित थी। जहाँ पाँचों मिसाइलों के संयोजन के लिए जगह एवं सुविधाएँ हैं, वे क्या यहाँ संयोजन के लिए जल्दी से लाई जा सकेंगी? पर्यावरणीय परीक्षण सुविधा एवं एवियोनिक्स लेबोरेटरी भी खस्ता हाल में ही थी।

मैंने पास के इमारत कँचा इलाके का दौरा किया। इस क्षेत्र को डी.आर.डी.एल. ने दशकों पूर्व टैंक भेदी मिसाइलों के परीक्षण के लिए टेस्ट रेंज के रूप में विकसित किया था। यह क्षेत्र एकदम बंजर था। मुश्किल से कोई इक्के-दुक्के पेड़ वहाँ थे और था बड़े-बड़े गोल पत्थर चिह्नों के रूप में एक बड़ा पठार। मैंने

यहाँ मिसाइल परियोजना के लिए मिसाइल संयोजन एवं चेकआउट सुविधाएँ शुरू करने का फैसला किया। अगले तीन वर्षों के लिए यह मेरा मिशन बन गया।

हमने एक ऐसा उच्च टेक्नोलॉजी शोध केंद्र स्थापित करने का प्रस्ताव तैयार किया जिसमें अत्याधुनिक तकनीकी सुविधाएँ उपलब्ध हों; जैसे—इनर्शियल इंस्ट्रूमेंटेशन लेबोरेटरी, फुल-स्केल एनवॉयरोमेंटल एंड इलेक्ट्रॉनिक वार फेअर (ई.एम.आई./ई.एम.सी.) टेस्ट फैसेलिटीज, एक कंपोजिट प्रोडक्शन सेंटर, हाई एनथेल्पी फैसेलिटी तथा मिसाइल संयोजन एवं चेकआउट सेंटर। किसी भी तरह से यह एक बहुत ही विशालकाय कार्य था। इस परियोजना को साकार बनाने के लिए अलग-अलग क्षेत्रों के विशेषज्ञों की जरूरत थी। लक्ष्य हम पहले ही निर्धारित कर चुके थे। अब विशेषज्ञों को समस्याएँ हल करते हुए एवं संवाद प्रक्रिया जारी रखते हुए विभिन्न एजेंसियों के लोगों के साथ समझ और भागीदारी विकसित करनी थी, जो कि टीम के नेता को करनी चाहिए। ऐसा काम करने के लिए कौन उपयुक्त व्यक्ति होगा? मैंने देखा कि नेतृत्व के ये सारे गुण एम.वी. सूर्यकांता राव में हैं। फिर जब आर.सी.आई. के सृजन में बड़ी संख्या में एजेंसियाँ भागीदार बनेंगी, किसीको तो श्रेणीबद्धता की बारीकी का ध्यान रखना ही था। मैंने कृष्णा मोहन को, जो जीवन के तीसरे दशक के मध्य में थे, सूर्यकांता राव के पूरक के तौर पर चुना। वे उस समय पाँचवें दशक के उत्तरार्ध में चल रहे थे। कृष्णा मोहन लोगों के कार्यस्थलों पर उनकी निगरानी करने के बजाय उनकी भागीदारी एवं उत्साह को बढ़ानेवाले थे।

हमने एक ऐसा उच्च टेक्नोलॉजी शोध केंद्र स्थापित करने का प्रस्ताव तैयार किया जिसमें अत्याधुनिक तकनीकी सुविधाएँ उपलब्ध हों; जैसे—इनर्शियल इंस्ट्रूमेंटेशन लेबोरेटरी, फुल-स्केल एनवॉयरोमेंटल एंड इलेक्ट्रॉनिक वार फेअर (ई.एम.आई./ई.एम.सी.) टेस्ट फैसेलिटीज, एक कंपोजिट प्रोडक्शन सेंटर, हाई एनथेल्पी फैसेलिटी तथा मिसाइल संयोजन एवं चेकआउट सेंटर।

निर्धारित प्रक्रियाओं के अनुसार आर.सी.आई. के निर्माण कार्य के लिए हमने मिलिटरी इंजीनियरिंग सर्विसेज (एम.ई.एस.) वालों से संपर्क किया।

उन्होंने इस काम को पूरा करने के लिए पाँच साल का समय माँगा। रक्षा मंत्रालय में इसपर गहराई से विचार किया गया और महत्त्वपूर्ण निर्णय लेते हुए रक्षा ढाँचे के निर्माण की जिम्मेदारी किसी बाहरी कंपनी को सौंपने का फैसला लिया गया। नक्शे की जाँच तथा इमरात कँचा के हवाई चित्र प्राप्त करने के लिए सर्वेक्षण विभाग एवं नेशनल रिमोट सेंसिंग एजेंसी के साथ संपर्क स्थापित किया गया, ताकि सड़कों और दूसरे सुविधा केंद्र स्थापित करने के लिए जगह की तैयारी की जा सके। सेंट्रल ग्राउंड वाटर बोर्ड ने इन पठारी पत्थरों के बीच से पानी निकालने के लिए बीस जगहों को चुना। प्रतिदिन चालीस एम.वी.ए. बिजली और पचास लाख लीटर पानी दिए जाने के लिए बुनियादी ढाँचा खड़ा करने की योजना बनाई गई।

इसी समय कर्नल एस.के. सलवान भी हमारे साथ आ गए थे। वह एक मैकेनिकल इंजीनियर थे और अपार ऊर्जा से सराबोर थे। निर्माण के अंतिम चरण में सलवान ने पत्थरों के बीच एक प्राचीन पूजास्थल भी खोज निकाला। क्या इस जगह से आशीर्वाद मिला था? मैं आश्चर्यचकित था। तब तक हम मिसाइल प्रणालियों के विकास और उनके संयोजन पर काम पहले से ही शुरू कर चुके थे।

इसी समय कर्नल एस.के. सलवान भी हमारे साथ आ गए थे। वह एक मैकेनिकल इंजीनियर थे और अपार ऊर्जा से सराबोर थे। निर्माण के अंतिम चरण में सलवान ने पत्थरों के बीच एक प्राचीन पूजास्थल भी खोज निकाला। क्या इस जगह से आशीर्वाद मिला था? मैं आश्चर्यचकित था। तब तक हम मिसाइल प्रणालियों के विकास और उनके संयोजन पर काम पहले से ही शुरू कर चुके थे। इसके बाद अगला महत्त्वपूर्ण कदम मिसाइल उड़ान परीक्षणों के लिए उपयुक्त स्थल की तलाश का था। श्रीहरिकोटा के भी आंध्र प्रदेश में ही होने के कारण पूरे पूर्वी तटीय क्षेत्र में उपयुक्त स्थान तलाशा गया और अंत में उड़ीसा के बालासोर में यह तलाश खत्म हुई। नेशनल टेस्ट रेंज के लिए उत्तर-पूर्वी तटीय क्षेत्र के किनारे जगह तय की गई। दुर्भाग्य से इस पूरी परियोजना पर पानी-सा फिर गया; क्योंकि उस इलाके में रह रहे लोगों को हटाने की बात हमने उड़ीसा के बालासोर में ही चाँदीपुर में

प्रूफ एक्सपेरिमेंटल इस्टेब्लिशमेंट (पी.एक्स.ई.) के पास ही परीक्षण के लिए अंतरिम बुनियादी ढाँचा तैयार करने का फैसला किया। इस अंतरिम टेस्ट रेंज के निर्माण के लिए तीस करोड़ रुपए खर्च किए गए।

कम लागत के इलेक्ट्रो-ऑप्टीकल ट्रैकिंग इंस्ट्रूमेंट्स तैयार करने में डॉ. एच.एस. रामराव और उनकी टीम ने बहुत ही उत्कृष्ट काम किया। इन उपकरणों में पाथ दूरबीन प्रणाली (ट्रैकिंग टेलीस्कोप सिस्टम) और पाथ राडार थे। लेफ्टिनेंट जनरल आर.एस. देसवाल और मेजर जनरल के.एन. सिंह ने लॉञ्च पैड एवं रेंज के बुनियादी ढाँचे को विकसित करने का काम सँभाला। चाँदीपुर में बहुत ही खूबसूरत पक्षी अभयारण्य था। मैंने इंजीनियरों से कह दिया था कि पक्षी अभयारण्य को छेड़े बिना ही इस परीक्षण रेंज स्थल को तैयार किया जाए।

आर.सी.आई. को खड़ा करना शायद मेरे लिए सबसे सुखद अनुभव था। मिसाइल टेक्नोलॉजी के इस सर्वोत्कृष्ट केंद्र को विकसित करने का काम एक ऐसा आनंद देनेवाला था जैसे कुम्हार को मिट्टी के बरतन को सुंदर बनाने के लिए अंतिम रूप देने में आता है।

रक्षामंत्री आर. वेंकटरामन खुद आई.जी.एम.डी.पी. की गतिविधियों की जानकारी लेने के लिए सितंबर 1983 में डी.आर.डी.एल. आए। उन्होंने हमसे कहा कि लक्ष्यों को हासिल करने के लिए जिन संसाधनों की भी जरूरत हो उनकी सूची बनाकर दी जाए। 'जो तुमने सोचा है, वह साकार हो जाएगा। जो तुमने ठान लिया है, उसे तुम हासिल कर लोगे।' उन्होंने कहा। हम दोनों—डॉ. अरुणाचलम और मैं—को लगा कि आई.जी.एम.डी.पी. के सामने तो अपार संभावनाएँ हैं—और हमारे उत्साह ने इस संभावना को और बढ़ा दिया था। हम यह देखकर बहुत ही उत्साहित एवं रोमांचित थे कि आई.जी.एम.डी.पी. के मिशन में देश के शीर्षस्थ और विलक्षण लोग हमारे साथ थे। विजयी के साथ कौन नहीं जुड़ना चाहेगा? चारों ओर यही कहा जा रहा था कि आई.जी.एम.डी. पी. का जन्म सफलता के लिए ही हुआ था।

□

: बारह :

3 जनवरी की शाम बंबई से जब डॉ. ब्रह्मप्रकाश के निधन की खबर आई, उस समय सन् 1984 के लक्ष्यों को लेकर हमारी मीटिंग चल रही थी। यह मेरे लिए एक बहुत बड़ी भावनात्मक क्षति थी; क्योंकि मैंने अपने जीवन का सबसे चुनौती भरा समय उनके साथ काम करने में बिताया था। उनके भीतर जो मानवता थी, वह अनुकरणीय तथा अपने में एक मिसाल थी। जिस दिन एस.एल. वी.-ई. 1 की उड़ान असफल रही थी और उन्होंने जिस तरह मुझे सांत्वना दी थी, उस याद ने मेरे दुःख को और गहरा कर दिया।

अगर प्रो. साराभाई वी.एस.एस.सी. को स्थापित करनेवाले थे तो डॉ. ब्रह्मप्रकाश ने उनके इस काम को आगे बढ़ाया और साकार किया। जब इस संस्थान को आगे बढ़ाने की सबसे ज्यादा जरूरत थी तब उन्होंने ही इसे पाला-पोसा था। मेरे नेतृत्व कौशल को आकार देने में डॉ. ब्रह्मप्रकाश ने बहुत ही महत्त्वपूर्ण भूमिका निभाई थी। उनकी नम्रता ने मुझे विनम्र बनाया और आक्रामक रवैया छुड़ाने में मेरी मदद की। उनकी नम्रता सिर्फ उनकी प्रतिभा या विशिष्टता में ही नहीं छिपी थी बल्कि उनके साथ काम करनेवालों की गरिमा के प्रति भी थी। डॉ. ब्रह्मप्रकाश स्वाभाविक रूप से बुद्धिजीवी थे। उनमें एक प्रकार की बाल सुलभता थी और मैंने उन्हें हमेशा वैज्ञानिकों के बीच एक संत के रूप में देखा।

डी.आर.डी.एल. के पुनर्जागरण काल के दौरान पी. बनर्जी, के.वी. रमणा साई और उनकी टीम द्वारा विकसित किया गया एटीच्यूड कंट्रोल सिस्टम तथा ऑन बोर्ड कंप्यूटर अब तैयार होने जा रहा था। किसी भी स्वदेशी मिसाइल विकास कार्यक्रम के लिए यह सफल कोशिश एक ठोस उपलब्धि थी। ठीक इसी समय इस महत्त्वपूर्ण प्रणाली के परीक्षण के लिए हमें मिसाइल चाहिए थी।

कई दौर की उन्मादी बैठकों के बाद हमने इस परीक्षण के लिए डेविल मिसाइल को ही कामचलाऊ तौर पर लेने का फैसला किया। एक डेविल मिसाइल को खोलकर उसके हिस्से अलग-अलग किए गए। फिर उनमें कई सुधार किए गए, उपप्रणालियों के व्यापक परीक्षण किए गए और मिसाइल चेकआउट प्रणाली को पुनर्विन्यासित किया गया। कामचलाऊ लॉन्चर लगाने के बाद संशोधित भूमिका और विस्तारित रेंजवाली मिसाइल पहले स्वदेशी स्ट्रैप डाउन-इनर्शियल गाइडेंस सिस्टम के परीक्षण के लिए 26 जून, 1984 को दागी गई। भारतीय मिसाइल विकास के इतिहास में यह पहला और बहुत ही महत्त्वपूर्ण कदम था। लंबे समय से जो अवसर नहीं आया था, आखिरकार अब डी.आर.डी.एल. के वैज्ञानिकों ने उसका उपयोग किया था। प्रत्येक के लिए संदेश बिलकुल स्पष्ट था—'हम यह कर सकते हैं।'

दिल्ली तक यह संदेश पहुँचने में कोई बहुत समय नहीं लगा। तत्कालीन प्रधानमंत्री इंदिरा गांधी ने आई.जी.एम.डी.पी. की प्रगति खुद आकर देखने की इच्छा व्यक्त की। हम उत्साह एवं जोश से भर गए थे। हर कोई अपना अच्छे-से-अच्छा काम करना चाह रहा था। पूरा संगठन रोमांचित हो उठा था। 19 जुलाई, 1984 को श्रीमती गांधी डी.आर.डी.एल. आईं।

दिल्ली तक यह संदेश पहुँचने में कोई बहुत समय नहीं लगा। तत्कालीन प्रधानमंत्री इंदिरा गांधी ने आई.जी.एम.डी.पी. की प्रगति खुद आकर देखने की इच्छा व्यक्त की। हम उत्साह एवं जोश से भर गए थे। हर कोई अपना अच्छे-से-अच्छा काम करना चाह रहा था। पूरा संगठन रोमांचित हो उठा था। 19 जुलाई, 1984 को श्रीमती गांधी डी.आर.डी.एल. आईं।

प्रधानमंत्री इंदिरा गांधी में गर्व की भावना बड़ी उदात्त थी। उन्हें अपने पर, अपने काम पर और अपने देश पर बहुत ही गर्व था। मुझे लगा कि डी.आर.डी.एल. में उनका आना एक सम्माननीय बात है; जैसे उनके गर्व का कुछ अंश मेरे दूसरे कामों में लगे दिमाग में आ गया हो। वह इस बात के प्रति अत्यधिक सचेत रहती थीं कि वह अस्सी करोड़ लोगों की नेता थीं। उनका हर कदम, हर इशारा, उनके हाथों की हर मुद्रा—सब अपने में अनूठा था। उन्होंने जिस श्रद्धा

एवं सम्मान से हमारे गाइडेड मिसाइल के काम को देखा उसने हमारा नैतिक बल बहुत बढ़ा दिया।

डी.आर.डी.एल. में अपने एक घंटे के दौरान उन्होंने आई.जी.एम.डी.पी. के तमाम व्यापक पहलुओं को देखा, उड़ान प्रणाली तैयार करने से लेकर बहुविध विकास प्रयोगशालाएँ देखीं। अंत में उन्होंने डी.आर.डी.एल. परिवार के दो हजार लोगों को संबोधित किया। उन्होंने हमसे उस उड़ान परीक्षण कार्यक्रम के बारे में पूछा जिसपर हम काम कर रहे थे। 'आप 'पृथ्वी' का उड़ान परीक्षण कब करने जा रहे हैं?' श्रीमती गांधी ने पूछा। मैंने बताया—'जून 1987।' उन्होंने फौरन पलट कर कहा, 'मुझे बताइए, उड़ान कार्यक्रम को और तेज करने के लिए क्या-क्या जरूरतें हैं?' वह जल्दी से वैज्ञानिक एवं तकनीकी नतीजे चाहती थीं। 'आपके काम की तेज गति पूरे राष्ट्र की उम्मीद है।' श्रीमती गांधी ने कहा। उन्होंने मुझसे भी कहा कि आई.जी.एम.डी.पी. न केवल समय पर पूरा होना चाहिए बल्कि पूरी प्रतिभा और अनूठेपन के साथ भी। 'जो आप हासिल करते हैं बात वह नहीं है, आपको कभी भी पूरी तरह संतुष्ट नहीं हो जाना चाहिए और हमेशा अपने आपको श्रेष्ठ साबित करने के रास्ते तलाशने चाहिए।' उन्होंने कहा। एक महीने के भीतर ही उन्होंने नवनियुक्त रक्षामंत्री एस.बी. चह्वाण को हमारी परियोजनाओं की समीक्षा करने के लिए भेजकर अपनी रुचि एवं समर्थन दिखाया। श्रीमती गांधी ने परियोजना को लेकर जो कदम उठाए थे, वे न सिर्फ प्रभावित करनेवाले थे बल्कि असरदार भी थे। हमारे देश में आज विज्ञान एवं प्रौद्योगिकी के अनुसंधान एवं विकास से जुड़ा हर व्यक्ति जानता है कि श्रेष्ठता का ही पर्याय है आई.जी.एम.डी.पी.।

डी.आर.डी.एल. में अपने एक घंटे के दौरान उन्होंने आई.जी.एम.डी.पी. के तमाम व्यापक पहलुओं को देखा, उड़ान प्रणाली तैयार करने से लेकर बहुविध विकास प्रयोगशालाएँ देखीं। अंत में उन्होंने डी.आर.डी.एल. परिवार के दो हजार लोगों को संबोधित किया। उन्होंने हमसे उस उड़ान परीक्षण कार्यक्रम के बारे में पूछा जिसपर हम काम कर रहे थे।

हमने देश में असरदार प्रबंधन तकनीकों का भी विकास किया। ऐसी ही

एक तकनीक परियोजना कार्य की समीक्षा एवं उसकी प्रगति के मूल्यांकन से संबंधित थी। परियोजना के कामकाज को आगे बढ़ाने से संबंधित कठिनाइयों और रुकावटों के समाधान में तकनीकी विश्लेषण एवं प्रक्रियागत व्यावहारिकता की भूमिका प्रमुख होती है। कार्य केंद्रों में परियोजना के कार्य, समय एवं खर्च के अनुमानों का प्रगति के हर चरण में परीक्षण किया जाता है, साथियों के साथ विचार-विमर्श किया जाता है और फिर प्रत्येक के समर्थन से इसे लागू किया जाता है। कार्य केंद्रों में से बड़ी संख्या में मौलिक विचार निकलकर आते हैं। अगर आप मुझसे इस सफल कार्यक्रम का एक सबसे महत्त्वपूर्ण प्रबंधकीय कौशल बताने को कहें तो मैं कहूँगा कि निरंतर सक्रिय ढंग से काम को आगे बढ़ाकर, डिजाइन पर विभिन्न प्रयोगशालाओं में हुए काम से, योजना बनाकर, सेवाओं को उत्कृष्ट बनाकर और निगरानी एजेंसियों एवं शिक्षण संस्थानों के माध्यम से सबसे ज्यादा सद्भावपूर्ण तरीके से तेज प्रगति की जा सकती है। दरअसल गाइडेड मिसाइल प्रोग्राम ऑफिस में हमने कार्यसंहिता बना रखी थी—यदि आपको किसी कार्य केंद्र को पत्र लिखना है तो फैक्स भेजिए, यदि आपको टेलेक्स या फैक्स भेजने की जरूरत है तो टेलीफोन कर लीजिए और यदि टेलीफोन पर ही कोई विचार-विमर्श करना हो तो उस जगह जाकर व्यक्तिगत रूप से मिलिए।

हमारे समक्ष कामकाज का यह तरीका उस वक्त सामने आया जब 27 सितंबर, 1984 को डॉ. अरुणाचलम आई.जी.एम.डी.पी. की समीक्षा करने आए। डी.आर.डी.ओ. की प्रयोगशालाओं, इसरो, अकादमिक संस्थानों और उत्पादन एजेंसियों के विशेषज्ञ परियोजना की प्रगति तथा इसे लागू करने के पहले साल में आई कठिनाइयों की आलोचनात्मक समीक्षा करने के लिए इकट्ठे हुए थे।

हमारे समक्ष कामकाज का यह तरीका उस वक्त सामने आया जब 27 सितंबर, 1984 को डॉ. अरुणाचलम आई.जी.एम.डी.पी. की समीक्षा करने आए। डी.आर.डी.ओ. की प्रयोगशालाओं, इसरो, अकादमिक संस्थानों और उत्पादन एजेंसियों के विशेषज्ञ परियोजना की प्रगति तथा इसे लागू करने के

पहले साल में आई कठिनाइयों की आलोचनात्मक समीक्षा करने के लिए इकट्ठे हुए थे। इस समीक्षा के दौरान इमारत कँचा में सुविधाएँ विकसित करने और परीक्षण सुविधा के लिए केंद्र बनाने जैसे बड़े फैसले लिये गए। इमारत कँचा में भविष्य में तैयार होनेवाली ढाँचागत सुविधाओं के केंद्र को रिसर्च सेंटर इमारत (आर.सी.आई.) नाम दिया गया और बाकी स्थानों की मूल पहचान ही बने रहने दी गई।

समीक्षा बोर्ड में पुराने परिचित टी.एन. शेषन का होना एक सुखद बात थी। एस.एल.वी.-3 से लेकर अब तक हमारे बीच काफी स्नेह हो गया था। इस समय शेषन रक्षा सचिव थे। परियोजना के कार्यक्रमों और वित्तीय स्थितियों की व्यवहार्यता के बारे में उनके द्वारा उठाए गए सवाल काफी ज्यादा तर्कसंगत थे। शेषन एक ऐसे व्यक्ति हैं जो संवादों से अपने विरोधियों को भी करीब ले आते हैं और आनंद लेते हैं। पर अपने आक्रामक हास्य-विनोद से वह अपने विरोधियों को उपहास का पात्र भी बना देते। यद्यपि कई मौकों पर वह जोरदार बहस करते, पर अंत में कोई भी रास्ता या हल निकालने के लिए हमेशा उपलब्ध संसाधनों के उपयोग की अधिकतम संभावना को इस प्रकार सुनिश्चित करते जो संबंधित कार्य में लागू किए जा सकते हों। निजी स्तर पर शेषन बहुत ही दयालु और दूसरे का ध्यान रखनेवाले व्यक्ति हैं। आई.जी.एम.डी.पी. में प्रयोग में लाई गई टेक्नोलॉजी के बारे में उनके द्वारा पूछे गए सवालों का जवाब देकर मेरी टीम बहुत ही खुश थी। कार्बन-कार्बन सम्मिश्रों (कंपोजिट्स) के स्वदेशी विकास के बारे में जानने की जो उत्सुकता उनमें मैंने देखी थी, वह मुझे अभी तक याद है। और एक बहुत ही छोटी सी गोपनीय बात मैं आपको बता दूँ—शायद दुनिया में शेषन ही सिर्फ ऐसे व्यक्ति हैं जो मुझे पूरा नाम, जिसमें इकतीस अक्षर हैं, लेकर बुलाने

समीक्षा बोर्ड में पुराने परिचित टी.एन. शेषन का होना एक सुखद बात थी। एस.एल.वी.-3 से लेकर अब तक हमारे बीच काफी स्नेह हो गया था। इस समय शेषन रक्षा सचिव थे। परियोजना के कार्यक्रमों और वित्तीय स्थितियों की व्यवहार्यता के बारे में उनके द्वारा उठाए गए सवाल काफी ज्यादा तर्कसंगत थे।

में मजा लेते हैं—अवुल पकीर जैनुलाबदीन अब्दुल कलाम।

मिसाइल कार्यक्रम भी साथ-साथ चल रहा था और इसके डिजाइन, विकास एवं उत्पादन के काम में बारह अकादमिक संस्थान, डी.आर.डी.ओ. की तीस प्रयोगशालाएँ, काउंसिल फॉर साइंटिफिक एंड इंडस्ट्रियल रिसर्च (सी.एस.आई.आर.), इसरो और दूसरे उद्योग लगे हुए थे। पचास से ज्यादा प्रोफेसर और सौ शोधकर्ता मिसाइल से संबंधित समस्यों पर अपनी-अपनी प्रयोगशालाओं में काम कर रहे थे। एक साल के भीतर ही इस तरह की भागीदारी से काम की जो गुणवत्ता सामने आई, उससे मेरे मन में यह पक्का विश्वास हो गया कि देश में किसी भी तरह का विकास कार्य हम तय समय शुरू करके इसे पूरा कर सकते हैं। इस समीक्षा के चार महीने पहले, मेरा मानना है कि यह अप्रैल-जून 1984 था, मिसाइल कार्यक्रम में लगे हममें से छह लोगों ने अकादमिक संस्थानों के दौरे किए थे और उन नौजवान स्नातकों की सूची बनाई थी जिन्होंने इस कार्यक्रम में शामिल होने का वायदा किया था। हमने प्रोफेसरों और इच्छुक छात्रों के समक्ष मिसाइल कार्यक्रम की रूपरेखा प्रस्तुत की। इनमें से करीब तीन सौ पचास छात्रों ने इस कार्यक्रम में भाग लेने के लिए आवेदन किया। मैंने कार्यक्रम के समीक्षकों को सूचित किया कि हमें अपनी प्रयोगशालाओं में करीब तीन सौ नौजवान इंजीनियरों के शामिल होने की उम्मीद है।

मिसाइल कार्यक्रम भी साथ-साथ चल रहा था और इसके डिजाइन, विकास एवं उत्पादन के काम में बारह अकादमिक संस्थान, डी.आर.डी.ओ. की तीस प्रयोगशालाएँ, काउंसिल फॉर साइंटिफिक एंड इंडस्ट्रियल रिसर्च (सी.एस.आई.आर.), इसरो और दूसरे उद्योग लगे हुए थे। पचास से ज्यादा प्रोफेसर और सौ शोधकर्ता मिसाइल से संबंधित समस्यों पर अपनी-अपनी प्रयोगशालाओं में काम कर रहे थे।

नेशनल एयरोनॉटिकल लेबोरेटरी के उस समय के निदेशक रोडम नरसिम्हा ने इस समीक्षा काल के दौरान टेक्नोलॉजी के पहल की बात को बहुत ही पुरजोर तरीके से रखा। उन्होंने हरित क्रांति के अनुभवों का हवाला दिया, जिसने यह

साबित कर दिया था कि बड़ी तकनीकी चुनौतियों का सामना करने के लिए देश में पर्याप्त प्रतिभा है।

जब भारत ने शांतिपूर्ण उद्देश्यों के लिए पहला परमाणु परीक्षण किया था तब हमने अपने आपको दुनिया के उन छह देशों में शामिल कर लिया था जो परमाणु हथियार क्षमता से लैस थे। जब हमने एस.एल.वी.-3 छोड़ा तो भारत उपग्रह प्रक्षेपण क्षमता हासिल कर लेनेवाला दुनिया का पाँचवाँ देश बन गया। तो फिर हम टेक्नोलॉजी के क्षेत्र में असाधारण उपलब्धियाँ हासिल करनेवाले दुनिया के पहले या दूसरे देश कब बनेंगे? मैं 'पाँचवें देश का पट्टा' उतारकर 'पहले देश' का ताज पहनने के आह्वान के रूप में युवाओं से प्राय: कहा करता हूँ।

> *जब भारत ने शांतिपूर्ण उद्देश्यों के लिए पहला परमाणु परीक्षण किया था तब हमने अपने आपको दुनिया के उन छह देशों में शामिल कर लिया था जो परमाणु हथियार क्षमता से लैस थे। जब हमने एस.एल.वी.-3 छोड़ा तो भारत उपग्रह प्रक्षेपण क्षमता हासिल कर लेनेवाला दुनिया का पाँचवाँ देश बन गया।*

समीक्षा करने आए सदस्यों की सलाह एवं संदेहों को मैंने ध्यानपूर्वक सुना और उन सबकी सामूहिक बौद्धिक सोच से मैं बहुत ही लाभान्वित हुआ। सचमुच मेरे लिए यह बहुत ही बड़ी शिक्षा थी। पूरे स्कूली जीवन में हमें पढ़ने-लिखने व बोलने को कहा गया, लेकिन सुनने के लिए कभी नहीं कहा गया। और ठीक वैसी ही स्थिति आज भी है। पारंपरिक रूप से भारतीय वैज्ञानिक बहुत ही अच्छे वक्ता हुए हैं; लेकिन साथ ही सुनने की कला उनमें पर्याप्त रूप से विकसित नहीं हो पाई है। हमने एक भद्र श्रोता बनने का संकल्प किया। क्या ढाँचे को कामकाजी उपयोगिता की नींव पर खड़ा नहीं किया जाता है? क्या तकनीकी जानकारी इसकी ईंटों का निर्माण नहीं करती?

जब श्रीमती गांधी की हत्या की खबर आई, उस वक्त हम उस कार्य योजना पर काम कर रहे थे, जो पिछले पूर्व महीनों की समीक्षा के बाद तैयार की गई थी। इसके बाद देश भर में हिंसा एवं दंगों की खबरें फैलीं। हैदराबाद शहर में कर्फ्यू लगा दिया गया था। हमने अपने चार्ट समेटे और टेबल पर शहर का नक्शा रखा, ताकि लोगों को सुरक्षित घर भेजने का बंदोबस्त किया जा सके। एक घंटे से भी

कम में पूरी प्रयोगशाला सुनसान नजर आ रही थी। मैं अकेला अपने दफ्तर में बैठा था। श्रीमती गांधी की हत्या की परिस्थितियाँ बहुत ही अनिष्टसूचक थीं। तीन महीने पहले ही उनकी डी.आर.डी.एल. की यात्रा की यादों ने मेरा दुःख और बढ़ा दिया था। महान् लोगों का ऐसा खौफनाक अंत क्यों होना चाहिए? ऐसे ही एक संदर्भ में मेरे पिताजी द्वारा किसीको कही एक बात मुझे याद आ गई—'अच्छे और बुरे लोग सूरज के नीचे ठीक उसी तरह रहते हैं जैसे किसी एक कपड़े में काले व सफेद धागे को साथ बुना जाता है। लेकिन इनमें से जब या तो एक काला धागा टूट जाए या फिर सफेद धागा, तो जुलाहे को पूरे कपड़े को देखना होगा और साथ ही उसे करघा भी देखना पड़ेगा।' जब मैं प्रयोगशाला से बाहर आया तो सड़क पर एक भी आदमी नजर नहीं आ रहा था। मैं करघे के टूटे हुए धागे के बारे में सोचता रहा।

श्रीमती गांधी की हत्या से वैज्ञानिक समुदाय को बहुत बड़ा नुकसान हुआ था। उन्होंने देश में वैज्ञानिक शोध को काफी प्रोत्साहन दिया था। लेकिन भारत एक बहुत ही लचीला देश है। यह धीरे-धीरे श्रीमती गांधी की हत्या के सदमे को भूल गया। उनके बेटे राजीव गांधी ने भारत के नए प्रधानमंत्री का पद सँभाला। वह चुनाव मैदान में उतरे और देश को श्रीमती गांधी की नीतियों पर आगे बढ़ाने के लिए लोगों ने उन्हें पूर्ण बहुमत दिया।

श्रीमती गांधी की हत्या से वैज्ञानिक समुदाय को बहुत बड़ा नुकसान हुआ था। उन्होंने देश में वैज्ञानिक शोध को काफी प्रोत्साहन दिया था। लेकिन भारत एक बहुत ही लचीला देश है। यह धीरे-धीरे श्रीमती गांधी की हत्या के सदमे को भूल गया। उनके बेटे राजीव गांधी ने भारत के नए प्रधानमंत्री का पद सँभाला। वह चुनाव मैदान में उतरे और देश को श्रीमती गांधी की नीतियों पर आगे बढ़ाने के लिए लोगों ने उन्हें पूर्ण बहुमत दिया। आई.एम.जी.डी.पी. भी श्रीमती गांधी की नीतियों में से एक था।

सन् 1985 की गरमियों तक इमारत कँचा में मिसाइल टेक्नोलॉजी रिसर्च सेंटर के भवन निर्माण के लिए सारा बुनियादी काम पूरा हो चुका था। प्रधानमंत्री राजीव गांधी ने 3 अगस्त, 1985 को रिसर्च सेंटर इमारत (आर.सी.आई.) की

नींव रखी। हमारी इस प्रगति को देखकर वह काफी खुश नजर आ रहे थे। उनमें एक बाल–सुलभ उत्सुकता थी, जो बहुत ही चित्ताकर्षक लग रही थी। उनकी माँ ने एक साल पहले डी.आर.डी.एल. की यात्रा के दौरान जो धैर्य एवं संकल्प दिखाया था, यद्यपि इसमें थोड़ा सा फर्क था। श्रीमती गांधी का व्यक्तित्व एक कठोर अधिकारी की तरह था; जबकि राजीव गांधी का व्यक्तित्व करिश्माई था, जो किसीको भी मोह लेता था। डी.आर.डी.एल. परिवार से उन्होंने कहा कि 'मैंने भारतीय वैज्ञानिकों द्वारा उठाई गई कठिनाइयों–तकलीफों को महसूस किया है।' उन्होंने उन लोगों के प्रति सम्मान व्यक्त किया जिन्होंने देश से बाहर जाकर अपना भविष्य बनाने के बजाय अपने देश में रहकर ही काम करने को अपना रास्ता चुना। उन्होंने कहा कि कोई भी इस तरह के काम पर एकाग्रता से तब तक ध्यान नहीं लगा सकता जब तक कि वह दैनिक जीवन की बुनियादी जरूरतों के दबाव से मुक्त नहीं हो जाता। राजीव गांधी ने हमें विश्वास दिलाया कि वैज्ञानिकों के जीवन को और अच्छा बनाने के लिए जो भी जरूरत होगी, पूरी की जाएगी।

राजीव गांधी की यात्रा के हफ्ते भर के भीतर ही मैं डॉ. अरुणाचलम के साथ अमेरिकी वायुसेना के निमंत्रण पर अमेरिका गया। नेशनल एयरोनॉटिकल लेबोरेटरी के रोडम नरसिम्हा व एच.ए.एल. के के.के. गंगापति भी हमारे साथ थे। वाशिंगटन में पेंटागन में अपना काम खत्म करने के बाद हम लॉस एंजिल्स जाते समय सानफ्रांसिस्को उतर गए। यहाँ हमें नॉरथ्रोप कॉरपोरेशन देखना था।

राजीव गांधी की यात्रा के हफ्ते भर के भीतर ही मैं डॉ. अरुणाचलम के साथ अमेरिकी वायुसेना के निमंत्रण पर अमेरिका गया। नेशनल एयरोनॉटिकल लेबोरेटरी के रोडम नरसिम्हा व एच.ए.एल. के के.के. गंगापति भी हमारे साथ थे। वाशिंगटन में पेंटागन में अपना काम खत्म करने के बाद हम लॉस एंजिल्स जाते समय सानफ्रांसिस्को उतर गए। यहाँ हमें नॉरथ्रोप कॉरपोरेशन देखना था। इस अवसर का उपयोग मैंने क्रिस्टल कैथेड्रेल देखने जाने में भी कर लिया। क्रिस्टल कैथेड्रेल मेरे प्रिय लेखक रॉबर्ट शुलर ने बनवाया था—पूर्णरूप से काँच से निर्मित। इसकी भव्यता देखकर मैं चकित रह गया था। यह तारे की शक्ल में

चार बिंदुओं पर टिकी एक ऐसी भव्य आकृति थी जिसमें एक बिंदु की दूसरे बिंदु से दूरी चार सौ फीट से ज्यादा थी। इसकी सौ फीट लंबी काँच की जो छत थी उसे देखकर लगता था जैसे वह अंतरिक्ष में तैर रही हो। इसके निर्माण में लाखों डॉलर खर्च हुए थे और यह राशि शुलर ने ही लोगों से दान माँगकर जुटाई थी। 'व्यक्ति के माध्यम से ईश्वर ऐसी बड़ी-बड़ी चीजें कर लेता है। सच्चा कर्मयोगी यह परवाह नहीं करता कि काम का श्रेय कौन ले जाता है। अहंकार को छोड़ देना चाहिए।' शुलर लिखते हैं। मैंने शुलर के चर्च में ईश्वर से प्रार्थना की कि इमारत कँचा में रिसर्च सेंटर बनाने में मेरी मदद करें, जो कि मेरा क्रिस्टल कैथेड्रेल था।

□

: तेरह :

पूरे दो सौ अस्सी नौजवान इंजीनियरों ने डी.आर.डी.एल. की गति ही बदल डाली थी। यह हम सबके लिए बहुत ही बहुमूल्य अनुभव था। नौजवानों की इन टीमों के अनवरत परिश्रम से अब हम इस स्थिति में आ गए थे कि रि-एंट्री टेक्नोलॉजी एवं स्ट्रक्चर, मिलिमैट्रिक वेव राडार, ऐरी राडार, रॉकेट प्रणालियों और ऐसे ही दूसरे उपकरण विकसित कर सकते थे। जब हमने पहली बार इन वैज्ञानिकों को ये काम सौंपे तो वे पूरी तरह से अपने काम की महत्ता को समझ नहीं पाए। एक बार तो वे अपने भीतर निष्ठा को बोझ समझ बेचैनी महसूस करने लगे थे। मुझे अब तक याद है, एक नौजवान व्यक्ति ने मुझसे कहा, 'हमारी टीम में कोई बड़ी हस्ती तो है नहीं, हम कैसे अपने काम को अंजाम दे पाएँगे?' मैंने उससे कहा, 'एक बड़ी हस्ती तो वह छोटा सा व्यक्ति है, जो अपने बड़े लक्ष्य पर ध्यान रखे हुए है और उसे करने की कोशिश कर रहा है।' यह देखकर बहुत ही आश्चर्य हो रहा था कि उन नौजवान वैज्ञानिकों में जो नकारात्मक दृष्टिकोण घर कर गया था वह कैसे सकारात्मक दृष्टिकोण में परिवर्तित होता गया और जो पहले अव्यावहारिक लग रहा है, वह सब अब व्यावहारिक रूप में सामने आ रहा था। बड़ी रोचक बात थी कि कई पुराने वैज्ञानिक, पके हुए पुरोधा, भी इन नौजवानों की टीम का हिस्सा बनते जा रहे थे।

यह मेरा निजी अनुभव रहा है कि काम खत्म करने या उसके हो चुकने के बजाय काम जारी रहने में ही असली आनंद, रोमांच की अनुभूति होती है। मैं जीवन में सफलतापूर्ण निष्कर्षों के लिए इन चार बुनियादी पहलुओं को जरूरी मानता हूँ—लक्ष्य निर्धारण, सकारात्मक सोच, मन में स्पष्ट कल्पना करना और उसपर विश्वास करना।

अब तक हम अपने निर्धारित लक्ष्यों की व्याख्या कर चुके थे और इन लक्ष्यों के बारे में एक सकारात्मक सोच के साथ अपने युवा वैज्ञानिकों को काफी उत्साहित कर दिया था। समीक्षा बैठकों में मैं इस बात पर जोर दिया करता था कि हर टीम के सबसे ज्यादा नौजवान वैज्ञानिक को ही अपनी टीम के काम का प्रतिनिधित्व करना चाहिए। इससे उन्हें पूरे काम को लेकर दृष्टि विकसित करने में मदद मिलेगी। धीरे-धीरे माहौल बनना शुरू हुआ। ठोस तकनीकी मामलों पर युवा वैज्ञानिकों ने अपने वरिष्ठ वैज्ञानिकों के साथ सवाल, राय-मशविरा आदि शुरू कर दिया। इसमें कोई भी भयभीत या निरुत्साहित नहीं होता, क्योंकि उन्हें किसीका डर नहीं था। अगर संदेह पैदा होते थे तो वे उन्हें दूर कर लेते थे। वे जल्दी ही ऊर्जावान बन गए। विश्वास से भरा व्यक्ति किसीके सामने घुटने नहीं टेकता। वरिष्ठ वैज्ञानिकों के अनुभव और उनके साथ काम करनेवाले नौजवान वैज्ञानिकों के कौशल से मैं काम के माहौल को जीवंत बनाए रखता था। युवा एवं अनुभवी वैज्ञानिकों के बीच इस सकारात्मक निर्भरता ने डी.आर.डी.एल. में कार्य की संस्कृति को उत्पादक और रचनात्मक बनाया।

मिसाइल कार्यक्रम का पहला प्रक्षेपण 16 सितंबर, 1985 को किया गया। इस दिन श्रीहरिकोटा स्थित परीक्षण रेंज से 'त्रिशूल' को छोड़ा गया। यह एक प्रक्षेपित उड़ान थी, जो कि उड़ान के दौरान ठोस ईंधन रॉकेट मोटर के परीक्षण के लिए दी गई थी। मिसाइल के पथ निर्धारिण के लिए दो सी-बैंड राडार तथा कैलीडियो थियोडोलाइट (के.टी.एल.) इस्तेमाल किए गए थे। परीक्षण सफल रहा था।

मिसाइल कार्यक्रम का पहला प्रक्षेपण 16 सितंबर, 1985 को किया गया। इस दिन श्रीहरिकोटा स्थित परीक्षण रेंज से 'त्रिशूल' को छोड़ा गया। यह एक प्रक्षेपित उड़ान थी, जो कि उड़ान के दौरान ठोस ईंधन रॉकेट मोटर के परीक्षण के लिए दी गई थी। मिसाइल के पथ निर्धारिण के लिए दो सी-बैंड राडार तथा कैलीडियो थियोडोलाइट (के.टी.एल.) इस्तेमाल किए गए थे। परीक्षण सफल रहा था। रॉकेट मोटर एवं टेलीमीटरी प्रणालियाँ ठीक तरह से काम कर रही थीं। विंग टनल परीक्षण के आधार पर जो अनुमान लगाए गए

थे, उनकी तुलना में ऊपर की तरफ वायुगतिकीय गतिरोध ज्यादा पाया गया था। तकनीकी मायनों में हालाँकि यह एक मामूली परीक्षण था, लेकिन इसकी सबसे महत्त्वपूर्ण उपलब्धि यह थी कि इसने डी.आर.डी.एल. के मेरे साथियों को यह याद दिला दिया था कि वे बिना बड़ी माँगों के भी मिसाइल उड़ा सकते हैं। इस प्रकार डी.आर.डी.एल. के वैज्ञानिकों के लिए यह एक बहुआयामी अनुभव के समान था।

इसके बाद पायलटरहित लक्ष्य विमान (पी.टी.ए.) का सफल उड़ान परीक्षण किया गया। हमारे इंजीनियरों ने पी.टी.ए. के लिए रॉकेट मोटर विकसित की थी, जिसका डिजाइन बंगलौर स्थित एयरोनॉटिकल डेवलपमेंट इस्टेब्लिशमेंट (ए.डी.ई.) ने तैयार किया था। डी.टी.डी. एंड पी. (एयर) ने इसकी काफी प्रशंसा की थी। मिसाइल हार्डवेयर विकसित करने की दिशा में यह एक छोटा, लेकिन महत्त्वपूर्ण कदम था।

इसके बाद पायलटरहित लक्ष्य विमान (पी.टी.ए.) का सफल उड़ान परीक्षण किया गया। हमारे इंजीनियरों ने पी.टी.ए. के लिए रॉकेट मोटर विकसित की थी, जिसका डिजाइन बंगलौर स्थित एयरोनॉटिकल डेवलपमेंट इस्टेब्लिशमेंट (ए.डी.ई.) ने तैयार किया था। डी.टी.डी. एंड पी. (एयर) ने इसकी काफी प्रशंसा की थी। मिसाइल हार्डवेयर विकसित करने की दिशा में यह एक छोटा, लेकिन महत्त्वपूर्ण कदम था। विश्वसनीय, उड़ान योग्य, उच्च तकनीक एवं उच्च वेग-भार अनुपातवाले रॉकेट इंजन के उत्पादन के लिए एक निजी क्षेत्र की कंपनी को दायित्व सौंपा गया, जिसे डी.आर.डी.एल. की तकनीक का इस्तेमाल करके रॉकेट इंजन तैयार करना था। हम प्रयोगशाला उद्योग के लिए धीरे-धीरे एकल प्रयोगशाला परियोजनाओं से बहु प्रयोगशाला कार्यक्रमों की ओर बढ़ रहे थे। पी.टी.ए. के विकास से चार विभिन्न संगठन एक साथ आपस में जुड़े थे। मुझे लगा जैसे मैं किसी संगम पर खड़ा हूँ और ए.डी.ई., डी.टी.डी. एंड पी. (एयर) और इसरो की ओर से आनेवाले रास्तों की ओर देख रहा हूँ। चौथी सड़क डी.आर.डी.एल. थी— मिसाइल टेक्नोलॉजी में देश को आत्मनिर्भरता की ओर ले जानेवाला हाइवे।

हमारे साथ देश के अकादमिक संस्थानों की भागीदारी के बाद अगला कदम हमने संयुक्त अत्याधुनिक तकनीकी कार्यक्रमों (ज्वाइंट एडवांस्ड टेक्नोलॉजी प्रोग्राम) का शुरू किया। ये कार्यक्रम इंडियन इंस्टीट्यूट ऑफ साइंस (आई.आई.एस-सी.) और जादवपुर विश्वविद्यालय में शुरू किए। अकादमिक संस्थानों और विलक्षण शिक्षाविदों की पवित्रता के प्रति मेरे भीतर हमेशा से ही सम्मान रहा है। विकास में शिक्षाविदों के योगदान को मैं बहुत ही बहुमूल्य समझता हूँ। इन संस्थानों से इस बात के लिए औपचारिक रूप से अनुरोध किया गया और ऐसे बंदोबस्त किए गए जिससे इन संस्थानों के विशेषज्ञ डी.आर.डी.एल. में आकर अपनी परियोजनाओं पर काम कर सकें।

विभिन्न मिसाइल कार्यक्रमों में अकादमिक संस्थानों के योगदान का भी मैं यहाँ उल्लेख करूँगा। 'पृथ्वी' को एक जड़त्वीय निर्देशित मिसाइल के रूप में डिजाइन किया गया था। मिसाइल एकदम अपने सही लक्ष्य तक पहुँच सके, इसके लिए इसके कंप्यूटर में प्रक्षेप-पथ संबंधी सारे मानक एवं प्रोग्राम डाले गए थे। जादवपुर विश्वविद्यालय के युवा इंजीनियरों की एक टीम ने प्रो. घोषाल के निर्देशन में मिसाइल प्रक्षेपण के लिए निर्देशन प्रणाली तैयार की थी। इंडियन इंस्टीट्यूट ऑफ साइंस में प्रो. आई.जी. शर्मा की देखरेख में छात्रों ने एक एयर डिफेंस सॉफ्टवेयर विकसित किया था, जो कि 'आकाश' मिसाइल के लिए था। 'अग्नि' मिसाइल के लिए रि-एंट्री व्हीकल सिस्टम डिजाइन मैथोडोलॉजी (पुनर्प्रवेश यान प्रणाली डिजाइन) आई.आई.टी., मद्रास और डी.आर.डी.ओ. के वैज्ञानिकों ने विकसित की थी।

विभिन्न मिसाइल कार्यक्रमों में अकादमिक संस्थानों के योगदान का भी मैं यहाँ उल्लेख करूँगा। 'पृथ्वी' को एक जड़त्वीय निर्देशित मिसाइल के रूप में डिजाइन किया गया था। मिसाइल एकदम अपने सही लक्ष्य तक पहुँच सके, इसके लिए इसके कंप्यूटर में प्रक्षेप-पथ संबंधी सारे मानक एवं प्रोग्राम डाले गए थे। जादवपुर विश्वविद्यालय के युवा इंजीनियरों की एक टीम ने प्रो. घोषाल के निर्देशन में मिसाइल प्रक्षेपण के लिए निर्देशन प्रणाली तैयार की थी।

उस्मानिया विश्वविद्यालय की नेवीगेशनल इलेक्ट्रॉनिक रिसर्च एंड ट्रेनिंग यूनिट ने 'नाग' मिसाइल के लिए सिगनल प्रोसेसिंग प्रणालियाँ विकसित की थीं। सामूहिक प्रयासों की सिर्फ कुछ मिसालें ही मैंने यहाँ दी हैं। वास्तव में अगर इन अकादमिक संस्थानों की सक्रिय भागीदारी नहीं होती तो हमारे लिए लक्ष्यों को हासिल कर पाना बहुत ही मुश्किल काम था।

अब हम 'अग्नि' का उदाहरण लेते हैं। 'अग्नि' एक दो चरणोंवाली रॉकेट प्रणाली है और इसमें देश में पहली बार विकसित रि-एंट्री टेक्नोलॉजी का इस्तेमाल किया गया है। इसे एस.एल. वी.-3 के प्रथम चरणवाले ठोस ईंधन रॉकेट इंजन से गति दी जाती है और फिर इसे दूसरे चरण के 'पृथ्वी' के द्रव ईंधनवाले रॉकेट इंजन से त्वरित किया जाता है। एक निश्चित ऊँचाई तक जाने के बाद 'अग्नि' में पेलोड्स बहुत ही तेज गति से पृथ्वी के वातावरण में लौटते हैं। इस समय बाहर का यानी आवरण का तापमान दो हजार पाँच सौ डिग्री सेंटीग्रेड से ज्यादा होता है। निर्देशित इलेक्ट्रॉनिक्स प्रणाली, जो पेलोड को सुरक्षित रखने के लिए रखी होती है, का अंदर का तापमान चालीस डिग्री सेंटीग्रेड से कम रखना अनिवार्य होता है। जबकि मिसाइल के कंप्यूटर की जड़त्वीय निर्देशन प्रणाली पेलोड्स को इच्छित लक्ष्य तक पहुँचाती है। किसी भी पुन:प्रवेश मिसाइल प्रणाली (रि-एंट्री मिसाइल सिस्टम) में कार्बन-कार्बन बंधन ही इतने उच्च ताप पर अपना अस्तित्व बनाए रखते हैं। डी.आर. डी.ओ. और सी.एस.आई.आर. की चार प्रयोगशालाओं ने अठारह महीने के छोटे से अंतराल में ही इस तकनीक को विकसित कर लिया था; जबकि कुछ देशों को इस तकनीक को विकसित करने में एक दशक से भी ज्यादा का समय लग गया था।

अब हम 'अग्नि' का उदाहरण लेते हैं। 'अग्नि' एक दो चरणोंवाली रॉकेट प्रणाली है और इसमें देश में पहली बार विकसित रि-एंट्री टेक्नोलॉजी का इस्तेमाल किया गया है। इसे एस.एल.वी.-3 के प्रथम चरणवाले ठोस ईंधन रॉकेट इंजन से गति दी जाती है और फिर इसे दूसरे चरण के 'पृथ्वी' के द्रव ईंधनवाले रॉकेट इंजन से त्वरित किया जाता है।

अग्नि के पेलोड डिजाइन से संबंधित जो दूसरी सबसे बड़ी चुनौती थी, वह वेग को लेकर थी। इस वेग से ही वातावरण में इसका पुन:प्रवेश होता है। दरअसल 'अग्नि' वातावरण में ध्वनि की गति से बारह गुना वेग (विज्ञान की भाषा में इसे 'बारह मैक' कहते हैं) से पुन:प्रवेश करती है। हमें यह अनुभव नहीं था कि इस अत्यधिक वेग पर यान को नियंत्रण में कैसे रखा जाए। इसका परीक्षण करने के लिए हमारे पास ऐसी कोई विंड टनल नहीं थी जो इतनी तेज गति उत्पन्न कर सके। अगर हम अमेरिका से मदद लेते तो हमें उनकी आकांक्षाओं का, जिन्हें वे अपना विशेषाधिकार समझते, खयाल रखना पड़ता। अगर वे मदद के लिए राजी हो भी जाते तो विंड टनल के लिए एक निश्चित कीमत हमें देनी पड़ती, जो पूरी परियोजना की लागत से कहीं ज्यादा बैठती। अब सवाल यह था कि इस समस्या से कैसे निबटा जाए। इंडियन इंस्टीट्यूट ऑफ साइंस के प्रो. एस.एम. देशपांडे ने तरल गतिकी के क्षेत्र में काम कर रहे चार युवा वैज्ञानिकों को साथ लेकर छह महीने के भीतर कंप्यूटेशनल फ्ल्यूड डायनेमिक्स के लिए सॉफ्टवेयर विकसित कर लिया, जो विश्व में अपनी तरह का एक था।

अग्नि के पेलोड डिजाइन से संबंधित जो दूसरी सबसे बड़ी चुनौती थी, वह वेग को लेकर थी। इस वेग से ही वातावरण में इसका पुन:प्रवेश होता है। दरअसल 'अग्नि' वातावरण में ध्वनि की गति से बारह गुना वेग (विज्ञान की भाषा में इसे 'बारह मैक' कहते हैं) से पुन:प्रवेश करती है। हमें यह अनुभव नहीं था कि इस अत्यधिक वेग पर यान को नियंत्रण में कैसे रखा जाए।

दूसरी बड़ी उपलब्धि मिसाइल का पथ निर्धारण करनेवाले सॉफ्टवेयर विकसित कर लेने से संबंधित थी। 'अनुकल्पना' नाम के इस सॉफ्टवेयर को इंडियन इंस्टीट्यूट ऑफ साइंस के प्रो. आई.जी. शर्मा ने विकसित किया था। यह सॉफ्टवेयर बहुलक्षीय क्षमताओंवाली 'आकाश' जैसी मिसाइलों के लिए था। कोई भी देश हमें इस प्रकार का सॉफ्टवेयर देना तो दूर, इसके बारे में बात करने के लिए तैयार नहीं था। यह हमने अपने देश में ही विकसित किया था।

वैज्ञानिक प्रतिभा के और भी विलक्षण लोग हमारे साथ थे। आई.आई.टी.,

दिल्ली की प्रो. भारती भट्ट ने सॉलिड फिजिक्स लेबोरेटरी (एस.पी.एल.) और सेंट्रल इलेक्ट्रॉनिक्स लिमिटेड के साथ काम करके कई कार्य प्रणालियों में एक साथ काम आनेवाले फ़ेज शिफ्टर, निगरानी के लिए थ्री–डी फेज सैन्य राडार, 'आकाश' मिसाइल का पथ निर्धारण एवं निर्देशन जैसी तकनीकियाँ विकसित कीं और पश्चिमी देशों का इस प्रौद्योगिकी पर एकाधिकार खत्म कर दिया। आई.आई.टी., खड़गपुर के प्रो. सर्राफ ने प्रो. मुखोपाध्याय, जो आर.सी.आई. में मेरे साथी थे, के साथ काम करके 'नाग' मिसाइल के लिए मल्टीमीटरिक वेव (एम.एम.डब्ल्यू.) एंटीना बनाया था। यह एंटीना अंतरराष्ट्रीय मानकों के स्तर का था और दो साल के रिकॉर्ड समय में यह काम पूरा कर लिया गया था। पिलानी के सेंट्रल इलेक्ट्रिकल एंड इलेक्ट्रॉनिक्स रिसर्च इंस्टीट्यूट (सी.ई.ई.आर.आई.) ने एस.पी.एल. और आर.सी.आई. के साथ मिलकर एक इंपेक्ट डायोड विकसित किया था। इसके विकास से इन उपकरणों को तैयार करने में विदेशी निर्भरता खत्म हो गई थी। यह इंपेक्ट डायोड किसी भी एम.एम.डब्ल्यू. डिवाइस के लिए 'दिल' के समान होते हैं।

आई.आई.टी., खड़गपुर के प्रो. सर्राफ ने प्रो. मुखोपाध्याय, जो आर.सी.आई. में मेरे साथी थे, के साथ काम करके 'नाग' मिसाइल के लिए मल्टीमीटरिक वेव (एम.एम. डब्ल्यू.) एंटीना बनाया था। यह एंटीना अंतरराष्ट्रीय मानकों के स्तर का था और दो साल के रिकॉर्ड समय में यह काम पूरा कर लिया गया था।

जैसे-जैसे परियोजना का काम फैलता गया, कार्य निष्पादन के मूल्यांकन का काम और कठिन होता गया। डी.आर.डी.ओ. की अपनी एक मूल्यांकन नीति थी। करीब पाँच सौ वैज्ञानिकों के काम का मूल्यांकन मुझे सालाना गोपनीय रिपोर्ट (ए.सी.आर.) के रूप में करना था। फिर इन रिपोर्टों को उस बोर्ड के पास भेजा जाना था, जिसमें बाहरी विशेषज्ञ थे और उन्हें पदोन्नतियों के लिए सिफारिशें भेजनी थीं। कई लोग मेरा यह काम बड़ी संकीर्ण दृष्टि से देखा करते थे। किसीकी भी पदोन्नति नहीं होने पर कहा जाता था कि मैं उन्हें तथाकथित रूप से नापसंद करता हूँ। जिन लोगों की पदोन्नति हो जाती उनके बारे में समझा जाता कि मैंने उनका पक्ष लिया है। कार्य मूल्यांकन के काम में मैं सचमुच बहुत

ही सतर्क रहा, मुख्यत: वैज्ञानिकों के काम का मूल्यांकन करने में।

जब कोई व्यक्ति अपने को देखता है तो वह अपनी प्राप्ति के बारे में गलत अनुमान लगा लेता है। वह अपने उद्देश्यों की तरफ देखता है। ज्यादातर लोग अच्छे उद्देश्य लेकर चलते हैं और वे जो भी काम कर रहे होते हैं तथा पूरा कर लेते हैं तो उसका अच्छा ही परिणाम मिलता है। कोई भी व्यक्ति, जो निराशाजनक ढंग से अपने किए का मूल्यांकन करता है, जो हो सकता है और प्राय: होता भी है, तो उसके अच्छे उद्देश्यों में विरोधाभास पैदा हो जाते हैं। कुछ लोग अपना काम उस ढंग से करते हैं जो उन्हें सुविधाजनक लगता है और शाम को संतुष्टि की भावना लिये घर चले जाते हैं। वे अपने काम का मूल्यांकन नहीं करते। वे अपने उद्देश्यों का मूल्यांकन भी शायद ही करते हैं। ऐसा माना जाता है, क्योंकि कोई भी व्यक्ति अपने कार्य को समय के भीतर खत्म करने का इरादा रखता है और अगर इसमें विलंब होता है तो यह उसके नियंत्रण के बाहर की बात होती है। काम में देरी करने का उसका कोई इरादा नहीं होता है; लेकिन अगर उसके काम का तरीका या आलस्य देरी का कारण बनता है तो क्या यह इरादतन नहीं होता?

> ***जब मैं अपने युवा वैज्ञानिक दिनों को याद करता हूँ तो देखता हूँ कि उस वक्त मेरे भीतर तीव्र इच्छा शक्ति थी। मैं उस वक्त जो था, उससे भी कहीं ज्यादा बन जाने की इच्छा मेरे में थी। मैंने अपने दिमाग को कभी भी खाली नहीं रहने दिया था, न ही कहीं निरर्थक कार्य करने में लगने दिया था।***

जब मैं अपने युवा वैज्ञानिक दिनों को याद करता हूँ तो देखता हूँ कि उस वक्त मेरे भीतर तीव्र इच्छा शक्ति थी। मैं उस वक्त जो था, उससे भी कहीं ज्यादा बन जाने की इच्छा मेरे में थी। मैंने अपने दिमाग को कभी भी खाली नहीं रहने दिया था, न ही कहीं निरर्थक कार्य करने में लगने दिया था। मेरी इच्छा ज्यादा-से-ज्यादा कुछ अच्छा सीखने की और ज्यादा-से-ज्यादा व्यक्त करने की रहती थी। मेरे भीतर यह देखने की प्रेरणा हमेशा बनी रही कि मुझे कितनी दूर जाना था, बजाय इसके कि मुझे कितना पास आना है। कुल मिलाकर जीवन जो है वह अनसुलझी समस्याओं, संदिग्ध विजय, पराजय का ही मिश्रण है।

समस्या यह है कि हम प्राय: जीवन के साथ जूझने के बजाय इसका विश्लेषण करने लगते हैं। लोग अपनी असफलताओं से कुछ सीखने के बजाय या उनका अनुभव लेने के बजाय उसके कारणों एवं प्रभाव की चीरा-फाड़ी करने लगते हैं। मेरा यह मानना है कि कठिनाइयों एवं संकटों के माध्यम से ईश्वर हमें बढ़ने का अवसर प्रदान करता है। इसलिए जब आपकी उम्मीदें, सपने एवं लक्ष्य चूर-चूर हो गए हों तो उनके भीतर तलाश कीजिए, आपको उनके भीतर छिपा कोई सुनहरी मौका अवश्य मिलेगा।

लोगों की कार्यकुशलता बढ़ाने के लिए उनको प्रेरित करना और हताशा से उबारना हर नेता के लिए हमेशा एक चुनौती भरा काम होता है। संगठनों में बदलाव लाने के मामले में साम्यता और प्रतिरोध के बीच मैंने एक अनुरूपता पाई है। हम प्रतिरोधी बलोंवाले क्षेत्र में एक ऐसी कुंडलीवाली स्प्रिंग में परिवर्तन लाने की कल्पना करते हैं जिसमें कुछ बल तो परिवर्तन लाने में सहायक होते हैं और दूसरे बल इसका विरोध करते हैं। सहायक बलों को बढ़ाकर जैसे पर्यवेक्षी दबाव, भविष्य की संभावनाओं एवं आर्थिक लाभों या प्रतिरोधी बलों को कम करके जैसे ग्रुप नॉर्म्स, सामाजिक पुरस्कार से स्थिति ऐसी तो बन सकती है जिससे आप इच्छित परिणाम हासिल कर लें; लेकिन यह सिर्फ बहुत थोड़े से वक्त के लिए और वह भी एक निश्चित सीमा तक ही।

> ***लोगों की कार्यकुशलता बढ़ाने के लिए उनको प्रेरित करना और हताशा से उबारना हर नेता के लिए हमेशा एक चुनौती भरा काम होता है। संगठनों में बदलाव लाने के मामले में साम्यता और प्रतिरोध के बीच मैंने एक अनुरूपता पाई है।***

इन बलों का परिणाम ही, जिनका मैंने ऊपर जिक्र किया, प्रेरणा है। यह एक ऐसा आंतरिक बल है जो काम के माहौल में उसके व्यवहार के आधार तय करता है। मेरे अनुभव में कई लोगों के भीतर आगे बढ़ने की आंतरिक शक्ति बहुत ही प्रबल होती है, वे दक्ष होते हैं। हालाँकि समस्या काम के उस माहौल की कमी की होती है जो उन्हें उनकी पूरी क्षमता से इस्तेमाल नहीं करने देता। इसलिए संगठन को नेतृत्व देनेवाले उसके समुचित ढाँचे एवं कार्यरूप से तथा कठोर परिश्रम व प्रशंसा करके काफी ज्यादा उत्पादकता बढ़ा सकते हैं।

इस तरह का अच्छा वातावरण बनाने की मैंने पहली कोशिश सन् 1983 में की, जब आई.जी.एम.डी.पी. की शुरुआत हुई। उस समय परियोजना का काम डिजाइन के चरण में चल रहा था। पुनर्गठन का नतीजा यह रहा कि कम-से-कम चालीस से पचास प्रतिशत तक कामकाज में तेजी आ गई थी। विकास एवं उड़ान परीक्षणों के लिए कई परियोजनाएँ और शुरू हुईं तथा नियमित प्रतिबद्धता और काम सामने दिखते रहने से कई छोटे-बड़े मील के पत्थर हम तय कर रहे थे। तैंतीस से बयालीस साल की आयु के बीच के युवा वैज्ञानिकों को हमने साथ लिया। मुझे लगा कि यह पुनर्गठन करने का दूसरा मौका था। लेकिन इसकी कोशिश होती कैसे? निर्देशित मिसाइल कार्यक्रम से संबंधित विकास की गतिविधियों को आगे बढ़ाने के लिए मैंने उस समय मौजूद प्रेरणास्पद कदम उठाए। मैं आपको बताना चाहता हूँ कि इससे मेरा क्या तात्पर्य है। नेतृत्व सँभालनेवाले किसी भी व्यक्ति के भीतर प्रेरणादायक पहल तीन तरह की समझ से विकसित होती है—पहली—उन जरूरतों की पहचान जिनसे लोग अपने काम में संतुष्टि पाने की उम्मीद रखते हैं, दूसरी—वह प्रभाव जिससे कार्य की रूपरेखा में प्रेरणा होती है और तीसरी—व्यक्ति के व्यवहार को प्रभावित करनेवाली सकारात्मक शक्तियाँ।

सन् 1983 में नवीनीकरण के उद्देश्य से यह पुनर्गठन किया गया था। यह एक बहुत ही जटिल काम था, जिसे ए.वी. रंगाराव और कर्नल आर. स्वामीनाथन ने पूरी दक्षता के साथ पूरा किया। हमने बिलकुल नए वैज्ञानिकों की एक टीम बनाई और उसको इनर्शियल गाइडेंस सिस्टम, ऑन-बोर्ड कंप्यूटर तथा प्रोपल्शन प्रणाली तैयार करने जैसे चुनौती भरे काम सौंप दिए।

सन् 1983 में नवीनीकरण के उद्देश्य से यह पुनर्गठन किया गया था। यह एक बहुत ही जटिल काम था, जिसे ए.वी. रंगाराव और कर्नल आर. स्वामीनाथन ने पूरी दक्षता के साथ पूरा किया। हमने बिलकुल नए वैज्ञानिकों की एक टीम बनाई और उसको इनर्शियल गाइडेंस सिस्टम, ऑन-बोर्ड कंप्यूटर तथा प्रोपल्शन प्रणाली तैयार करने जैसे चुनौती भरे काम सौंप दिए। देश में इस तरह की कोशिशें

पहली बार हो रही थीं और इसमें हम जो तकनीक काम ले रहे थे, उसकी तुलना विश्व स्तरीय टेक्नोलॉजी से की जा सकती थी। निर्देशन टेक्नोलॉजी घूर्ण एवं त्वरणमापी के इर्द-गिर्द केंद्रित थी। ऑन-बोर्ड कंप्यूटर प्रणाली में मिशन से संबंधित आँकड़े तथा उड़ान संबंधी निर्देश थे और रैम रॉकेट प्रणाली लंबे समय के लिए रॉकेट से उच्च वेग प्रदान करने से संबंधित थी। हमारे नौजवान वैज्ञानिकों की टीमों ने न केवल इन प्रणालियों को विकसित किया बल्कि इनको संचालित करनेवाले उपकरण भी विकसित कर लिये। बाद में 'पृथ्वी' और फिर 'अग्नि' में इन निर्देशन प्रणालियों को प्रयोग में लगाया गया और इनके उत्कृष्ट नतीजे सामने आए। इन नौजवानों की टीमों की कोशिशों से ही संरक्षित टेक्नोलॉजी के क्षेत्र में देश आत्मनिर्भर बन सका। संगठन के 'नवीनीकरण पहलू' का यह एक अच्छा प्रदर्शन था। उत्साही नौजवानों के संपर्क से बौद्धिक क्षमता में भी परिवर्तन आया और अनूठे परिणाम सामने आए।

मानवीय शक्ति को नया रूप देने के अलावा अब परियोजना समूहों की शक्ति को बढ़ाने का भी काम सामने पड़ा था। आमतौर पर लोग अपने कार्यस्थलों में अपनी सामाजिक, अपने स्वार्थ की और स्व-यथार्थवादी जरूरतों को पूरा करने की संतुष्टि का रास्ता तलाशते हैं। एक अच्छे नेता को माहौल के दो भिन्न रूपों की पहचान कर लेनी चाहिए।

मानवीय शक्ति को नया रूप देने के अलावा अब परियोजना समूहों की शक्ति को बढ़ाने का भी काम सामने पड़ा था। आमतौर पर लोग अपने कार्यस्थलों में अपनी सामाजिक, अपने स्वार्थ की और स्व-यथार्थवादी जरूरतों को पूरा करने की संतुष्टि का रास्ता तलाशते हैं। एक अच्छे नेता को माहौल के दो भिन्न रूपों की पहचान कर लेनी चाहिए। एक तो वह, जो व्यक्ति के तुष्टिकरण में मदद करता है और दूसरा वह, जो उसके कार्य से असंतोष पैदा करता है। हमने देखा है कि व्यक्ति अपने कार्य में उन अच्छाइयों और विशेषताओं को देखता है जो उसके महत्त्व, लक्ष्यों से संबंधित होती हैं और जिन्हें वह अपने जीवन में महत्त्वपूर्ण मानकर चलता है। अगर किसी नौकरी में कर्मचारियों की उपलब्धि, पहचान, मान्यता, जिम्मेदारी,

भविष्य की उन्नति जैसी जरूरतें पूरी होती हैं तो वे अपना लक्ष्य हासिल करने के लिए कठोर परिश्रम करेंगे।

एक बार जब कार्य संतोषजनक होता है तो व्यक्ति उस माहौल और परिस्थितियों को देखता है जिसमें कार्य संपन्न हुआ है। वह प्रशासन की नीतियों पर गौर करता है, अपने नेता के गुणों-अच्छाइयों को देखता है, सुरक्षा, प्रतिष्ठा एवं कार्य की परिस्थितियों को देखता है। इसके बाद वह इनको अपने अंतर्वैयक्तिक संबंधों से जोड़कर देखता है। इन पहलुओं से वह अपने निजी जीवन को भी जाँचता है। यह इन सभी पहलुओं का मिला-जुला असर है, जो किसी व्यक्ति की कोशिशों और कामकाज की गुणवत्ता एवं स्तर को तय करते हैं।

सन् 1983 में संगठन में किया गया नवीनीकरण इन सभी जरूरतों में अनूठा साबित हुआ था। इसलिए प्रयोगशाला के इस ढाँचे को बनाए रखते हुए हमने टास्क डिजाइन का काम शुरू किया। तकनीकी निदेशालयों में काम कर रहे वैज्ञानिकों को हमने सिस्टम मैनेजर बनाया, जो खासतौर से एक परियोजना पर ही ध्यान लगाए।

सन् 1983 में संगठन में किया गया नवीनीकरण इन सभी जरूरतों में अनूठा साबित हुआ था। इसलिए प्रयोगशाला के इस ढाँचे को बनाए रखते हुए हमने टास्क डिजाइन का काम शुरू किया। तकनीकी निदेशालयों में काम कर रहे वैज्ञानिकों को हमने सिस्टम मैनेजर बनाया, जो खासतौर से एक परियोजना पर ही ध्यान लगाए। मिसाइल हार्डवेयर के विकास में लगे सार्वजनिक क्षेत्र के उपक्रमों एवं निजी क्षेत्र की कंपनियों से संपर्क के लिए एक अलग से इकाई बनाई और इसका मुखिया विकासात्मक निर्माण तकनीकी विशेषज्ञ पी.के. बिस्वास को बनाया गया। इससे प्रयोगशाला में निर्माण सुविधाओं कर काम का दबाव कम हो गया और वे काम करने में आसानी हो गई जो बाहर से नहीं कराए जा सकते थे।

जब हमने सन् 1988 में प्रवेश किया, 'पृथ्वी' मिसाइल का काम पूरा होने के करीब था। देश में पहली बार मिसाइल प्रणाली में लिक्विड प्रोपलेंट रॉकेट इंजनों का प्रयोग होने जा रहा था। अब नीतिगत फैसलों के क्षेत्र और अच्छाइयों

के अलावा सुंदरम और मैं 'पृथ्वी' टीम के साथ लगे थे। परियोजना की सफलता उन सृजनात्मक विचारों पर निर्भर थी, जो कार्य योग्य उत्पाद के रूप में बदलते जा रहे थे तथा साथ ही टीम के सदस्यों के योगदान की गुणवत्ता एवं संपूर्णता पर भी। वाई. ज्ञानेश्वर के साथ सारस्वत और पी. वेणुगोपालन ने इस बारे में बहुत ही सराहनीय काम किया। इन लोगों ने अपनी टीम के भीतर गर्व एवं उपलब्धि की भावना पैदा कर दी थी। इन रॉकेट इंजनों की महत्ता सिर्फ पृथ्वी परियोजना तक ही सीमित नहीं थी, यह एक राष्ट्रीय उपलब्धि थी। इनके सामूहिक नेतृत्व में बड़ी संख्या में इंजीनियरों एवं तकनीशियनों ने अपने को टीम लक्ष्यों के प्रति समर्पित कर दिया था, ठीक उसी तरह जैसे हर व्यक्ति अपने विशिष्ट लक्ष्य को पूरा करने के लिए प्रतिबद्ध था। उनकी पूरी टीम ने अपने स्वयंसिद्ध तरीके से काम पूरा किया था। ऑर्डिनेंस फैक्टरी, किरकी के साथ काम करते हुए उन्होंने इन इंजनों के लिए ईंधन के आयात को पूरी तरह खत्म कर डाला था।

यान विकास का काम सुंदरम एवं सारस्वत के सुरक्षित और दक्ष हाथों में छोड़कर मैंने मिशन के दूसरे महत्त्वपूर्ण तथा संवेदनशील क्षेत्रों का काम देखना शुरू किया। मिसाइल को उठाने एवं गति देने के लिए लॉञ्च रिलीज मैकेनिज्म (एल.आर.एम.) के विकास की योजना बहुत ही सावधानी से तैयार की गई थी।

यान विकास का काम सुंदरम एवं सारस्वत के सुरक्षित और दक्ष हाथों में छोड़कर मैंने मिशन के दूसरे महत्त्वपूर्ण तथा संवेदनशील क्षेत्रों का काम देखना शुरू किया। मिसाइल को उठाने एवं गति देने के लिए लॉञ्च रिलीज मैकेनिज्म (एल.आर.एम.) के विकास की योजना बहुत ही सावधानी से तैयार की गई थी। प्रक्षेपण के पहले एल.आर.एम. को जकड़े रखने के लिए 'एक्सप्लोसिव बोल्ट' का विकास डी.आर.डी.एल. एवं एक्सप्लोसिव रिसर्च एंड डेवलपमेंट लेबोरेटरी (ई.आर.डी.एल.) ने संयुक्त रूप से किया था, जो बहु कार्य केंद्रों के समन्वय का एक अनूठा उदाहरण है।

उड़ान के वक्त चिंतन की धाराओं में बहने लगना और नीचे धरती की ओर देखते रहना मेरी हमेशा की आदत रही है। दूर से यह इतना सुंदर, सुव्यवस्थित एवं शांतिपूर्ण लगता है और मुझे आश्चर्य होता है कि कहाँ वे सब सीमाएँ हैं,

जो जिले को जिले से, राज्य को राज्य से और देश को देश से अलग करती हैं। हमारे जीवन की जो सारी गतिविधियाँ हैं, उनके संचालन में भी शायद दूरी और अलगाव का यह भाव है।

बालासोर में बन रहे अंतरिम परीक्षण क्षेत्र (इंटरिम टेस्ट रेंज) के निर्माण के काम में कम-से-कम अभी एक साल और लगना बाकी था। 'पृथ्वी' के प्रक्षेपण के लिए हमने श्रीहरिकोटा में विशेष सुविधाएँ विकसित कर ली थीं। इनमें लॉञ्च पैड, ब्लॉक हाउस, नियंत्रण कक्ष एवं मोबाइल टेलीमीटरी स्टेशन शामिल थे। मैं अपने पुराने दोस्त एम.आर. कुरुप से यहाँ मिलकर बहुत ही खुश था। कुरुप इस समय यहाँ श्रीहरिकोटा प्रक्षेपण केंद्र के निदेशक थे। 'पृथ्वी' प्रक्षेपण अभियान में कुरुप के साथ काम करते हुए मुझे बहुत ही संतोष हुआ। 'पृथ्वी' के लिए कुरुप ने एक टीम के सदस्य के रूप में काम किया था और यह काम करते हुए उन्होंने डी.आर.डी.ओ. एवं इसरो, डी.आर.डी.एल. और श्रीहरिकोटा प्रक्षेपण केंद्र के बीच सारी सीमाओं को भुला दिया था। कुरुप ने अपना बहुत सा वक्त हमारे साथ लॉञ्च पैड पर बिताया। रेंज परीक्षण और रेंज सुरक्षा के अपने अनुभवों के साथ ही कुरुप ने हमें शुभकामनाएँ दीं। साथ ही ईंधन भरने और 'पृथ्वी' के लिए मैदान बनाने के काम में हमारे साथ बहुत ही उत्साह से काम किया। यह हमारे लिए हृदय में सँजोए रखने जैसा अनुभव था।

बालासोर में बन रहे अंतरिम परीक्षण क्षेत्र (इंटरिम टेस्ट रेंज) के निर्माण के काम में कम-से-कम अभी एक साल और लगना बाकी था। 'पृथ्वी' के प्रक्षेपण के लिए हमने श्रीहरिकोटा में विशेष सुविधाएँ विकसित कर ली थीं। इनमें लॉञ्च पैड, ब्लॉक हाउस, नियंत्रण कक्ष एवं मोबाइल टेलीमीटरी स्टेशन शामिल थे। मैं अपने पुराने दोस्त एम.आर. कुरुप से यहाँ मिलकर बहुत ही खुश था।

25 फरवरी, 1988 को दिन में ग्यारह बजकर तेईस मिनट पर 'पृथ्वी' को छोड़ा गया। यह देश में रॉकेट विज्ञान के इतिहास में एक युगांतरकारी घटना थी। 'पृथ्वी' एक सौ पचास किलोमीटर तक एक हजार किलोग्राम पारंपरिक युद्ध विस्फोटक सामग्री ले जाने की क्षमता से युक्त जमीन से जमीन पर मार

करनेवाली केवल एक मिसाइल ही नहीं थी बल्कि यह देश में भविष्य की सारी मिसाइलों का बुनियादी रूप थी। 'पृथ्वी' की परिशुद्धता 50 सी.ई.पी. थी। इसे लंबी दूरी तक जमीन से हवा में मार करनेवाली मिसाइल का रूप देने के लिए सुधार की गुंजाइश पहले ही से रखी गई थी और इसे युद्धपोत में भी तैनात किया जा सकता था।

मिसाइल की परिशुद्धता इसकी सरक्यूलर एरर प्रॉबेबल, यानी सी.ई.पी. के रूप में व्यक्त की जाती है। सी.ई.पी. का तात्पर्य वृत्त की उस त्रिज्या की माप से है जिसके 50 प्रतिशत हिस्से में मिसाइल के हमले का असर होगा। दूसरे शब्दों में, यदि मिसाइल की सी.ई.पी. एक किलोमीटर है (जैसीकि इराकी 'स्कड' मिसाइल की थी, जो खाड़ी युद्ध में छोड़ी गई थी) तो इसका मतलब है कि उसके लक्ष्य के एक किलोमीटर के भीतर आधे पर उसका असर पड़ना चाहिए। एक मिसाइल, जो उच्च विस्फोटकों से लैस हो और जिसकी सी.ई.पी. एक किलोमीटर हो तो वह आमतौर से निर्धारित सैन्य लक्ष्यों जैसे कमांड एवं कंट्रोल फैसेलिटी या एयर बेस को कोई नुकसान नहीं पहुँचा सकेगी। हालाँकि यह अनिश्चित लक्ष्य, जैसे किसी शहर को तबाह कर सकती है। सितंबर 1944 से मार्च 1945 के बीच लंदन पर विस्फोटक हथियारों से लैस जर्मनी की वी-2 मिसाइलें दागी गई थीं और इनकी सी.ई.पी. करीब सत्रह किलोमीटर थी। फिर भी लंदन पर दागी गई पाँच सौ वी-2 मिसाइलों से इक्कीस हजार से ज्यादा लोग हताहत हुए थे और करीब दो लाख घर नष्ट हो गए थे। जब पश्चिमी राष्ट्र एन.पी.टी. पर गला

मिसाइल की परिशुद्धता इसकी सरक्यूलर एरर प्रॉबेबल, यानी सी.ई.पी. के रूप में व्यक्त की जाती है। सी.ई.पी. का तात्पर्य वृत्त की उस त्रिज्या की माप से है जिसके 50 प्रतिशत हिस्से में मिसाइल के हमले का असर होगा। दूसरे शब्दों में, यदि मिसाइल की सी.ई.पी. एक किलोमीटर है (जैसीकि इराकी 'स्कड' मिसाइल की थी, जो खाड़ी युद्ध में छोड़ी गई थी) तो इसका मतलब है कि उसके लक्ष्य के एक किलोमीटर के भीतर आधे पर उसका असर पड़ना चाहिए।

फाड़-फाड़कर चिल्ला रहे थे तब हमने पचास मीटर सी.ई.पी. हासिल करने की निर्देशित एवं नियंत्रण टेक्नोलॉजी विकसित करने पर जोर दिया था।

'पृथ्वी' को छोड़े जाने के बाद पड़ोसी देशों को काफी सदमा लगा था। जबकि पश्चिमी राष्ट्रों को शुरू में तो धक्का लगा और बाद में उन्होंने अपना रोष व्यक्त किया। टेक्नोलॉजी-संपन्न सात बड़े राष्ट्रों ने निर्देशित मिसाइल विकास से संबंधित कार्यक्रमों के लिए भारत को टेक्नोलॉजी देने से मना कर दिया था। पर तब तक भारत निर्देशित मिसाइलों के क्षेत्र में दुनिया में आत्मनिर्भर हो चुका था।

□

: चौदह :

रॉकेट विज्ञान में भारत की क्षमता फिर से स्थापित हो चुकी थी। उन्नत अंतरिक्ष एवं नागरिक उड्डयन उद्योग तथा मिसाइलों से युक्त सुरक्षा प्रणाली हासिल कर लेने के बाद भारत दुनिया के उन कुछ राष्ट्रों की कतार में शामिल हो गया, जो अपने को महाशक्ति कहते थे। हमेशा बुद्ध या गांधी बनने की प्रेरणा देते रहनेवाले भारत को आखिर मिसाइल शक्ति से युक्त क्यों होना पड़ा, आनेवाली पीढ़ियों के लिए इस सवाल का जवाब देने की जरूरत पड़ेगी।

दो शताब्दियों के दमन एवं अत्याचार भी भारतीय लोगों की सृजनात्मकता और दक्षता को खत्म कर पाने में असफल रहे। आजादी हासिल करने के एक दशक के भीतर ही शांतिपूर्ण कार्यों के लिए भारतीय अंतरिक्ष एवं परमाणु ऊर्जा कार्यक्रमों की शुरुआत की गई। उस समय मिसाइल विकास में लगाने के लिए न तो पैसा था और न ही सशस्त्र बलों को इसकी जरूरत थी। सन् 1962 के कटु अनुभवों ने हमें मिसाइल विकास की ओर बुनियादी कदम उठाने के लिए विवश किया।

क्या 'पृथ्वी' पर्याप्त रहेगी? क्या चार या पाँच मिसाइल प्रणालियों का स्वदेशी विकास हमें ताकतवर बनने के लिए काफी होगा? या परमाणु हथियार रखकर हम शक्तिशाली हो जाएँगे? मिसाइल और परमाणु हथियार तो इस विश्व का एक बहुत ही छोटा सा हिस्सा हैं, जैसाकि मैंने देखा है कि 'पृथ्वी' के विकास ने अत्याधुनिक टेक्नोलॉजी के क्षेत्र में हमें एक आत्मनिर्भर राष्ट्र के रूप में प्रदर्शित किया है। उच्च टेक्नोलॉजी के लिए भारी मात्रा में पैसे और बड़े पैमाने पर बुनियादी सुविधाओं की जरूरत होती है। दुर्भाग्य से इनमें से हमारे पास कुछ भी नहीं था। इसलिए हम कर क्या सकते थे। 'अग्नि' मिसाइल टेक्नोलॉजी

प्रदर्शन परियोजना के रूप में विकसित की जा रही थी और देश में उपलब्ध सारे संसाधनों का इस्तेमाल इसमें हुआ। क्या कोई जवाब दे सका?

एक दशक पूर्व जब इसरो में मैं रैक्स के बारे में चर्चा करता था तो मुझे पक्का भरोसा था कि भारतीय वैज्ञानिक एवं टेक्नोलॉजी विशेषज्ञों में मिलकर काम करके इस तकनीकी उपलब्धि को हासिल कर लेने की क्षमता थी। वैज्ञानिक प्रयोगशालाओं और अकादमिक संस्थाओं के संयुक्त प्रयासों से भारत निश्चित रूप से तकनीकी उपलब्धियाँ हासिल कर सकता है। अगर कोई भारतीय उद्योग को सिर्फ निर्माण करनेवाली फैक्टरियों की स्व निर्मित छवि से मुक्त कर दे तो वे देश में विकसित तकनीकी को प्रयोग में लाकर अच्छे नतीजे हासिल कर सकती हैं। ऐसा करने के लिए हमने तीन स्तरीय रणनीति बनाई—बहु संस्थानीय भागीदारी, संघ के रूप में सहायता का दृष्टिकोण और तकनीकी रूप से समर्थ होना। और इसी रणनीति से 'अग्नि' का सृजन हुआ।

'अग्नि' की टीम में पाँच सौ से ज्यादा वैज्ञानिक थे। 'अग्नि' प्रक्षेप की इन विशाल कोशिशों में कई संगठन हमारे नेटवर्क में काम कर रहे थे। 'अग्नि' मिशन की दो बातें मुख्य थीं—कार्य और कार्यकर्ता। अपना लक्ष्य पूरा करने के लिए हर सदस्य टीम के दूसरे सदस्यों पर निर्भर था। ऐसी स्थितियों में विरोधाभास और संदेह दोनों मुख्य रूप से पैदा होते जाते हैं। जब काम हो चुकने को होता है तो नेतृत्व करनेवाले अपने-अपने व्यक्तिगत ढंग से काम करनेवालों के प्रति दिलचस्पी बना लेते हैं। कुछ की यह दिलचस्पी नतीजे प्राप्त करने से संबंधित होती है। वे लक्ष्य तक पहुँचने के लिए लोगों का इस्तेमाल करते हैं। कुछ लोग काम को बहुत कम महत्त्व देते हैं और अपने साथ काम करनेवालों के काम का श्रेय खुद लेने की कोशिश करते

'अग्नि' की टीम में पाँच सौ से ज्यादा वैज्ञानिक थे। 'अग्नि' प्रक्षेप की इन विशाल कोशिशों में कई संगठन हमारे नेटवर्क में काम कर रहे थे। 'अग्नि' मिशन की दो बातें मुख्य थीं—कार्य और कार्यकर्ता। अपना लक्ष्य पूरा करने के लिए हर सदस्य टीम के दूसरे सदस्यों पर निर्भर था। ऐसी स्थितियों में विरोधाभास और संदेह दोनों मुख्य रूप से पैदा होते जाते हैं।

हैं। लेकिन इस टीम ने जो सबसे ज्यादा व संभव रूप से हासिल किया, वह थी गुणवत्ता और मानवीय संबंध।

भागीदारी, अपने को पूर्णरूप से शामिल कर लेना और प्रतिबद्धता—ये तीनों किसी भी कामकाज की मुख्य कुंजी हैं। टीम के हर सदस्य ने कार्य को स्वयं चुना था। 'अग्नि' का प्रक्षेपण सिर्फ हमारे वैज्ञानिकों के लिए ही नहीं, उनके परिवारवालों के लिए भी एक अभियान था। वी.आर. नागराज विद्युत् संयोजन टीम का नेतृत्व कर रहे थे। बिलकुल एक समर्पित तकनीकीविद् थे नागराज। काम के वक्त वे खाना, सोना भी भूल जाते थे। जब वे आई.टी.आर. पर थे तब उनकी पत्नी के भाई का निधन हो गया था। उनके परिवारवालों ने उनको उसकी खबर नहीं दी थी, ताकि 'अग्नि' के प्रक्षेपण के उनके काम में बाधा न पड़ जाए।

'अग्नि' का प्रक्षेपण 20 अप्रैल, 1989 को किया जाना था। यह एक अभूतपूर्व काम होने जा रहा था। अंतरिक्ष प्रक्षेपण यानों से भिन्न मिसाइल प्रक्षेपण में सुरक्षा संबंधी खतरे काफी ज्यादा होते हैं। मिसाइल पथ निर्धारण की निगरानी के लिए दो राडार, तीन टेलीमीटरी स्टेशन, एक टेलीकमांड केंद्र और चार इलेक्ट्रो-ऑप्टीकल ट्रेकिंग उपकरण स्थापित किए गए थे।

'अग्नि' का प्रक्षेपण 20 अप्रैल, 1989 को किया जाना था। यह एक अभूतपूर्व काम होने जा रहा था। अंतरिक्ष प्रक्षेपण यानों से भिन्न मिसाइल प्रक्षेपण में सुरक्षा संबंधी खतरे काफी ज्यादा होते हैं। मिसाइल पथ निर्धारण की निगरानी के लिए दो राडार, तीन टेलीमीटरी स्टेशन, एक टेलीकमांड केंद्र और चार इलेक्ट्रो-ऑप्टीकल ट्रेकिंग उपकरण स्थापित किए गए थे। इसके अतिरिक्त कार निकोबार (इस्ट्रैक) और श्रीहरिकोटा में भी एक-एक टेलीमीटरी स्टेशन स्थापित किया गया था। वैद्युत् करंट से रक्षा के लिए एक गतिकी निगरानी युक्ति भी लगाई थी। यह करंट मिसाइल बैटरियों से यान एवं नियंत्रण प्रणालियों में बहता है। वोल्टेज या दबाव में किसी भी तरह के विचलन की निगरानी के लिए स्वचालित सिगनल प्रणाली—'होल्ड' लगाई गई थी। उड़ान को सिर्फ तभी मंजूरी दी जाती जब गलतियाँ या कोई चूक सुधार ली जाती। प्रक्षेपण के लिए

उलटी गिनती टी–36 पर शुरू हुई और टी–7.5 मिनट से उलटी गिनती कंप्यूटर के नियंत्रण में आ गई थी।

प्रक्षेपण की तैयारियों के लिए सारे काम निर्धारित कार्यक्रम के अनुसार हो गए थे। हमने प्रक्षेपण के समय आसपास के गाँवों के ग्रामीणों को सुरक्षा की दृष्टि से हटा देने का फैसला किया था। इसपर मीडिया का ध्यान गया और काफी विवाद पैदा हुआ। तब 20 अप्रैल, 1989 का दिन आ पहुँचा था। पूरे राष्ट्र की निगाहें हमारी ओर लगी थीं। उड़ान परीक्षण रद्द कर देने के लिए कूटनीतिक माध्यमों के जरिए हमपर काफी विदेशी दबाव पड़ा; लेकिन हमारे पीछे भारत सरकार चट्टान की तरह खड़ी थी। टी–14 सेकंड पर कंप्यूटर ने सिगनल 'होल्ड' दिया, जो यह दरसा रहा था कि एक उपकरण ठीक से काम नहीं कर रहा है। उसे फौरन सुधार दिया गया। इसी बीच एक और स्टेशन ने 'होल्ड' के लिए कहा। अगले कुछ ही सेकंडों में कई जगह से 'होल्ड' के संकेत मिले। हमें प्रक्षेपण रद्द करना पड़ा। विद्युत् सप्लाई व्यवस्था के लिए मिसाइल को खोलना पड़ा। सुबकते हुए नागराज, जिन्हें अब परिवार में मौत की सूचना मिल चुकी थी, मुझसे मिले और तीन दिन में लौट आने का वायदा किया। ऐसे साहसी लोगों के बारे में इतिहास की किसी किताब में कभी भी नहीं लिखा जाएगा, जिनके कठोर परिश्रम से ही यह देश तरक्की के रास्ते पर बढ़ पाया है। नागराज को भेजने के बाद मैं अपनी टीम के लोगों से मिला, जो सदमे एवं दुःख में थे। मैंने एस.एल.वी.–3 के अपने अनुभव उन्हें बताए। 'मेरा प्रक्षेपण यान तो समुद्र में जा गिरा था, लेकिन सफलता के साथ उसकी वापसी हुई। आप लोगों की मिसाइल आपके सामने है। सही मायने में आपने कुछ खोया नहीं है; लेकिन कुछ हफ्ते फिर से काम करना होगा।' इससे टीम

प्रक्षेपण की तैयारियों के लिए सारे काम निर्धारित कार्यक्रम के अनुसार हो गए थे। हमने प्रक्षेपण के समय आसपास के गाँवों के ग्रामीणों को सुरक्षा की दृष्टि से हटा देने का फैसला किया था। इसपर मीडिया का ध्यान गया और काफी विवाद पैदा हुआ। तब 20 अप्रैल, 1989 का दिन आ पहुँचा था। पूरे राष्ट्र की निगाहें हमारी ओर लगी थीं।

के लोगों को अपना दु:ख भूलने में मदद मिली और वे वापस काम पर लग गए।

प्रेस ने मिसाइल प्रक्षेपण रद्द होने को तरह-तरह से उछाला। अपने-अपने पाठकों को रुचिकर लगनेवाली जो कल्पित चीजें वे छाप सकते थे, छापीं। कार्टूनिस्ट सुधीर धर ने एक कार्टून बनाया, जिसमें दुकानदार सेल्समैन को सामान लौटाते हुए यह कह रहा था कि 'अग्नि' की तरह यह भी नहीं उड़ेगा। एक अन्य कार्टून में दिखाया गया कि एक 'अग्नि' वैज्ञानिक सफाई दे रहा है कि प्रक्षेपण इसलिए स्थगित किया गया, क्योंकि बटन दबाने पर ठीक से संपर्क नहीं हुआ। हिंदुस्तान टाइम्स में कार्टून था—एक राजनेता प्रेस रिपोर्टरों को दिलासा देते हुए कह रहा है—'किसी भी तरह के डर की कोई बात नहीं है। यह पूरी तरह शांतिपूर्ण था, अहिंसक मिसाइल।'

प्रेस ने मिसाइल प्रक्षेपण रद्द होने को तरह-तरह से उछाला। अपने-अपने पाठकों को रुचिकर लगनेवाली जो कल्पित चीजें वे छाप सकते थे, छापीं। कार्टूनिस्ट सुधीर धर ने एक कार्टून बनाया, जिसमें दुकानदार सेल्समैन को सामान लौटाते हुए यह कह रहा था कि 'अग्नि' की तरह यह भी नहीं उड़ेगा।

अगले दस दिन तक रात-दिन एक करके हमारे वैज्ञानिकों ने विस्तृत विश्लेषण के बाद मिसाइल प्रक्षेपण के लिए 1 मई, 1989 का दिन तय किया था। लेकिन इस बार फिर स्वचालित कंप्यूटर जाँच में टी-10 सेकंड पर 'होल्ड' सिगनल मिला। बारीकी से जाँच करने पर पता चला कि नियंत्रण प्रणाली का एक उपकरण—एस-1 टी.वी.सी. मिशन की जरूरतों के अनुसार काम नहीं कर रहा है। इस बार फिर प्रक्षेपण स्थगित करना पड़ा। अब रॉकेट विज्ञान में ऐसी चीजें होते रहना आम है और दूसरे देशों में भी ऐसा होता रहता है; लेकिन उत्साही राष्ट्र हमारी समस्याओं को समझना नहीं चाह रहा था। 'हिंदू' में केशव ने एक कार्टून बनाया। इसमें दिखाया गया कि एक ग्रामीण कुछ नोट गिन रहा है और दूसरे से कह रहा है—'हाँ, टेस्ट साइट के पास बनी मेरी झोंपड़ी से निकल जाने का ही यह मुआवजा है। कुछ बार और यह रद्द हो और मैं खुद का मकान बनवा सकूँ।' एक अन्य कार्टूनिस्ट ने 'अग्नि' को बताते हुए कहा, 'आई.डी. बी.एम.—इंटरमिटेंटली डिलेड बैलेस्टिक मिसाइल।' अमूल के कार्टून में सुझाया

गया था कि 'अग्नि' को जो जरूरत थी, वह ईंधन के रूप में उसके मक्खन की थी।

अपनी टीम को आई.टी.आर. में छोड़कर मैं कुछ समय के लिए डी.आर.डी.एल., आर.सी.आई. के लोगों से बात करने गया। 8 मई, 1989 को काम खत्म होने के बाद डी.आर.डी.एल. और आर.सी.आई. के सारे लोग एक साथ जमा हुए। मैंने दो हजार से ज्यादा लोगों को संबोधित किया। 'मुश्किल से ही कोई ऐसी प्रयोगशाला या शोध एवं विकास प्रतिष्ठान हो, जिसे देश में पहली बार 'अग्नि' जैसी कोई प्रणाली विकसित करने का अवसर मिला होगा। हम लोगों को एक बड़ा मौका दिया गया है। स्वाभाविक है, बड़े अवसरों के साथ बड़ी चुनौतियाँ भी बराबर होती हैं। हमें समस्याओं को छोड़ नहीं देना चाहिए और हमें वशीभूत करने की समस्याओं को अनुमति भी नहीं देनी चाहिए। देश हमसे सफलता से कम पर कुछ भी उम्मीद नहीं रखता है। इसलिए हमें सफलता को उद्देश्य बनाकर काम करना होगा।' मैं करीब-करीब अपना भाषण पूरा कर ही चुका था, तभी मुझे लगा कि जैसे मैं अपने लोगों से कह रहा हूँ—'मैं आपसे वायदा करता हूँ कि इस महीने के आखिर से पहले 'अग्नि' को सफलतापूर्वक छोड़कर हम यहाँ दोबारा मिलेंगे।'

अपनी टीम को आई.टी.आर. में छोड़कर मैं कुछ समय के लिए डी.आर.डी.एल., आर.सी.आई. के लोगों से बात करने गया। 8 मई, 1989 को काम खत्म होने के बाद डी.आर.डी.एल. और आर.सी.आई. के सारे लोग एक साथ जमा हुए। मैंने दो हजार से ज्यादा लोगों को संबोधित किया।

दूसरी बार में उपकरण की खराबी के विस्तृत विश्लेषण से नियंत्रण प्रणाली को फिर से तैयार करने की जरूरत समझी गई। यह काम डी.आर.डी.ओ.-इसरो की टीम को सौंपा गया। इसरो के लिक्विड प्रोपेलेंट सिस्टम कांप्लेक्स (एल.पी.एस.सी.) में पहले चरण की नियंत्रण प्रणाली को सुधारा गया और इस काम को पूरी इच्छा शक्ति से रिकॉर्ड समय के भीतर पूरा कर लिया गया। यह अपने में आश्चर्यजनक ही था कि कैसे कई सौ वैज्ञानिकों और दूसरे कर्मचारियों ने लगातार काम करते हुए उसे दस दिन में ही फिर से पूरा तैयार कर दिया। ग्यारहवें दिन ही सुधरी हुई नियंत्रण प्रणाली को लेकर हवाई जहाज त्रिवेंद्रम से

उड़ा और आई.टी.आर. के पास उतरा। लेकिन इस समय मौसम काफी खराब था। समुद्री तूफान आने का खतरा हमारे सामने मँडरा रहा था। सभी कार्य केंद्र उपग्रह संचार और एच.एफ. लिंक (हाई फ्रीक्वेंसी लिंक) से जुड़े हुए थे। हर दस मिनट में मौसम विभाग से आँकड़े आने शुरू हो गए थे।

अंतत: प्रक्षेपण 22 मई, 1989 को निर्धारित किया गया। प्रक्षेपण से पहलेवाली रात को डॉ. अरुणाचलम, जनरल के.एन. सिंह और मैं रक्षामंत्री के. सी. पंत के साथ घूम रहे थे, जो आई.टी.आर. 'अग्नि' का प्रक्षेपण देखने आए थे। उस दिन पूरी चाँदनी रात थी। ज्वार पूरे जोरों पर था। लहरें एक-दूसरे से टकराकर शोर पैदा कर रही थीं। क्या कल होनेवाले 'अग्नि' प्रक्षेपण में हम कामयाब रह पाएँगे? यह सवाल हम सबके दिमाग में घूम रहा था। लेकिन हममें से कोई भी उस चाँदनी रात के सन्नाटे को तोड़ना नहीं चाहता था। लंबी चुप्पी तोड़ते हुए रक्षामंत्री ने आखिरकार मुझसे पूछ लिया—'कलाम! कल 'अग्नि' की सफलता पर तुम मुझसे क्या तोहफा लेना पसंद करोगे?' यह एक साधारण सवाल था, जिसका जवाब मैं तत्काल नहीं सोच सका। ऐसा क्या चाहूँ जो मेरे पास नहीं है? मुझे खुशी किससे मिल सकती है? और तब मुझे जवाब मिल गया। 'हमें आर.सी.आई. में एक लाख छोटे पौधे लगाने की जरूरत है।' मैंने कहा। 'तुम 'अग्नि' की सफलता के लिए धरती माँ का आशीर्वाद ले रहे हो।' रक्षामंत्री के.सी. पंत ने पलटकर कहा। 'हम कल जरूर सफल होंगे।' उन्होंने कहा।

> ***प्रक्षेपण 22 मई, 1989 को निर्धारित किया गया। प्रक्षेपण से पहलेवाली रात को डॉ. अरुणाचलम, जनरल के.एन. सिंह और मैं रक्षामंत्री के. सी. पंत के साथ घूम रहे थे, जो आई.टी.आर. 'अग्नि' का प्रक्षेपण देखने आए थे। उस दिन पूरी चाँदनी रात थी। ज्वार पूरे जोरों पर था।***

अगले दिन सुबह सात बजकर दस मिनट पर 'अग्नि' को छोड़ा गया। यह पूरी तरह सफल प्रक्षेपण था। मिसाइल अपने निर्धारित पथ पर ही बढ़ी। उड़ान संबंधी सारे आँकड़े मिले। यह किसी दुःस्वप्नवाली रात के बाद खूबसूरत सुबह में जागने जैसा था। कई केंद्रों पर एक साथ लगातार पाँच साल काम करने के बाद अब हम लॉन्च पैड तक पहुँचे थे। पिछले पाँच हफ्तों में हम कई कठोर

अग्नि-परीक्षाओं से गुजरे थे। हमपर हर तरफ से यह सब रोक देने के लिए दबाव पड़ रहा था। यह मेरे जीवन का सबसे सुखद क्षण था। करीब छह सौ सेकंड की इस भव्य उड़ान के बाद हमारा सारा करा-कराया एक ही क्षण में विलुप्त हो गया। उस रात मैंने अपनी डायरी में लिखा—

'अग्नि में मत ढूँढ़ो
शत्रु को भयग्रस्त करता
शक्ति का स्तंभ कोई।
यह तो है एक आग
दिल में जो सुलगती
हर भारतीय के,
सभ्यता के स्रोत-सी।
एक छोटी सी प्रतिमा है यह
भारत के गौरव की
आभा से प्रदीप्त जो।'

प्रधानमंत्री राजीव गांधी ने 'अग्नि' प्रक्षेपण को 'आत्मनिर्भर तरीकों से देश की स्वतंत्रता एवं सुरक्षा की रक्षा के लिए हमारे सतत प्रयासों की एक बड़ी उपलब्धि' बताया था। 'अग्नि' के माध्यम से जो तकनीकी प्रदर्शन किया गया वह देश की रक्षा के लिए अत्याधुनिक तकनीक के स्वदेशी विकास के प्रति हमारी प्रतिबद्धता को बताता है। 'देश को आपके प्रयासों पर गर्व है।' उन्होंने मुझसे कहा। राष्ट्रपति वेंकटरामन ने 'अग्नि' की सफलता में अपने सपने को पूरा होते हुए देखा था। उन्होंने शिमला से फोन पर मुझसे कहा, 'यह आपके समर्पण, कठोर परिश्रम एवं प्रतिभा का ही फल है।'

प्रधानमंत्री राजीव गांधी ने 'अग्नि' प्रक्षेपण को 'आत्मनिर्भर तरीकों से देश की स्वतंत्रता एवं सुरक्षा की रक्षा के लिए हमारे सतत प्रयासों की एक बड़ी उपलब्धि' बताया था। 'अग्नि' के माध्यम से जो तकनीकी प्रदर्शन किया गया वह देश की रक्षा के लिए अत्याधुनिक तकनीक के स्वदेशी विकास के प्रति हमारी प्रतिबद्धता को बताता है।

इस टेक्नोलॉजी मिशन के बारे में

कई व्यक्तियों, समूहों ने तरह-तरह की गलत एवं भ्रामक सूचनाएँ भी फैलाई थीं। 'अग्नि' को परमाणु हथियार प्रणाली के रूप में कभी भी नहीं देखा गया था। इसने तो हमें गैर परमाणु हथियार बनाने की क्षमता विकसित करने का विकल्प तैयार करने में समर्थ बनाया था। 'अग्नि' ने हमें समकालीन रणनीतिक सिद्धांतों की प्रासंगिकता के मद्देनजर गैर परमाणु हथियारों का विकल्प दिया था।

'अग्नि' के परीक्षण पर सबसे ज्यादा गुस्सा तो अमेरिका की एक मशहूर रक्षा पत्रिका द्वारा व्यक्त किया गया। अमेरिकी कांग्रेस ने मिसाइल से संबंधित टेक्नोलॉजी और दोहरे इस्तेमालवाली सभी तकनीकियाँ एवं बहुराष्ट्रीय सहायता बंद कर देने की धमकी भी दे डाली।

मिसाइल एवं युद्ध हथियारों की टेक्नोलॉजी के एक तथाकथित विशेषज्ञ गैरी मिलहॉलिन ने 'द वाल स्ट्रीट जर्नल' में दावा किया था कि भारत ने 'अग्नि' पश्चिम जर्मनी की मदद से बनाई थी। मुझे यह पढ़कर बहुत ही हँसी आई कि 'अग्नि' की निर्देशन प्रणाली, प्रथम चरण का रॉकेट और उसका अगला हिस्सा जर्मन एयरोस्पेस रिसर्च इस्टेब्लिशमेंट (डी.एल.आर.) ने विकसित किया था और 'अग्नि' के वायुगतिकीय मॉडल का परीक्षण डी.एल.आर. की 'विंड टनल' में ही किया गया था। डी.एल.आर. की तरफ से फौरन इसका खंडन आया और डी.एल.आर. ने अटकल लगाते हुए इसे दूसरी तरफ मोड़ दिया। डी.एल.आर. ने कहा कि 'अग्नि' के लिए भारत को फ्रांस ने तकनीकी मदद दी थी। अमेरिकन सीनेटर जैफ बिंगमैन ने तो यहाँ तक कह दिया कि 'अग्नि' के लिए सभी जरूरी

मिसाइल एवं युद्ध हथियारों की टेक्नोलॉजी के एक तथाकथित विशेषज्ञ गैरी मिलहॉलिन ने 'द वाल स्ट्रीट जर्नल' में दावा किया था कि भारत ने 'अग्नि' पश्चिम जर्मनी की मदद से बनाई थी। मुझे यह पढ़कर बहुत ही हँसी आई कि 'अग्नि' की निर्देशन प्रणाली, प्रथम चरण का रॉकेट और उसका अगला हिस्सा जर्मन एयरोस्पेस रिसर्च इस्टेब्लिशमेंट (डी.एल.आर.) ने विकसित किया था और 'अग्नि' के वायुगतिकीय मॉडल का परीक्षण डी.एल.आर. की 'विंड टनल' में ही किया गया था।

चीजें और तकनीक मैंने अपने चार महीने के वैलप द्वीप की यात्रा के दौरान जुटाई थीं। तथ्य यह था कि वैलप द्वीप मैं पच्चीस साल पहले गया था और 'अग्नि' में इस्तेमाल की गई तकनीक तब कहीं नहीं थी, यहाँ तक कि अमेरिका में भी नहीं।

आज की दुनिया में टेक्नोलॉजी में पिछड़ापन परतंत्रता की ओर ले जाता है। क्या इसकी बिना पर हमें अपनी आजादी को समझौता करने की इजाजत दे देनी चाहिए? इस चुनौती के खिलाफ अपने राष्ट्र की सुरक्षा एवं एकता को सुनिश्चित करना हमारा एक भारी कर्तव्य है। हमारे पूर्वजों ने देश की आजादी के लिए साम्राज्यवादी ताकतों से संघर्ष कर जो सच्ची आजादी हमें विरासत में सौंपी है, क्या हमें उसे नहीं बनाए रखना चाहिए? जब हम टेक्नोलॉजी में पूरी तरह आत्मनिर्भर होंगे, सिर्फ तभी हम अपने देश को सुरक्षित रख पाएँगे।

'अग्नि' को छोड़े जाने से पहले तक भारतीय सशस्त्र सेनाओं की सबसे अहम भूमिका राष्ट्र की एकता को सुरक्षित रखना, पड़ोसी देशों द्वारा फैलाई जानेवाली गड़बड़ी से लोकतांत्रिक प्रक्रियाओं को बचाए रखना और किसी भी कीमत पर देश को बाहरी दखल से बचाने की थी। 'अग्नि' के बाद भारत उस स्थिति में पहुँच गया था, जब उसके पास अपने को युद्ध में शामिल किए जाने से बचाए रखने का विकल्प आ गया था।

'अग्नि' को छोड़े जाने से पहले तक भारतीय सशस्त्र सेनाओं की सबसे अहम भूमिका राष्ट्र की एकता को सुरक्षित रखना, पड़ोसी देशों द्वारा फैलाई जानेवाली गड़बड़ी से लोकतांत्रिक प्रक्रियाओं को बचाए रखना और किसी भी कीमत पर देश को बाहरी दखल से बचाने की थी। 'अग्नि' के बाद भारत उस स्थिति में पहुँच गया था, जब उसके पास अपने को युद्ध में शामिल किए जाने से बचाए रखने का विकल्प आ गया था।

'अग्नि' आई.जी.एम.डी.पी. के पूरे पाँच साल का काम पूरा हो जाने का प्रतीक थी। अब इसने रि-एंट्री टेक्नोलॉजी जैसे जटिल क्षेत्र में अपनी दक्षता दिखा दी थी। 'पृथ्वी' एवं 'त्रिशूल' का परीक्षण हम पहले कर ही चुके थे और 'नाग' तथा 'आकाश' की दक्षता ने हमें उस मुकाम पर पहुँचा दिया था, जहाँ इस क्षेत्र

में हमारा कोई प्रतिद्वंद्वी नहीं था। इन दो मिसाइल प्रणालियों में टेक्नोलॉजी विकास की बहुत संभावनाएँ थीं। बस इनपर तेजी से ध्यान दिए जाने की जरूरत थी।

सितंबर 1989 में बंबई में महाराष्ट्र विज्ञान अकादमी ने मुझे जवाहरलाल नेहरू स्मृति व्याख्यान देने के लिए बुलाया। इस अवसर का इस्तेमाल मैंने हवा से हवा में मार कर सकनेवाली स्वदेशी मिसाइल 'अस्त्र' विकसित करने की योजना पर वैज्ञानिकों से विचार-विमर्श करने में किया। इसे भारतीय हलके लड़ाकू विमान (एल.सी.ए.) के विकास से जाकर जुड़ना था। मैंने उनसे कहा कि 'नाग' मिसाइल प्रणाली में इमेजिंग इन्फ्रा रेड (आई.आई.आर.) और मिलीमीटरिक वेव (एम.एम.डब्ल्यू.) राडार तकनीकी के क्षेत्र में हमारे काम ने हमें मिसाइल टेक्नोलॉजी के क्षेत्र में अंतरराष्ट्रीय स्तर पर हो रहे शोध एवं विकास की पंक्ति में ला दिया है। मैंने इस ओर भी उनका ध्यान दिलाया कि कार्बन-कार्बन की जटिल भूमिका, कंपोजिट पदार्थ की भी रि-एंट्री टेक्नोलॉजी में बड़ी भूमिका रही है। 'अग्नि' उन तकनीकी कोशिशों का प्रतिफल थी, जिनकी शुरुआत प्रधानमंत्री इंदिरा गांधी की प्रेरणा से हुई थी और जब देश ने टेक्नोलॉजी-संपन्न औद्योगिक राष्ट्रों की निर्भरता खत्म करने की ठानी थी तथा टेक्नोलॉजी के क्षेत्र में आत्मनिर्भरता की ओर बढ़ना शुरू किया था।

सितंबर 1989 में बंबई में महाराष्ट्र विज्ञान अकादमी ने मुझे जवाहरलाल नेहरू स्मृति व्याख्यान देने के लिए बुलाया। इस अवसर का इस्तेमाल मैंने हवा से हवा में मार कर सकनेवाली स्वदेशी मिसाइल 'अस्त्र' विकसित करने की योजना पर वैज्ञानिकों से विचार-विमर्श करने में किया। इसे भारतीय हलके लड़ाकू विमान (एल.सी.ए.) के विकास से जाकर जुड़ना था।

सितंबर 1988 में 'पृथ्वी' का दूसरा उड़ान परीक्षण हुआ, जो फिर एक महान् उपलब्धि थी। 'पृथ्वी' आज जमीन से जमीन पर मार करनेवाली दुनिया की सर्वश्रेष्ठ मिसाइल है। यह दो सौ पचास किलोमीटर तक एक हजार किलो युद्ध विस्फोटक ले जाने की क्षमता से युक्त है। युद्धक्षेत्र की परिस्थितियों में और बहुत ही कम समय में कंप्यूटर नियंत्रित ऑपरेशनों से विभिन्न भार तथा भिन्न-भिन्न दूरी तक युद्ध विस्फोटक पहुँचाए जा सकते हैं। 'पृथ्वी' मिसाइल सभी

मामलों—डिजाइन, संचालन, तैनातगी—में पूर्णरूप से स्वदेशी है। बी.डी.एल. में उपलब्ध सुविधाओं से इसका बड़े पैमाने पर उत्पादन किया जा सकता है। इन सराहनीय कोशिशों की क्षमता को भारतीय सेना ने फौरन मान्यता दी और 'पृथ्वी' एवं 'त्रिशूल' मिसाइलों के निर्माण के लिए ऑर्डर देने हेतु मंत्रिमंडल के राजनीतिक मामलों की समिति (सी.सी.पी.ए.) ने भी अपनी मुहर लगा दी। आजादी के बाद से बड़े एवं पेचीदा हथियारों की खरीद के मामले में पहले कभी ऐसा नहीं हुआ था।

□

IV

अवलोकन

(1991—)

वह जोड़ता, तोड़ता
फिर बनाता
उस रूप में
जो कोई नहीं जानता
कोई नहीं पहचानता।

—अल वकाह
कुरान, 56 : 61

: पंद्रह :

वर्ष 1990 के गणतंत्र दिवस पर राष्ट्र ने अपने मिसाइल कार्यक्रम की सफलता पर खुशी मनाई। मुझे और डॉ. अरुणाचलम को पद्‌म विभूषण से सम्मानित किया गया। मेरे दो और साथियों—जे.सी. भट्टाचार्य और आर.एन. अग्रवाल—को पद्‌मश्री सम्मान मिला। स्वतंत्र भारत के इतिहास में ऐसा पहली बार हुआ था जब एक ही संगठन से जुड़े इतने वैज्ञानिकों के नाम सम्मानित व्यक्तियों की सूची में साथ थे। मुझे एक दशक पूर्व मिले पद्‌म भूषण सम्मान की यादें ताजा हो आईं। मैं आज भी करीब-करीब वैसे ही रहता हूँ जैसे उस समय रहता था—दस फीट चौड़ा, बारह फीट लंबा कमरा मुख्य रूप से किताबों से सजा हुआ, कागज के पुलिंदे और थोड़ा सा फर्नीचर। उस समय मेरा यह कमरा त्रिवेंद्रम में हुआ करता था और अब यह हैदराबाद में है। मेस का बैरा मेरे लिए इडली और छाछ का नाश्ता लेकर आया। वह मुसकराया और मुझे बधाई दी। मेरे देश के लोगों द्वारा मेरे काम को प्रदान की गई मान्यता मुझे छू गई। बड़ी संख्या में वैज्ञानिक और इंजीनियर देश छोड़कर पैसा कमाने के लिए विदेश चले जाते हैं। यह सही है कि उन्हें निश्चित ही वहाँ पैसा काफी ज्यादा मिलता है, लेकिन अपने देश के लोगों के प्रेम और सम्मान की क्या कोई भरपाई कर सकता है!

मैं कुछ समय के लिए बिलकुल अकेला, मौन चिंतन की अवस्था में बैठा रहा। रामेश्वरम् की मिट्‌टी व चट्‌टानें, रामनाथपुरम् में अयादुरै सोलोमन का सान्निध्य, त्रिची में फादर सिक्वेरिया और मद्रास में प्रो. पनदलाई का मार्गदर्शन, बंगलौर में डॉ. मेदीरत्ता द्वारा उत्साहवर्धन, प्रो. मेनन के साथ हॉवरक्राफ्ट में सवारी करना, प्रो. साराभाई के साथ तिलपत रेंज का दौरा, एस.एल.वी.-3 की असफलतावाले दिन डॉ. ब्रह्मप्रकाश की दिलासा, एस.एल.वी.-3 के सफल

प्रक्षेपण के दिन राष्ट्र द्वारा आनंदोत्सव मनाया जाना, श्रीमती गांधी की प्रशंसा भरी मुसकराहट, मुझे डी.आर.डी.ओ. में ले जाने का डॉ. रामन्ना का विश्वास, आई. जी.एम.डी.पी., आर.सी.आई. का बनना, 'पृथ्वी', 'अग्नि'... और इस तरह ढेरों स्मृतियाँ निकलती गईं। अब ये सब लोग थे कहाँ ?—मेरे पिताजी, प्रो. साराभाई, डॉ. ब्रह्मप्रकाश ? क्या मैं इनसे मिलकर अपनी खुशी को बाँट सकता था ? ध्यान-चिंतन की स्थिति में जैसे मैं दो अवस्थाओं में एक साथ पहुँच गया—स्वर्ग का पुत्र और धरती का बेटा।

'जाओ दूर विचारो
मेरे मन को मत घेरो जालों में।
फेंक डाली कामना मैंने
और भर लिया
यह पात्र जीवन का
कर्म से, कर्तव्य से, कल्याणकारी सृजनता से
पर अभी भी है विचरतीं
स्मृतियाँ रामेश्वरम् की
ज्यों थिरकते धूलकण रवि-ऊर्जा में।'

एक पखवाड़े बाद अय्यर और टीम ने 'नाग' मिसाइल छोड़कर मिसाइल कार्यक्रम के लिए पुरस्कारों का जश्न मनाया। अगले ही दिन इन लोगों ने इस साहसिक कमाल को दोहराया। पहले भारतीय कंपोजिट एयर फ्रेमों एवं प्रोपल्शन सिस्टम का दो बार परीक्षण किया गया। इन परीक्षणों ने स्वदेशी ऊष्मीय बैटरियों की गुणवत्ता को साबित कर दिखाया।

एक पखवाड़े बाद अय्यर और टीम ने 'नाग' मिसाइल छोड़कर मिसाइल कार्यक्रम के लिए पुरस्कारों का जश्न मनाया। अगले ही दिन इन लोगों ने इस साहसिक कमाल को दोहराया।

भारत तीसरी पीढ़ी की टैंक भेदी मिसाइलें विकसित करने का गौरव हासिल कर चुका था। ये मिसाइलें दुनिया में अपने किस्म की अलग ही हैं। स्वदेशी कंपोजिट टेक्नोलॉजी ने उपलब्धि के रूप में एक बड़ा मील का पत्थर तय कर लिया था। 'नाग' की सफलता ने एक बार पुनः अंतःसंस्थागत भागीदारी की उपयोगिता साबित कर दी, जिससे पहले ही

'अग्नि' के सफल विकास का मार्ग प्रशस्त हुआ था।

'नाग' मिसाइल में दो मुख्य तकनीकियाँ इस्तेमाल की जाती हैं—इमेजिंग इन्फ्रा रेड प्रणाली (आई.आई.आर.) और मिलीमीटरिक वेव (एम.एम.डब्ल्यू.) राडार। देश में एक भी प्रयोगशाला ऐसी नहीं थी जिसमें उच्च तकनीकी की प्रणालियों को विकसित करने की क्षमता थी। लेकिन सफलता हासिल करने के दृढ़ इरादे से यह संभव हुआ, सबकी साझा कोशिशों से इन प्रणालियों को विकसित किया गया। चंडीगढ़ स्थित सेमीकंडक्टर कांप्लेक्स में चार्ज कपल्ड डिवाइस (सी.सी.डी.) का पटल (अरे) विकसित किया गया। सॉलिड फिजिक्स लेबोरेटरी, दिल्ली ने मरकरी कैडमियम टेलुराइड (एम.सी.टी.) डिटेक्टर तैयार किए। डिफेंस साइंस सेंटर, दिल्ली ने जूलियस थॉमस इफैक्ट पर आधारित एक स्वदेशी कूलिंग प्रणाली विकसित की थी। इसी तरह डिफेंस इलेक्ट्रॉनिक्स एप्लीकेशन लेबोरेटरी (डी.ई.ए.एल.) ने ट्रांसमीटर रिसीवर विकसित किया था।

उसी महीने मैं मदुरै कामराज विश्वविद्यालय के दीक्षांत समारोह में भाषण देने गया। जब मैं मदुरै पहुँचा तो मैंने अपने हाई स्कूल के शिक्षक अयादुरै सोलोमन के बारे में पता लगाया। अब वे करीब अस्सी साल के थे। मुझे बताया गया कि वे मदुरै के बाहर एक छोटी बस्ती में रहते हैं। मैंने टैक्सी ली और उनके घर की तलाश में निकल गया। श्रद्धेय सोलोमन को यह तो पता था कि उस दिन मैं दीक्षांत भाषण देने जा रहा हूँ, पर उनके पास वहाँ पहुँचने का कोई जरिया नहीं था। मुझे अपने घर पर आया पाकर उनकी आँखें भर आईं। मैं उन्हें अपने साथ दीक्षांत समारोह में ले गया। गुरु एवं शिष्य के बीच एक भावनात्मक मिलन था। तमिलनाडु के राज्यपाल डॉ. पी.सी. अलेक्जेंडर, जो इस दीक्षांत समारोह की अध्यक्षता कर रहे थे, ने मेरे वृद्ध गुरु का मान रखते हुए उनसे अनुरोध किया कि वे भी मंच पर आकर बैठें।

> ***'नाग' मिसाइल में दो मुख्य तकनीकियाँ इस्तेमाल की जाती हैं—इमेजिंग इन्फ्रा रेड प्रणाली (आई.आई.आर.) और मिलीमीटरिक वेव (एम.एम. डब्ल्यू.) राडार। देश में एक भी प्रयोगशाला ऐसी नहीं थी जिसमें उच्च तकनीकी की प्रणालियों को विकसित करने की क्षमता थी।***

'हरेक विश्वविद्यालय का हर दीक्षांत समारोह किसी बाँध के विशाल द्वारों

को खोलने के समान होता है, जिससे निकला प्रवाह संस्थानों, संगठनों एवं उद्योगों द्वारा राष्ट्र निर्माण की फसलें सींचने हेतु पानी के स्रोतों और दरियाओं में बदलकर दूर-दूर तक फैल जाता है।' मैंने नौजवान छात्रों से कहा। किसी तरह मुझे लगा कि मैं वही कह रहा हूँ, जो श्रद्धेय सोलोमन ने करीब आधी सदी पहले कहा था। अपने भाषण के बाद मैंने अपने गुरु के सामने झुककर प्रणाम किया। 'महान् स्वप्नद्रष्टाओं के बड़े सपने हमेशा कहीं अधिक श्रेष्ठ होते हैं।' मैंने श्रद्धेय सोलोमन से कहा। 'तुम न सिर्फ मेरे लक्ष्यों तक पहुँच गए हो, कलाम, बल्कि तुम उससे भी आगे निकल गए हो।' उन्होंने मुझसे कहा। प्रेम से उनका गला भर आया था।

अगले महीने मैं त्रिची गया। वहाँ मैंने सेंट जोसेफ कॉलेज जाने का मौका निकाला। अब वहाँ मुझे श्रद्धेय फादर सिक्वेरिया एरहार्ट, प्रो. सुब्रह्मण्य, प्रो. अय्यपेरुमल कोनार या प्रो. थोथाथ्री आयंगर तो नहीं मिले थे, लेकिन लगता था कि सेंट जोसेफ कॉलेज की इमारत के पत्थरों में इन महान् आत्माओं की बौद्धिक छाप जरूर मौजूद थी। मैंने सेंट जोसेफ कॉलेज के छात्रों के साथ अपनी यादों को ताजा किया और अपने उन गुरुओं के प्रति सम्मान व्यक्त किया जिन्होंने मेरे जीवन को बनाया।

देश का चौवालीसवाँ स्वतंत्रता दिवस हमने 'आकाश' की परीक्षण उड़ान से मनाया। प्रह्लाद और उनकी टीम ने एक नई ठोस ईंधन बूस्टर प्रणाली तैयार की थी। उच्च ऊर्जा के अपने विशिष्ट गुणों के साथ यह ईंधन (प्रोपेलेंट) लंबी दूरी की जमीन से हवा में मार करनेवाली मिसाइल में प्रयोग में लाया जा सकता था। भू-आधारित वायुरक्षा के क्षेत्र में देश की यह एक बहुत बड़ी उपलब्धि थी।

देश का चौवालीसवाँ स्वतंत्रता दिवस हमने 'आकाश' की परीक्षण उड़ान से मनाया। प्रह्लाद और उनकी टीम ने एक नई ठोस ईंधन बूस्टर प्रणाली तैयार की थी। उच्च ऊर्जा के अपने विशिष्ट गुणों के साथ यह ईंधन (प्रोपेलेंट) लंबी दूरी की जमीन से हवा में मार करनेवाली मिसाइल में प्रयोग में लाया जा सकता था। भू-आधारित वायुरक्षा के क्षेत्र में देश की यह एक बहुत बड़ी उपलब्धि थी।

वर्ष 1990 के आखिर में जादवपुर विश्वविद्यालय ने एक विशेष दीक्षांत समारोह में मुझे 'डॉक्टर ऑफ साइंस' की मानद उपाधि से सम्मानित किया। इसी दीक्षांत समारोह में नेल्सन मंडेला को भी सम्मानित किया गया था। नेल्सन मंडेला जैसी हस्ती के साथ अपना नाम देखकर मैं थोड़ा उलझन में पड़ गया था। आखिर ऐसा क्या था जिसकी वजह से मंडेला जैसी हस्ती के साथ मेरे जैसे साधारण व्यक्ति को रखा गया? शायद यह हमारे मिशन की निरंतरता और हम लोगों का इसमें डटे रहना था। अगर मंडेला के मिशन से तुलना करके देखा जाए तो मेरा मिशन शायद रॉकेट विज्ञान को देश में उन्नत बनाने से ज्यादा नहीं था; जबकि मंडेला का मिशन तो विशाल मानव जाति के लिए गरिमा प्राप्त करने को लेकर था। लेकिन हमारे धैर्य की तीव्रता में कोई फर्क नहीं था। नौजवान श्रोताओं से मैंने अपने भाषण में कहा, 'ठोस उपलब्धियाँ हासिल करने के लिए और ज्यादा समर्पित होना पड़ता है।'

मिसाइल काउंसिल ने वर्ष 1991 को डी.आर.डी.एल. एवं आर.सी.आई. के लिए 'ईयर ऑफ इनीशिएटिव' घोषित किया था। 'पृथ्वी' एवं 'त्रिशूल' का विकास पूरा कर लेने के बाद हमें अब इसका परीक्षण करना था। मैंने अपने साथियों से एक वर्ष के भीतर उपयोग परीक्षण शुरू करने को कहा। मुझे पता था कि यह काफी कठिन कार्य होने जा रहा है; लेकिन यहाँ तक पहुँचने के बाद रुकने या सुस्ताने का सवाल ही कहाँ था!

मिसाइल काउंसिल ने वर्ष 1991 को डी.आर.डी.एल. एवं आर.सी.आई. के लिए 'ईयर ऑफ इनीशिएटिव' घोषित किया था। 'पृथ्वी' एवं 'त्रिशूल' का विकास पूरा कर लेने के बाद हमें अब इसका परीक्षण करना था। मैंने अपने साथियों से एक वर्ष के भीतर उपयोग परीक्षण शुरू करने को कहा।

रियर एडमिरल मोहन रिटायर हो गए थे और उनकी जगह उनके उप परियोजना निदेशक कपूर ने 'त्रिशूल' का काम सँभाला। मिसाइल नियंत्रण निर्देशन के मामले में मोहन की समझ का मैं हमेशा प्रशंसक रहा। इस क्षेत्र में इस नाविक-शिक्षक-वैज्ञानिक जैसा दूसरा विशेषज्ञ देश में शायद ही होगा। 'त्रिशूल' से संबंधित बैठकों के दौरान 'कमांड लाइन ऑन साइट' (सी.एल.ओ.एस.) के

विभिन्न पहलुओं के बारे में जो अद्‌भुत जानकारियाँ उन्होंने दीं, वे हमेशा मुझे याद रहेंगी। मोहन बड़े जिंदादिल बुद्धिजीवी हैं। एक बार अपने चारों ओर फैले और खत्म न हो पा रहे काम पर वह कविता लिखकर लाए—

‘असंभव लक्ष्य
समय के आँकड़ों से बँधे
बढ़ाते जा रहे दीवानगी, दरवेश के दर।
समितियाँ, आकलन, समीक्षाएँ
सुलझातीं शून्य, उलझातीं शेष।
काम-ही-काम
न कोई अवकाश, न कोई आराम
ऊबा परिवार, उपेक्षित परिजन
मसोसते हाथ ढूँढ़ते बाल
हाय मेरा उजड़ा चमन।’

वर्ष 1991 की शुरुआत अनिष्टकारी वर्ष के रूप में हुई। 15 जनवरी, 1991 की रात इराक एवं अमेरिका के नेतृत्ववाली सहयोगी सेनाओं के बीच खाड़ी युद्ध छिड़ गया। उस वक्त भारतीय आकाश पर से गुजर रहे उपग्रह टेलीविजन की तरफ भारतीय जनता का ध्यान गया।

मैंने उनसे कहा, ‘मैंने समय रहते अपनी सारी समस्याएँ डी.आर.डी.एल., आर.सी.आई. और दूसरी भागीदार प्रयोगशालाओं की उत्कृष्ट टीमों को सौंप दी हैं, जिसके चलते कम-से-कम मेरे सिर के बालों पर कुछ फर्क नहीं पड़ा।’

वर्ष 1991 की शुरुआत अनिष्टकारी वर्ष के रूप में हुई। 15 जनवरी, 1991 की रात इराक एवं अमेरिका के नेतृत्ववाली सहयोगी सेनाओं के बीच खाड़ी युद्ध छिड़ गया। उस वक्त भारतीय आकाश पर से गुजर रहे उपग्रह टेलीविजन की तरफ भारतीय जनता का ध्यान गया। अमेरिकी उपग्रह टी.वी. चैनल सी.एन.एन. पर दिखाई जा रही रॉकेटों व मिसाइलों की ओर पूरे राष्ट्र का ध्यान लग गया। कॉफी हाउसों और चाय की दुकानों तक में लोगों ने ‘स्कड’ व ‘पैट्रियॉट’ मिसाइलों के बारे में चर्चाएँ करनी शुरू कर दी थीं। बच्चे

आकाश में मिसाइल जैसी बनी पतंगें उड़ाते और अमेरिकी टेलीविजन नेटवर्क पर युद्ध का जो 'नाटकीय वृत्तांत' देखते-सुनते उनसे प्रेरित हो युद्ध संबंधी खेल खेलते। खाड़ी युद्ध के दौरान ही 'पृथ्वी' एवं 'त्रिशूल' के सफल परीक्षण से चिंतित राष्ट्र को काफी राहत मिली थी। अखबारों ने 'पृथ्वी' एवं 'त्रिशूल' की क्षमताओं, निर्देशन प्रणालियों आदि के बारे में लोगों को काफी जानकारियाँ दीं। हमारे देश के लोग खाड़ी युद्ध में इस्तेमाल की जा रही मिसाइलों और हमारी अपनी मिसाइलों के बीच समानताएँ जानने के लिए उत्सुक थे। एक साधारण सवाल, जिसका मुझे सामना करना पड़ा, यह था कि क्या 'स्कड' की तुलना में 'पृथ्वी' ज्यादा श्रेष्ठ है या 'पैट्रियॉट' की जगह 'आकाश' काम कर सकती है आदि-आदि। मुझसे 'हाँ' और 'क्यों नहीं' सुनकर लोगों के चेहरे गर्व और संतोष से चमक उठते।

अमेरिका के नेतृत्ववाली सेनाओं ने इस युद्ध में युद्ध तकनीकी क्षमताओं का पूरा प्रदर्शन किया था। ये तकनीकियाँ आठवें और नौवें दशक में विकसित की गई थीं। जबकि इराक छठे एवं सातवें दशक की युद्ध तकनीक के सहारे लड़ रहा था।

अमेरिका के नेतृत्ववाली सेनाओं ने इस युद्ध में युद्ध तकनीकी क्षमताओं का पूरा प्रदर्शन किया था। ये तकनीकियाँ आठवें और नौवें दशक में विकसित की गई थीं। जबकि इराक छठे एवं सातवें दशक की युद्ध तकनीक के सहारे लड़ रहा था।

अब आधुनिक विश्व में तकनीकी के माध्यम से ही श्रेष्ठता हासिल करने का समय है। दुश्मन को अत्याधुनिक तकनीक से वंचित कर फिर असमान युद्ध में अपनी शर्तें रखो। चीनी युद्ध दार्शनिक सन-त्जु ने दो हजार साल से भी पहले अपने चिंतन में कहा था कि युद्ध में बड़ी संख्या में शत्रु देश के सैनिकों को मार डालना उतना अर्थ नहीं रखता जितना कि उसे मानसिक रूप से हरा देना महत्त्वपूर्ण होता है। लगता है, उन्होंने बीसवीं सदी के युद्ध की कल्पना करते हुए यह कहा था। खाड़ी युद्ध में इलेक्ट्रॉनिक युद्ध एवं मिसाइलों की ताकत सैन्य रणनीति विशेषज्ञों के लिए एक पर्व की तरह थी, जिसने मिसाइल, इलेक्ट्रॉनिकी और सूचना युद्ध की इक्कीसवीं सदी के एक नाटक के रूप में झलक पेश की थी।

भारत में आज भी ज्यादातर लोगों के लिए 'टेक्नोलॉजी' शब्द का अर्थ धुआँ उगलते स्टील कारखानों या झनझनाती मशीनोंवाले कारखाने से है। टेक्नोलॉजी शब्द की जो सही-सही अवधारणा है, वह इससे बिलकुल अलग है। टेक्नोलॉजी में तकनीकियाँ शामिल होती हैं—ठीक वैसे ही जैसे मशीनें, जिन्हें इस्तेमाल करना जरूरी हो भी सकता है और नहीं भी। तकनीकियों में जैसे रासायनिक क्रियाओं के तरीके, मछलियों के प्रजनन के तरीके, मरीजों का इलाज, इतिहास पढ़ाना, युद्ध लड़ना या उससे बचाव के तरीके भी शामिल होते हैं।

हमें यह कभी नहीं भूलना चाहिए कि टेक्नोलॉजी खुद ही अपनी पोषक होती है। टेक्नोलॉजी ही और टेक्नोलॉजी को संभव बनाती है। दरअसल टेक्नोलॉजी विकास के तीन चरण मुख्य होते हैं, जो आपस में एक-दूसरे से जुड़े हैं। पहला चरण सृजन का होता है, जिसमें उपयुक्त विचार का खाका या नक्शा होता है। फिर यह अपने व्यावहारिक प्रयोग से वास्तविक रूप में सामने आता है और अंत में समाज द्वारा इसके विस्तार में इसका अंत हो जाता है। यह प्रक्रिया तब पूरी हो जाती है जब यह टेक्नोलॉजी नए-नए सृजनात्मक विचारों को पैदा करती है।

हमें यह कभी नहीं भूलना चाहिए कि टेक्नोलॉजी खुद ही अपनी पोषक होती है। टेक्नोलॉजी ही और टेक्नोलॉजी को संभव बनाती है। दरअसल टेक्नोलॉजी विकास के तीन चरण मुख्य होते हैं, जो आपस में एक-दूसरे से जुड़े हैं। पहला चरण सृजन का होता है, जिसमें उपयुक्त विचार का खाका या नक्शा होता है।

खाड़ी युद्ध में सहायक सेनाओं की विजय टेक्नोलॉजी की श्रेष्ठता के प्रदर्शन के रूप में हुई। डी.आर.डी.एल. और आर.सी.आई. के पाँच सौ से ज्यादा वैज्ञानिक इस युद्ध के बाद सामने आए मुद्दों पर चर्चा के लिए इकट्ठे हुए। मैंने सभी के सामने एक सवाल रखा—'क्या दूसरे देशों के समान तकनीकी ज्ञान विकसित करना या हथियार बनाना हमारे लिए संभव होगा—और यदि 'हाँ' तो हमें कैसे इसकी कोशिश करनी चाहिए?' इस विचार-विमर्श में कई और गंभीर सवाल सामने आए—जैसे प्रभावशाली इलेक्ट्रॉनिक युद्ध प्रणाली कैसे विकसित की जाए? मिसाइल विकास एवं हलके

लड़ाकू विमान जैसी जरूरी प्रणालियों के विकास को और आगे कैसे बढ़ाया जाए तथा ऐसे कौन-कौन से प्रमुख क्षेत्र हो सकते हैं जिनमें तेजी से काम किए जाने की जरूरत है।

तीन घंटे से ज्यादा चली इस जीवंत चर्चा में अंत में इस बात पर आम राय बनी कि विशिष्ट क्षेत्रों में अपनी सेनाओं को भी उन्हीं क्षमताओं से युक्त किया जाए, जो क्षमताएँ शत्रु की सेना के पास हैं। वैज्ञानिकों ने साल के अंत तक 'पृथ्वी' की परिशुद्धता और बढ़ाने के लिए सी.ई.पी. कम करने, 'त्रिशूल' की के-बैंड निर्देशन प्रणाली को और उन्नत बनाने तथा 'अग्नि' के लिए सभी कार्बन-कार्बन रि-एंट्री कंट्रोल सरफेस को विकसित करने का प्रण किया। बाद में यह प्रण पूरा हुआ। इसी साल में ट्यूब-प्रक्षेपित 'नाग' की उड़ानें और समुद्र की सतह से सात मीटर की ऊँचाई पर 'त्रिशूल' का संचालन भी देखा, जिसकी गति ध्वनि की गति से तीन गुना ज्यादा थी।

इसी साल मुझे आई.आई. टी., बंबई से 'डॉक्टर ऑफ साइंस' की मानद उपाधि मिली। इस अवसर पर प्रो. बी. नाग द्वारा पढ़े गए प्रशस्ति पत्र में मुझे 'ठोस तकनीकी आधार खड़ा करने की प्रेरणा देनेवाला व्यक्ति' बताया गया, जिससे भारत इक्कीसवीं सदी में भविष्य के अंतरिक्ष कार्यक्रमों को मिलनेवाली चुनौतियों का पूरी तरह सामना कर सके।

इसी साल मुझे आई.आई.टी., बंबई से 'डॉक्टर ऑफ साइंस' की मानद उपाधि मिली। इस अवसर पर प्रो. बी. नाग द्वारा पढ़े गए प्रशस्ति पत्र में मुझे 'ठोस तकनीकी आधार खड़ा करने की प्रेरणा देनेवाला व्यक्ति' बताया गया, जिससे भारत इक्कीसवीं सदी में भविष्य के अंतरिक्ष कार्यक्रमों को मिलनेवाली चुनौतियों का पूरी तरह सामना कर सके। शायद प्रो. नाग सिर्फ विनम्रता में यह कह गए थे; लेकिन मेरा मानना है कि भारत इक्कीसवीं सदी में प्रवेश अपने उस उपग्रह के साथ करेगा, जो पृथ्वी से छत्तीस हजार किलोमीटर दूर अंतरिक्ष में अपने ही प्रक्षेपण यान से प्रतिस्थापित किया जाएगा। भारत एक मिसाइल शक्ति भी बन जाएगा। भारत एक जबरदस्त तेजस्विता से युक्त देश है। हालाँकि विश्व अभी इसकी पूरी क्षमता को नहीं देख रहा है और न ही इसकी पूर्ण शक्ति को महसूस कर रहा है; पर अब कोई भी

इसकी और ज्यादा उपेक्षा नहीं कर सकेगा।

15 अक्तूबर को मैं साठ साल का हो गया था। मैंने सेवानिवृत्ति की सोची और गरीब, लेकिन प्रतिभावान् बच्चों के लिए एक अनोखा स्कूल खोलने की योजना बनाई। मेरे दोस्त प्रो. पी. रामाराव, जो उस समय विज्ञान व टेक्नोलॉजी विभाग में सचिव थे, भी इस काम में मेरे साथ भागीदार थे और हमने इसे राव-कलाम स्कूल नाम दिया था। हमारी इसमें स्पष्ट एक राय यह थी कि हम निश्चित मिशन लेकर चलेंगे और निश्चित लक्ष्यों तक पहुँचेंगे, चाहे वे महत्त्वपूर्ण हों, चाहे वे प्रभावित करनेवाले दिखें या नहीं। लेकिन हमें यह योजना रद्द करनी पड़ी; क्योंकि हममें से किसीको भी भारत सरकार ने रिटायर नहीं किया। इस दौरान कुछ निश्चित मामलों पर मैंने अपनी यादें सामने रखने और अपने विचार एवं राय रखने के लिए इस पुस्तक पर काम करने का फैसला भी किया।

भारतीय युवाओं को जिस सबसे बड़ी समस्या का सामना करना पड़ता है, मेरा मानना है कि वह दृष्टि की स्पष्टता और निर्देशन की कमी है। यह बात तब ठीक से सामने आई जब मैंने उन परिस्थितियों व व्यक्तियों के बारे में लिखने का फैसला किया, जिन्होंने मुझे वह बनाया जो कि मैं आज हूँ।

भारतीय युवाओं को जिस सबसे बड़ी समस्या का सामना करना पड़ता है, मेरा मानना है कि वह दृष्टि की स्पष्टता और निर्देशन की कमी है। यह बात तब ठीक से सामने आई जब मैंने उन परिस्थितियों व व्यक्तियों के बारे में लिखने का फैसला किया, जिन्होंने मुझे वह बनाया जो कि मैं आज हूँ। यह कुछ लोगों के प्रति सम्मान व्यक्त करने का विचार या अपने जीवन के कुछ निश्चित पहलुओं को घटा-बढ़ाकर दिखाने की बात नहीं थी। जो मैंने कहना चाहा वह यह है कि किसीको भी, चाहे गरीब हो या छोटा, जीवन के बारे में हताशा महसूस नहीं करनी चाहिए। समस्याएँ जीवन का हिस्सा हैं। दुःख-भोग ही सफलता का सत्त्व है। जैसा किसीने कहा है—

'ईश ने नहीं कहा कि दूँगा
सदा स्वच्छ नीला आकाश।
फूल भरी राहें जीवन भर

बिन बादल और बिन बरसात।
बिन दु:ख के आनंद न होगा
और न शांति बिना प्रलाप।'

मैं यह कहने की धृष्टता नहीं करूँगा कि मेरा जीवन किसीके लिए एक आदर्श या मॉडल के रूप में हो सकता है। लेकिन अंधकारमय जगह पर रहनेवाले कुछ गरीब बच्चे, शोषित समाज में रह रहे बच्चे मेरे जीवन की बनी नियति से थोड़ी सी दिलासा जरूर ले सकते हैं। क्या यह उनको उनके बँधुआयत, पिछड़ेपन या निराशाजनक माहौल से उबारने में मदद कर पाएगी ? वे जहाँ हों, उन्हें यह मालूम होना चाहिए कि ईश्वर उनके साथ है और जब वह उनके साथ है तो उनका कोई क्या कर सकता है।

'ईश ने दी सदा पुरुष को
शक्ति जीवन के हरेक दिन
श्रांति हरेक श्रम के संग बाँधी
और रोशनी राहें चुन-चुन।'

मैं यह देखता रहा हूँ कि ज्यादातर भारतीय अपने जीवन में अनावश्यक रूप से पीड़ा-दु:खों को भोग रहे हैं, क्योंकि वे अपनी भावनाओं के साथ सामंजस्य बैठाना नहीं जानते। वे एक तरह के मनोवैज्ञानिक जड़त्व से ग्रस्त हैं। उन उत्पीड़नों के बारे में क्यों नहीं लिखा जाता, जो भारतीय विज्ञान एवं टेक्नोलॉजी की दु:खांतिका का प्रमाण हैं ? और किसी संगठन की सफलता के रास्तों के बारे में क्यों नहीं लिखा जाता ?

□

: सोलह :

टेक्नोलॉजी विज्ञान से भिन्न एक सामूहिक गतिविधि है। यह किसी एक व्यक्ति की बुद्धि या समझ पर आधारित नहीं होती बल्कि कई व्यक्तियों की आपसी बौद्धिक प्रतिभा पर आधारित होती है। मेरा मानना है कि आई.जी.एम.डी.पी. की सबसे बड़ी सफलता का तथ्य यह नहीं है कि देश ने रिकॉर्ड समय के भीतर पाँच मिसाइल प्रणालियाँ विकसित कर लेने की क्षमता हासिल कर ली, बल्कि तथ्य यह है कि इसके माध्यम से वैज्ञानिकों एवं इंजीनियरों की कुछ सर्वश्रेष्ठ टीमें तैयार हो गईं। अगर कोई मुझसे भारतीय रॉकेट विज्ञान में मेरी व्यक्तिगत उपलब्ध्धि के बारे में पूछता है तो मैं बताऊँगा कि मैंने नौजवानों की टीमों के लिए एक ऐसा माहौल तैयार किया जिसमें वे अपने दिल और आत्मा को सहर्ष अपने मिशन में लगा सकें।

अपने निर्माण के दौर में टीमें बच्चों की तरह ही होती हैं। वे एकदम उत्तेजनशील, ओजस्विता, उत्साह एवं उत्सुकता से भरपूर और अपने को विशिष्ट दिखाने की इच्छा लिये होती हैं। हालाँकि बहकाए हुए अभिभावक अपने व्यवहार से इन बच्चों की सकारात्मक विशेषताओं, गुणों को नष्ट कर सकते हैं। टीमों की सफलता के लिए काम का माहौल ऐसा होना चाहिए जो कुछ नया करने का अवसर प्रदान करे। डी.टी.डी. एंड पी. (एयर), इसरो, डी.आर.डी.ओ. और दूसरी जगहों पर काम करने के दौरान मैंने ऐसी चुनौतियों का मुकाबला किया है; लेकिन अपनी टीमों को हमेशा ऐसा माहौल देना सुनिश्चित किया जिसमें वे कुछ नया कर सकें और जोखिम उठा सकें।

एस.एल.वी.-3 परियोजना और बाद में आई.जी.एम.डी.पी. के दौरान हमने पहले परियोजना टीमें बनानी शुरू कीं तो इन टीमों में काम कर रहे लोगों

ने अपने को अपने संगठनों की महत्त्वाकांक्षाओं की अग्रिम पंक्ति में पाया। चूँकि इन टीमों में एक तरह से मनोवैज्ञानिक निवेश किया गया था, इसलिए वे बहुत ही सुस्पष्ट और अति संवेदनशील बन गईं। सामूहिक यश लेने के लिए वे एक-दूसरे से व्यक्तिगत रूप से विषमानुपात में काम करने की उम्मीद करते।

मैं यह जानता था कि संगठन व्यवस्था में किसी भी तरह की असफलता टीम में किए गए निवेश को बेकार कर देगी। इन टीमों को औसत कार्य समूहों के जिम्मे कर दिया जाता और वहाँ भी ये असफल हो सकती थीं तथा मान्य शर्तों के तहत उनके लिए जो बड़ी-बड़ी महत्त्वाकांक्षाएँ सँजोई गई थीं, वे पूरी नहीं हो पातीं। कई अवसरों पर तो संगठन अपनी शक्ति खो चुकने के किनारे पर था, अतः कई प्रतिबंध लगाने पड़े।

मैं यह जानता था कि संगठन व्यवस्था में किसी भी तरह की असफलता टीम में किए गए निवेश को बेकार कर देगी। इन टीमों को औसत कार्य समूहों के जिम्मे कर दिया जाता और वहाँ भी ये असफल हो सकती थीं तथा मान्य शर्तों के तहत उनके लिए जो बड़ी-बड़ी महत्त्वाकांक्षाएँ सँजोई गई थीं, वे पूरी नहीं हो पातीं। कई अवसरों पर तो संगठन अपनी शक्ति खो चुकने के किनारे पर था, अतः कई प्रतिबंध लगाने पड़े।

एस.एल.वी. परियोजना के शुरुआती वर्षों में मुझे शीर्ष स्तर पर प्रायः अधीरता का सामना करना पड़ा था, क्योंकि काम में प्रगति तत्काल नजर नहीं आ रही थी। कई लोगों का मानना था कि एस.एल.वी.-3 पर अब संगठन का नियंत्रण नहीं रह गया था, जिससे टीमें उच्छृंखल हो जाएँगी और अनुशासनहीनता फैलेगी तथा संगठन में अव्यवस्था मच जाएगी और संदेह पैदा होने लगेंगे। लेकिन सभी अवसरों पर ये आशंकाएँ काल्पनिक साबित हुईं। संगठनों में कई व्यक्ति बहुत ही मजबूत स्थिति में थे। उदाहरण के लिए, वी.एस.एस.सी. में, जिन्होंने टीमों को सौंपे गए सांगठनिक लक्ष्यों के प्रति प्रतिबद्धता एवं जिम्मेदारियों को हमेशा कम करके आँका, वे हमेशा गलत सिद्ध हुए।

जब आप एक परियोजना टीम के रूप में काम करते हैं तो आपको सफलता

की कसौटी के लिए मिली-जुली दृष्टि विकसित करनी होगी। हर टीम के काम में हमेशा बहुविध और विरोधाभासी उम्मीदें बनी रहती हैं। अच्छी परियोजना टीमें उस मूल तत्त्व और उन मुख्य लोगों को फौरन पहचान लेने में समर्थ होती हैं, जिनसे सफलता की कसौटी तय कर ली जानी चाहिए। टीम के नेता की भूमिका का एक निर्णायक पक्ष ऐसे मुख्य लोगों से उनकी जरूरतों के बारे में बातचीत कर लेने तथा उनको प्रभावित करने का होता है और टीम नेता को यह भी सुनिश्चित करना होता है कि जैसे-जैसे परिस्थितियाँ विकसित हों या बदलें, तत्त्व पर नजर जमी रहे, मुख्य लोगों और अन्य लोगों के बीच संवाद नियमित रूप से जारी रहे।

एस.एल.वी.-3 टीम ने स्वयं ही आंतरिक सफलता की कसौटी विकसित की थी। स्वयं ही अपने स्पष्ट मानदंड, उम्मीदें और लक्ष्य निर्धारित किए थे। हमें सफलता हासिल करने के लिए क्या-क्या करने की जरूरत है और हम सफलता को कैसे आँकेंगे, यह भी हमने खुद ही तय किया था। उदाहरण के लिए, हम अपने कार्यों को किस तरह पूरा करने जा रहे हैं, कौन क्या करेगा और किन मापदंडों के अनुसार करेगा, समय सीमाएँ क्या हैं और संगठन में टीम दूसरों के संदर्भ में खुद कैसे काम करेगी।

एस.एल.वी.-3 टीम ने स्वयं ही आंतरिक सफलता की कसौटी विकसित की थी। स्वयं ही अपने स्पष्ट मानदंड, उम्मीदें और लक्ष्य निर्धारित किए थे। हमें सफलता हासिल करने के लिए क्या-क्या करने की जरूरत है और हम सफलता को कैसे आँकेंगे, यह भी हमने खुद ही तय किया था। उदाहरण के लिए, हम अपने कार्यों को किस तरह पूरा करने जा रहे हैं, कौन क्या करेगा और किन मापदंडों के अनुसार करेगा, समय सीमाएँ क्या हैं और संगठन में टीम दूसरों के संदर्भ में खुद कैसे काम करेगी।

किसी भी टीम में सफलता की कसौटी तक पहुँचने की प्रक्रिया बहुत ही जटिल एवं कौशलयुक्त होती है; क्योंकि एक ही छत के नीचे काफी कुछ घटित होता है। जबकि साधारण तौर पर टीम बाहर से परियोजना के लक्ष्यों को हासिल करने के उद्देश्य से ही काम करती है। लेकिन मैंने बार-बार देखा है कि लोग

यही तय नहीं कर पाते कि वे क्या करना चाहते हैं और फिर भी कार्यशाला में जब उनके सामने कोई काम होता है तो वे उसे करना नहीं चाहते। असल में एक परियोजना टीम के सदस्य को जासूस की तरह होना चाहिए। उसे यह देखते रहना चाहिए कि परियोजना का काम किस प्रकार आगे बढ़ रहा है और फिर परियोजना की जरूरतों के बारे में स्पष्ट, व्यापक और गहरी समझ बनाने के लिए विभिन्न सबूतों को एक साथ रखकर उनपर विचार करना चाहिए।

दूसरे स्तर पर परियोजना नेता को टीमों एवं कार्य केंद्रों के बीच संबंध को बढ़ावा देने तथा विकसित करने का काम करना चाहिए। दोनों ही पक्षों को अपनी आपसी समझ के बारे में बहुत ही स्पष्ट होना चाहिए और दोनों को ही परियोजना में बराबर का पूर्णरूप से साझेदार होना चाहिए। फिर भी दूसरे स्तर पर हरेक पक्ष को दूसरे पक्ष की क्षमताओं का आकलन करते रहना चाहिए और एक-दूसरे की शक्ति एवं कमजोरियों के बारे में जानते रहना चाहिए, ताकि यह तय किया जा सके कि क्या किए जाने की जरूरत है और इसे कैसे किया जाना चाहिए। दरअसल यह पूरा खेल ठेकेदारी की प्रक्रिया के रूप में देखा जा सकता है। यह संभावनाएँ तलाशने और किसी समझौते पर पहुँचने को लेकर है, जिसमें एक पार्टी दूसरी से कुछ अपेक्षाएँ करती है। यह दूसरी पार्टी के दबावों की यथार्थवादी समझ के बारे में है, यह सफलता की कसौटी को बताने के बारे में और उन साधारण नियमों की व्याख्या करने के बारे में है जिसमें कार्य से संबंध स्थापित करने के बारे में बताया जाता है। लेकिन इन सबसे ऊपर यह तकनीकी एवं व्यक्तिगत स्तरों पर स्पष्ट संबंध विकसित करने को लेकर है। आई.जी.एम.डी.पी. में शिवथानु पिल्लै और उनकी टीम ने स्व विकसित तकनीक—पी.ए.सी.ई. यानी प्रोग्राम एनालिसिस कंट्रोल एंड इवेल्यूएशन के माध्यम से इस क्षेत्र में उल्लेखनीय काम करके दिखाया था। वह रोजाना बारह

दूसरे स्तर पर परियोजना नेता को टीमों एवं कार्य केंद्रों के बीच संबंध को बढ़ावा देने तथा विकसित करने का काम करना चाहिए। दोनों ही पक्षों को अपनी आपसी समझ के बारे में बहुत ही स्पष्ट होना चाहिए और दोनों को ही परियोजना में बराबर का पूर्णरूप से साझेदार होना चाहिए।

से एक बजे तक परियोजना टीम के सदस्यों तथा किसी एक कार्य केंद्र के साथ बैठने और उनके बीच सफलता का स्तर बनाने का काम करते। सफलता कैसे हासिल की जाए और भविष्य की दृष्टि क्या हो, इसकी योजना ही सफलता के लिए प्रेरणा उत्पन्न करती है, जो कि मैंने खुद पाया है, और हमेशा चीजों को साकार बनाती है।

तकनीकी प्रबंधन की अवधारणा की जड़ें विकासात्मक प्रबंधन मॉडलों में निहित हैं, जो कि साठ के दशक के शुरू में सद्भाव एवं उत्पादनमुखी प्रबंधन ढाँचे के बीच विवाद से शुरू हुई थी। मुख्य रूप से दो तरह की प्रबंधन स्थितियाँ होती हैं, एक—प्राइमल, जिसमें आर्थिक कर्मचारी का मूल्य महती होता है और दूसरी—रेशनल, जिसमें संगठनात्मक कर्मचारी का मूल्य मुख्य होता है।

तकनीकी प्रबंधन की अवधारणा की जड़ें विकासात्मक प्रबंधन मॉडलों में निहित हैं, जो कि साठ के दशक के शुरू में सद्भाव एवं उत्पादनमुखी प्रबंधन ढाँचे के बीच विवाद से शुरू हुई थी। मुख्य रूप से दो तरह की प्रबंधन स्थितियाँ होती हैं, एक—प्राइमल, जिसमें आर्थिक कर्मचारी का मूल्य महती होता है और दूसरी—रेशनल, जिसमें संगठनात्मक कर्मचारी का मूल्य मुख्य होता है। प्रबंधन को लेकर मेरी जो अवधारणा है वह उस कर्मचारी के इर्द-गिर्द है, जो तकनीकी व्यक्ति है। जबकि प्राइमल मैनेजमेंट स्कूल व्यक्तियों को उनकी स्वतंत्रता के लिए मान्यता देता है; जबकि रेशनल मैनेजमेंट उन्हें उनकी निर्भरता के लिए अभिस्वीकृति देता है। मैं उन्हें उनकी अंतर्निर्भरता के रूप में लेकर चलता हूँ। जहाँ प्राइमल मैनेजर स्वतंत्र उद्यम लेकर चलते हैं वहीं रेशनल मैनेजर आपसी सहयोग से काम करता है—और मैं एक अंतर्निर्भर संयुक्त उद्यम लेकर चलता हूँ, सभी को साथ लेकर—नेटवर्क, संसाधनों, कार्यक्रम निर्धारण, मूल्य, लागत आदि सभी को।

अब्राहम मैसलो पहले व्यक्ति थे, जिन्होंने स्व कार्यान्वयन के नए मनोविज्ञान को अवधारणा के स्तर पर बहस के लिए प्रस्तुत किया। यूरोप में रुडोल्फ़ स्टेनर और रेग रेवांस ने इस अवधारणा को व्यक्तिगत शिक्षा की प्रणाली

तथा संगठनात्मक नवीनीकरण के रूप में विकसित किया। एंग्लो-जर्मन प्रबंध दार्शनिक फ्रिट्ज शुएशर ने बौद्ध अर्थशास्त्र की शुरुआत की। भारतीय उपमहाद्वीप में महात्मा गांधी ने जमीनी स्तर की टेक्नोलॉजी पर जोर दिया और ग्राहक को संपूर्ण व्यावसायिक गतिविधि के केंद्रबिंदु में रखा। जे.आर.डी. टाटा प्रगति की ओर ले जानेवाला बुनियादी ढाँचा लेकर आए। डॉ. होमी जहाँगीर भाभा और प्रो. विक्रम साराभाई ने परमाणु ऊर्जा पर आधारित उच्च टेक्नोलॉजी एवं अंतरिक्ष कार्यक्रमों की शुरुआत की और साथ ही संपूर्णता व प्रवाह के प्राकृतिक नियमों पर स्पष्ट जोर दिया। डॉ. भाभा एवं प्रो. साराभाई के विकासात्मक दर्शन को आगे बढ़ाते हुए डॉ. एम.एस. स्वामीनाथन ने भारत में हरित क्रांति लाने के लिए एकता के एक और प्राकृतिक सिद्धांत पर काम किया। डॉ. वर्गीज कुरियन ने सहकारिता आंदोलन को सशक्त बनाकर डेयरी उद्योग में एक नई क्रांति ला दी। प्रो. सतीश धवन ने अंतरिक्ष शोध में मिशन प्रबंधन की अवधारणाओं को विकसित किया।

> *अब्राहम मैसलो पहले व्यक्ति थे, जिन्होंने स्व कार्यान्वयन के नए मनोविज्ञान को अवधारणा के स्तर पर बहस के लिए प्रस्तुत किया। यूरोप में रुडोल्फ स्टेनर और रेग रेवांस ने इस अवधारणा को व्यक्तिगत शिक्षा की प्रणाली तथा संगठनात्मक नवीनीकरण के रूप में विकसित किया। एंग्लो-जर्मन प्रबंध दार्शनिक फ्रिट्ज शुएशर ने बौद्ध अर्थशास्त्र की शुरुआत की।*

आई.जी.एम.डी.पी. में मैंने अंतरिक्ष शोध में डॉ. ब्रह्मप्रकाश द्वारा स्थापित उच्च टेक्नोलॉजी को अनुकूल बनाते हुए प्रो. साराभाई की दृष्टि और प्रो. धवन के मिशन को शामिल करने की कोशिश की। भारतीय निर्देशित मिसाइल कार्यक्रम में अंतर्निहितता के प्राकृतिक नियम को भी जोड़ने की कोशिश की, जिससे टेक्नोलॉजी प्रबंधन की संपूर्ण स्वदेशी किस्में विकसित हो सकें।

तकनीकी प्रबंधन का वृक्ष तभी फैलता है जब सकल रूप में जरूरतों, नवीनीकरण, अंतर्निर्भरता और प्राकृतिक प्रवाह का स्व कार्यान्वयन होता है। विकास के प्रतिरूप ही विकास की प्रक्रिया के लक्षण होते हैं, जिनका मतलब यह होता है कि चीजें धीमे परिवर्तन और अचानक रूपांतरण के मिले-जुले रूप

में चलती हैं। हर रूपांतरण या तो एक नई छलाँग को जन्म देता है जिससे सोच, ज्ञान अथवा क्षमता के एक और विकसित पटल का प्रादुर्भाव होता है या फिर पुराने किसी पटल पर जा गिरता है। अच्छा प्रबंध ऊपर उठने तथा पीछे गिरने की प्रक्रिया को इस प्रकार अनवरत जारी रखता है कि ऊपर उठने की आवृत्ति और उसका तात्त्विक आकार पीछे गिरने की अपरिहार्यता को सदा न सिर्फ सँभाले रहे बल्कि निरस्त भी करता चले।

जब सन् 1983 में आई. जी.एम.डी.पी. को मंजूरी मिली थी तब हमारे पास पर्याप्त तकनीकी आधार नहीं था। बहुत थोड़े से विशेषज्ञ उपलब्ध थे; लेकिन विशेषज्ञ टेक्नोलॉजी इस्तेमाल कर पाने का सामर्थ्य भी नहीं था। कार्यक्रम के इस बहु परियोजना वातावरण ने एक चुनौती पेश की थी—एक साथ पाँच मिसाइल प्रणालियाँ विकसित करने की चुनौती।

पेड़ का तना एक आणविक ढाँचे की तरह होता है, जिसमें सभी क्रियाएँ रचनात्मक होती हैं, सभी नीतियाँ आदर्शी होती हैं और सभी फैसले समकलनात्मक होते हैं। इस पेड़ की शाखाएँ संसाधन, संपत्तियाँ, संचालन और उत्पाद होते हैं, जो कि तने द्वारा विकास की निरंतर प्रक्रिया से पोषित किए जाते हैं।

जब सन् 1983 में आई.जी.एम.डी.पी. को मंजूरी मिली थी तब हमारे पास पर्याप्त तकनीकी आधार नहीं था। बहुत थोड़े से विशेषज्ञ उपलब्ध थे; लेकिन विशेषज्ञ टेक्नोलॉजी इस्तेमाल कर पाने का सामर्थ्य भी नहीं था। कार्यक्रम के इस बहु परियोजना वातावरण ने एक चुनौती पेश की थी—एक साथ पाँच मिसाइल प्रणालियाँ विकसित करने की चुनौती। इसमें हमें संसाधनों की विवेचित भागीदारी, प्राथमिकताएँ स्थापित करने और प्रगतिशील मानव शक्ति को लगाने की जरूरत थी। आखिरकार आई.जी.एम.डी.पी. में अठहत्तर भागीदार थे। इनमें छत्तीस टेक्नोलॉजी केंद्र और सार्वजनिक क्षेत्र के इकतालीस से ज्यादा उत्पादन केंद्र, आयुध कारखाने, निजी कारखाने और व्यावसायिक संस्थान शामिल थे। इसके अलावा सरकार में एक अलग से नौकरशाही तंत्र था। कार्यक्रम के प्रबंधन में हमने अपनी विशिष्ट जरूरतों एवं क्षमताओं के लिए एक उपयुक्त मॉडल विकसित करने

की कोशिश की थी। हमने उन विचारों को भी लिया जो दूसरी जगह सामने आए थे; लेकिन उनपर अमल अपनी सामर्थ्य को देखते हुए ही किया। इस तरह हमारे समुचित प्रबंधन और सहकारिता उद्यम की कोशिशों ने उस प्रतिभा एवं क्षमता को प्रदर्शित करने में मदद की जो हमारी प्रयोगशालाओं, सरकारी संस्थानों तथा निजी उद्योगों में थी।

आई.जी.एम.डी.पी. का तकनीकी प्रबंधन दर्शन मिसाइल विकास के लिए ही विशेष नहीं है। यह सफलता एवं ज्ञान के उस राष्ट्रीय अनुरोध को प्रदर्शित करता है कि अब दुनिया फिर कभी भी बाहुबल या पैसे की ताकत से नहीं चलेगी। वास्तव में ये दोनों ही शक्तियों का प्रवाह टेक्नोलॉजी की विशिष्टता के कारण होता। सिर्फ टेक्नोलॉजी-संपन्न राष्ट्र ही स्वतंत्रता एवं संप्रभुता का आनंद लेंगे। टेक्नोलॉजी सिर्फ टेक्नोलॉजी का ही आदर करती है और जैसाकि मैंने शुरू में कहा है कि टेक्नोलॉजी विज्ञान से भिन्न एक सामूहिक गतिविधि है। यह किसी एक व्यक्ति की बुद्धि से नहीं बढ़ती बल्कि एक-दूसरे के पारस्परिक बौद्धिक संगम का परिणाम होती है—और यह वही है जो मैंने आई.जी.एम.डी.पी. में बनाने की कोशिश की; अठहत्तर भारतीय संस्थानों का एक ऐसा परिवार, जो मिसाइल प्रणालियाँ भी बनाता है।

आई.जी.एम.डी.पी. का तकनीकी प्रबंधन दर्शन मिसाइल विकास के लिए ही विशेष नहीं है। यह सफलता एवं ज्ञान के उस राष्ट्रीय अनुरोध को प्रदर्शित करता है कि अब दुनिया फिर कभी भी बाहुबल या पैसे की ताकत से नहीं चलेगी। वास्तव में ये दोनों ही शक्तियों का प्रवाह टेक्नोलॉजी की विशिष्टता के कारण होता। सिर्फ टेक्नोलॉजी-संपन्न राष्ट्र ही स्वतंत्रता एवं संप्रभुता का आनंद लेंगे।

हमारे वैज्ञानिकों के जीवन और सुख-दु:ख को लेकर काफी अटकलें लगाई जाती रही हैं। लेकिन सही ढंग से यह पता लगाने की कोशिश नहीं की गई कि वे कहाँ जाना चाहते थे और यहाँ कैसे पहुँच गए। अपने जीवन के संघर्ष की कहानी बताते हुए मैंने अंदर कहीं-कहीं कुछ झलक देने की कोशिश की है। मुझे आशा है कि हमारे समाज में सत्तावाद के खिलाफ खड़े कुछ थोड़े से

नौजवानों के समान ही यह होगी। इस सत्तावाद का एक प्रमुख लक्षण यह है कि यह लोगों को दौलत, सम्मान, प्रतिष्ठा, पदोन्नति, एक-दूसरे की जीवन-शैली से प्रभावित रहने, आयोजित सम्मान—सभी तरह के प्रतिष्ठा द्योतक जैसे अंतहीन रास्ते पर ले जाता है।

इन लक्ष्यों को आसानी से हासिल करने के लिए वे शिष्टाचार के नियमों को सीखते हैं और अपने आपको रीति-रिवाजों, परंपराओं, आचार संहिता और इसी तरह की दूसरी चीजों में ढालते हैं। आज के नौजवान को जीवन-शैली को स्व पराजय की ओर ले जानेवाले इन रास्तों से बचना चाहिए। भौतिकता अर्जित करने के लिए कार्य करने की संस्कृति और उससे मिलनेवाले प्रतिफल को अपने जीवन से अलग कर देना चाहिए। जब मैं अमीर, सत्ता-संपन्न, शिक्षित लोगों को अपने भीतर शांति के लिए तड़पते, छटपटाते, संघर्ष करते देखता हूँ तो अहमद जलालुद्दीन और अयादुरै सोलोमन जैसे लोग याद आते हैं। पास में कुछ भी नहीं होते हुए वे कितने खुश थे।

इन लक्ष्यों को आसानी से हासिल करने के लिए वे शिष्टाचार के नियमों को सीखते हैं और अपने आपको रीति-रिवाजों, परंपराओं, आचार संहिता और इसी तरह की दूसरी चीजों में ढालते हैं। आज के नौजवान को जीवन-शैली को स्व पराजय की ओर ले जानेवाले इन रास्तों से बचना चाहिए। भौतिकता अर्जित करने के लिए कार्य करने की संस्कृति और उससे मिलनेवाले प्रतिफल को अपने जीवन से अलग कर देना चाहिए।

'कोरमंडल के तट पर
जहाँ के शंख नाद करते हैं,
रेत के कण प्रकाश भरते हैं।
रही हैं वहाँ कुछ शाही शख्सीयतें
जिनकी सल्तनत सागर-सी अपार थी
जिनकी संपदा रेत-सी अमोल थी।
एक सूती धोती थी,

एक आधी मोमबत्ती।
एक हत्था टूटा प्याला,
एक नीची दुछत्ती।'

बहुत सी चीजों पर निर्भर रहे बिना भी वे अपने को कितना सुरक्षित महसूस करते रहे होंगे। मेरा मानना है कि उन्होंने अपने भीतर से ही इसका संपोषण कर लिया होगा। वे अपने भीतरी संकेतों पर ज्यादा निर्भर रहे और बाहरी संकेतों पर बहुत ही कम, जिनका मैं ऊपर जिक्र कर चुका हूँ। क्या आप इन भीतरी संकेतों से परिचित हैं ? क्या आपका इनपर विश्वास है ? क्या आपके जीवन का नियंत्रण आपके अपने हाथों में है? इसे आप मुझसे लीजिए और बाहरी दबावों को दूर करने के लिए और फैसले लीजिए। इससे आपका जीवन अच्छा बनेगा और आपका समाज अच्छा होगा। अंतर्निर्देशित और मजबूत लोगों को अपना नेता बनाने से संपूर्ण राष्ट्र का हित होगा।

बहुत सी चीजों पर निर्भर रहे बिना भी वे अपने को कितना सुरक्षित महसूस करते रहे होंगे। मेरा मानना है कि उन्होंने अपने भीतर से ही इसका संपोषण कर लिया होगा। वे अपने भीतरी संकेतों पर ज्यादा निर्भर रहे और बाहरी संकेतों पर बहुत ही कम, जिनका मैं ऊपर जिक्र कर चुका हूँ। क्या आप इन भीतरी संकेतों से परिचित हैं ? क्या आपका इनपर विश्वास है ? क्या आपके जीवन का नियंत्रण आपके अपने हाथों में है ?

जीवन में आप अपने स्वयं के भीतरी संसाधनों के निवेश की इच्छा रखिए, खासकर अपनी कल्पना की। यही आपको निश्चित रूप से सफलता दिलाएगी। जब आप स्वयं अपनी इच्छा एवं जिम्मेदारी से कोई काम अपने हाथ में लेते हैं तो आप एक इनसान बन जाएँगे।

आप, मैं और प्रत्येक व्यक्ति को ईश्वर ने यहाँ अपनी-अपनी सृजनात्मक क्षमता से सबकुछ बनाने और स्वचेतन के साथ शांति से रहने के लिए भेजा है। हम अपने-अपने रास्ते अलग चुनते हैं और अपनी-अपनी नियति तय करते हैं। जीवन एक कठिनाइयों भरा खेल है। इसमें आप सिर्फ तभी जीत सकते हैं जब आप एक व्यक्ति होने का जन्मसिद्ध अधिकार हासिल कर लें। इसे प्राप्त

करने के लिए आपको सामाजिक या बाहरी खतरे उठाने को तैयार रहना होगा। सुब्रह्मण्य अय्यर द्वारा मुझे अपनी रसोई में भोजन के लिए आमंत्रित करने को आप क्या कहेंगे ? मुझे इंजीनियरिंग कॉलेज में पढ़ाने के लिए मेरी बहन जोहरा ने अपनी सोने की चूड़ियाँ व हार गिरवी रखा था, इसे आप क्या कहेंगे ? प्रो. स्पांडर इसपर जोर देते रहे कि मुझे उनके साथ आगे की पंक्ति में बैठकर फोटो खिंचवाना होगा, इसे क्या कहा जाए ? क्या मोटर गैराज में हॉवरक्राफ्ट का निर्माण नहीं हुआ था ? सुधाकर का साहस, डॉ. ब्रह्मप्रकाश का सहयोग, नारायणन का प्रबंधन, वेंकटरामन की दृष्टि, अरुणाचलम की गतिशीलता—हरेक व्यक्ति अपने भीतर की शक्ति एवं प्रेरणा का उदाहरण है।

> ***मैं कोई दार्शनिक नहीं हूँ। मैं तो सिर्फ टेक्नोलॉजी का एक व्यक्ति हूँ। मैंने अपना सारा जीवन रॉकेट विज्ञान को सीखने में लगाया है। लेकिन मैंने विभिन्न संगठनों में बहुत सारे भिन्न-भिन्न प्रकार के लोगों के साथ काम किया है। इसी जटिलता में मुझे व्यावसायिक जीवन की घटनाओं को समझने का अवसर मिला।***

मैं कोई दार्शनिक नहीं हूँ। मैं तो सिर्फ टेक्नोलॉजी का एक व्यक्ति हूँ। मैंने अपना सारा जीवन रॉकेट विज्ञान को सीखने में लगाया है। लेकिन मैंने विभिन्न संगठनों में बहुत सारे भिन्न-भिन्न प्रकार के लोगों के साथ काम किया है। इसी जटिलता में मुझे व्यावसायिक जीवन की घटनाओं को समझने का अवसर मिला। अब जब मैं पीछे की ओर देखता हूँ, जो कि अब तक मैंने बताया है, तो मुझे लगता है कि यह सब मेरे स्वयं के विचार-प्रेक्षणों एवं निष्कर्षों से ज्यादा कुछ नहीं है। मेरे सहकर्मी, साथी, नेता, नाटक का असली पात्र मैं खुद, रॉकेट का जटिल विज्ञान, तकनीकी प्रबंधन के महत्त्वपूर्ण मसले आदि सभी आरेखी रूप में नजर आते हैं। पीड़ा एवं खुशी, उपलब्धियाँ और असफलताएँ—जो संदर्भ, समय व काल में भिन्न-भिन्न हैं—सब एक साथ नजर आती हैं।

जब आप हवाई जहाज से नीचे देखते हैं तो लोग, मकान, चट्टानें, खेत, पेड़—सभी एक में गड्ड-मड्ड नजर आते हैं और इनमें फर्क कर पाना बहुत ही मुश्किल होता है।

'मेरे भ्रम, मेरा मूल्य
तेरी महानता, मेरा रश्क।
मेरी कुव्वत से परे कितना तू?
मुझमें तेरा ही तो अक्स!'

यह कहानी पहले 'अग्नि' प्रक्षेपण तक की ही है। तब से अब तक और बहुत कुछ हुआ है, हो रहा है, होता रहेगा। जीवन चलता रहेगा। अगर हम सौ करोड़ लोगों की संयुक्त क्षमता के रूप में सोचें तो यह महान् देश हर क्षेत्र में महान् उपलब्धियाँ हासिल करेगा। मेरी कहानी जैनुलाबदीन के बेटे की कहानी है, जो रामेश्वरम् की मसजिदवाली गली में सौ साल से ज्यादा तक रहे और वहीं अपना शरीर छोड़ा। यह उस किशोर की कहानी है, जिसने अपने भाई की मदद के लिए अखबार बेचे। यह कहानी शिव सुब्रह्मण्य अय्यर एवं अयादुरै सोलोमन के शिष्य की कहानी है। यह उस छात्र की कहानी है जिसे पनदलाई जैसे शिक्षकों ने पढ़ाया। यह उस इंजीनियर की कहानी है जिसे एम.जी.के. मेनन ने उठाया और प्रो. साराभाई जैसी हस्ती ने तैयार किया; और एक ऐसे कार्यदल नेता की कहानी, जिसे बड़ी संख्या में विलक्षण व समर्पित वैज्ञानिकों का समर्थन मिलता रहा। यह छोटी सी एक कहानी मेरे जीवन के साथ ही खत्म हो जाएगी। मेरे पास न धन, न संपत्ति, न मैंने कुछ इकट्ठा किया, कुछ नहीं बनाया है, जो ऐतिहासिक हो, शानदार हो, आलीशान हो। पास में भी कुछ नहीं रखा है—कोई परिवार नहीं, बेटा-बेटी नहीं।

'मैं इस महान् पुण्यभूमि में
खोदा गया एक कुआँ।
देखूँ अगिनत बच्चे
खींचते पानी, मुझमें जो भरा—
कृपा की उस परवरदिगार का।
और सींचते फूल, पौधे, फसलें
नया दौर
नई नस्लें
दूर-दूर तक नियामत
मेरे खुदा की।'

मैं नहीं चाहता कि मैं दूसरों के लिए कोई उदाहरण बनूँ। लेकिन मुझे विश्वास है कि कुछ लोग मेरी इस कहानी से प्रेरणा जरूर ले सकते हैं और जीवन में संतुलन लाकर वह संतोष प्राप्त कर सकते हैं, जो सिर्फ आत्मा के जीवन में ही पाया जा सकता है। मेरे परदादा अवुल, मेरे दादा पकीर और मेरे पिता जैनुलाबदीन की पीढ़ी अब्दुल कलाम के साथ खत्म होती है; लेकिन उस सार्वभौम ईश्वर की कृपा इस पुण्यभूमि पर कभी खत्म नहीं होगी, क्योंकि वह तो शाश्वत है।

□

उपसंहार

यह पुस्तक भारत के पहले उपग्रह प्रक्षेपण यान एस.एल.वी.-3 और 'अग्नि' के कार्यक्रम से मेरे गहरे जुड़ाव से अंतर्ग्रथित है और संयोग से इसी जुड़ाव ने हाल की महत्त्वपूर्ण राष्ट्रीय घटना यानी मई 1998 में किए गए पोखरण परमाणु परीक्षण में मेरी भागीदारी बनाई। तीन बड़े वैज्ञानिक प्रतिष्ठानों—अंतरिक्ष, रक्षा शोध एवं परमाणु ऊर्जा—में मुझे काम करने का महान् अवसर मिला है। इन प्रतिष्ठानों में काम करते हुए मैंने पाया कि श्रेष्ठ इनसान और विलक्षण प्रतिभा के लोगों की कमी नहीं है। इन तीनों प्रतिष्ठानों में एक जो खास बात है वह यह कि अपने मिशनों में काम के दौरान इन वैज्ञानिकों एवं तकनीकीविदों को असफलता का डर कभी भी नहीं लगा। असफलता के साथ उनके भीतर सफलता के बीज भी रहे हैं, जिनसे और ज्यादा सीखने की प्रेरणा मिलती है। इसीसे कहीं बेहतर टेक्नोलॉजी सामने आई है और संयोग से उच्च सफलता भी मिली है।

ये लोग महान् स्वप्नद्रष्टा भी थे और अंततः इनके सपने बड़ी उपलब्धियों के रूप में साकार हुए हैं। मुझे लगता है कि अगर हम इन सभी वैज्ञानिक संस्थानों की तकनीकी क्षमता का मिलाकर इस्तेमाल करें तो निश्चित रूप से हम विकसित राष्ट्रों की तकनीकी उपलब्धियों से इसकी तुलना कर सकेंगे। मुझे राष्ट्र की महान् स्वप्नदर्शी हस्तियों जैसे प्रो. विक्रम साराभाई, प्रो. सतीश धवन और डॉ. ब्रह्मप्रकाश के सान्निध्य में काम करने का भी मौका मिला, जिन्होंने मेरे जीवन को समृद्ध बनाया।

एक राष्ट्र को आगे बढ़ने और विकास के लिए आर्थिक खुशहाली तथा मजबूत सुरक्षा दोनों की जरूरत होती है। हमारा 'रक्षा के क्षेत्र में आत्मनिर्भरता

मिशन 1995-2005' सशस्त्र सेनाओं को प्रतियोगी हथियार प्रणाली उपलब्ध कराएगा। 'टेक्नोलॉजी विजन-2020' योजना में राष्ट्र के आर्थिक विकास एवं खुशहाली के लिए ठोस योजनाएँ रखी जाएँगी। इन दोनों योजनाओं में हमारे राष्ट्र के सपने हैं। मैं पूरे उत्साह से उम्मीद और प्रार्थना करता हूँ कि इन दो योजनाओं—'आत्मनिर्भरता मिशन' एवं 'टेक्नोलॉजी विजन-2020' से होनेवाले विकास से अंततोगत्वा हमारा राष्ट्र एक मजबूत, खुशहाल तथा 'विकसित' राष्ट्र जरूर बनेगा।

□□□